1 K스타트업 전성시대

'제2벤처붐' 축포 터뜨리자 '투자 빙하기'
빠른 성장·혁신 기수…그래도 스타트업!

스타트업 시장이 온탕과 냉탕을 오가는 요즘이다.

얼마 전까지만 하더라도 스타트업 시장에는 연일 100억원 이상 투자 유치 '빅딜' 소식이 들려오며 팡파르가 이어졌다. 중소벤처기업부는 2021년 4월 발표한 '창업 생태계 30년의 변화 분석' 보고서에서 "제1벤처붐을 뛰어넘는 제2벤처붐 시대가 왔다"고 진단했다. 스타트업으로 몰리는 투자금은 20년 전 닷컴 버블 시대의 그것보다 두 배나 많았다.

그러나 2022년 2분기 들어서는 분위기가 급변했다. 인플레이션, 금리 인상 등 유동성을 옥죄는 환경이 조성되면서 벤처 투자 열기가 급속도로 얼어붙고 있다. 일례로 프롭테크 스타트업 '집토스'는 추가 유치에 실패하며 일부 직원을 대상으로 권고사직에 들어갔다.

침체 분위기인 바이오 업계 사정은 더 심각하다. 2021년까지만 해도 '핫'한 아이템일 경우 임상 1상 이전이라도 1000억~2000억원 수준의 밸류에이션을 받는 것은 크게 어렵지 않았다. 하지만 2022년에는 수익 모델이 없거나 투자금 회수 기간이 긴 기업은 아예 거들떠보지도 않는 분위기다. VC가 깐깐하게 투자 심사를 하면서 밸류에이션이 절반 이하로 떨어진 기업도 수두룩하다. 벤처 투자의 중간 회수 시장 역할을 하는 K-OTC도 쪼그라들었다. 금융투자협회에 따르면 2022년 들어 K-OTC 시장에서 거래된 비상장주식 누적 거래대금(5월 25일 기준)은 3593억원으로, 전년 동기 대비 반 토막이 났다.

IPO(기업공개) 시장에서는 2021년 1월 현대엔지니어링을 시작으로 2월 대명에너지, 3월 보로노이가 증시 진입에 실패했다. 이어 5월 SK쉴더스, 원스토어, 태림페이퍼 등이 줄줄이 상장을 철회하면서 IPO 계획을 수정하는 곳이 대거 나타났다. IPO 시장이 얼어붙으면서 시리즈C~G, 프리 IPO 등 스타트업의 후기 단계 투자도 덩달아 위축되는 분위기다.

옥석 가리기 시작된 스타트업
투자금 반 토막…수익성 갖춘 기업만 돈 몰려

스타트업 시장에서 닷컴 버블 사태가 재현되는 것일까.

결론부터 얘기하면 '아니오'다. 다소 고평가를 받던 스타트업에 대한 거품이 걷히기는 하겠지만, 스타트업 시장 자체의 성장세는 계속될 것이라는 게 전문가 중론이다.

이유는 크게 세 가지다.

첫째, 스타트업 육성의 마중물인 투자자금이 여전히 많다. 2008년 7200억원 수준에 불과했던 벤처캐피털의 스타트업 투자 금액은 2016년 2조원 돌파에 이어 2020년 4조3000억원을 기록했다. 2000년(1조9705억원)의 두 배를 훌쩍 넘어선다. 저금리, 인플레이션, 고용 없는 성장, 디지털 전환 등의 큰 흐름 속에서 혁신과 고성장을 기대할 수 있는 대안은 스타트업 외에 찾아보기 어렵기 때문이다. 최근 IPO 시장이 위축되며 시리즈B 이상 스타트업에는 돈줄을 죄는 모습이지만, 시리즈A나 극초기(Ultra Early Stage) 스타트업에 투자하는 자금은 더욱 몰리고 있다.

유정호 KB인베스트먼트 그룹장은 2022년 6월 강릉에서 열린 '스타트업 생태계 콘퍼런스(스생콘)'에서 "우리나라는 투자자금 중 정책자금 비중이 높은 편이다. 이들이 어딘가에는 투자를 해야 하기 때문에 갑작스러운 투자 가뭄이 일어날 가능성은 다른 나라에 비해 적다고 본다"며 낙관론을 펼쳤다.

둘째, IT에 치중됐던 2000년대 초반과 달리 스타트업 사업 분야가 다변화됐다.

2021년 상반기 기준 투자 유치 1~3위인 쿠팡(쇼핑), 우아한형제들(배달), 하이퍼커넥트(메신저)는 모두 사업 분야가 다르다. 4위 야놀자는 여행·레저, 토스를 운영하는 5위 비바리퍼블리카는 금융 서비스를 제공한다. 6위 눔(헬스케어), 7위 컬리(식품), 8위 크래프톤(게임), 9위 래디쉬미디어(콘텐츠) 등도 저마다 다른 분야에서 두각을 나타냈다.

이 밖에도 스타일쉐어(12위)·무신사(13위) 등 패션 스타트업, 자동차 렌털 서비스를 제공하는 쏘카(14위), '산타토익'을 운영하는 교육 스타트업 뤼이드(16위), 부동산 플랫폼 직방(22위) 등이 누적 투자 유치 상위권 리스트에 이름을 올렸다. 공유 오피스 사업을 하는 스파크플러스와 패스트파이브, 인테리어 플랫폼 '오늘의집'을 운영하는 버킷플레이스 등 공간 관련 서비스를 제공하는 스타트업도 높은 평가를 받았다.

옥석 가리기가 진행되며 성장성이 높은 유망 스타트업에는 더 많은 돈이 몰리는 추세다.

2022년 6월 9~10일 강릉 세인트존스호텔에서 열린 스타트업 생태계 콘퍼런스에서는 중기부 스타트업 정책 담당자부터 대기업, 벤처캐피털(VC), 증권사, 대학 연구센터, 글로벌 컨설팅 업체까지 250여명의 주요 인사가 참석해 성황을 이뤘다. (노승욱 기자)

인테리어 플랫폼 '오늘의집'을 운영하는 버킷 플레이스는 2021년 4월 2300억원 규모의 시리즈D 투자를 유치했다. 기업가치 2조원 수준으로, 한샘과 현대리바트를 뛰어넘었다. 여행 플랫폼 여기어때컴퍼니도 최근 기업가치 1조2000억원을 기준으로 500억원 규모 투자를 유치했다. 여행사 1, 2위인 하나투어와 모두투어를 뛰어넘는다.

다만, 스타트업이 지속 성장하려면 성장성과 수익성을 동시에 보여줘야 한다는 주장이 힘을 얻는다. 적자를 감수하며 초고속 성장을 목표로 하는 '블리츠스케일링(Blitzscaling)' 전략보다는, 일정 수준 수익을 내며 탄탄하게

성장하는 스타트업이 각광받을 것이라는 전망이다.

일례로 최인혁 BCG 대표파트너는 소프트웨어(SaaS) 스타트업의 경우 매출 성장률과 영업 이익률을 더한 숫자가 40을 넘어야 한다는 '40의 법칙'을 제시한다. 가령 연간 매출 성장률이 30%인 스타트업이라면 이익률이 적어도 10% 이상임을 보여줘야 한다고 강조했다.

스타트업이 대기업 제친 비결은
산업 구조 재편 · 기업가정신 · 빠른 속도

셋째, 변화의 속도가 기하급수적으로 빨라지는 4차 산업혁명 시대에 스타트업의 혁신 성

흔들리는 IPO 시장 〈단위:개〉

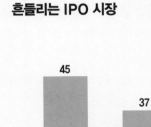

45
2021년

37
2022년

*신규 상장 기업 수
*자료:한국거래소

*1월~5월 26일 기준

벤처 투자 꺾이나 〈단위:억원〉

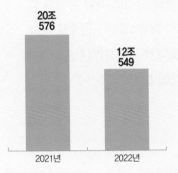

20조
576
2021년

12조
549
2022년

*국내 스타트업 투자 규모
*자료:더브이씨

*1월~5월 25일 기준

위축된 창업가들 〈단위:개〉

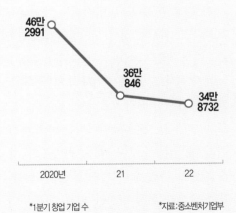

46만
2991

36만
846

34만
8732

2020년   21   22

*1분기 창업 기업 수   *자료:중소벤처기업부

닷컴 버블 수준은 아직 〈단위:%〉

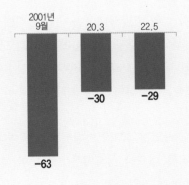

2001년
9월

20.3

22.5

−30

−29

−63

*52주 고점 대비 나스닥지수 하락률

IPO 위축되며 스타트업도 혹한기 '닷컴 버블 재현 되나' 우려 확산

**고평가 거품 걷히면 옥석 가려질 듯
초기 투자 활발하고 IT 편중도 해소
대기업보다 빠르고 기업가정신 투철
4차 산업혁명 시대 '혁신 기수' 유효**

장 모델은 여전히 유효하다.

대기업으로 대변되는 전통 산업의 강자들은 대체로 20세기 성공 방정식에 최적화돼 있는 편이다. 오프라인 시장, 규모의 경제, 부동산 투자, 정경유착, 제조·유통업, 상명하달식 수직적 조직문화 등이 주요 키워드다. 그러나 4차 산업혁명 시대에는 이런 공식이 모두 뒤바뀌었다. 온라인·모바일 시장, 단계별 투자, 네트워크 효과, 소비자 참여, 서비스 플랫폼, 상향식 수평적 조직문화 등이 대표적이다.

스타트업 창업자의 '기업가정신'도 강점이다. 벤처캐피털 대표나 심사역은 스타트업 투자를 결정할 때 창업자의 열정과 끈기, 전문성을 가장 눈여겨본다. 스타트업은 기존 시장의 통념이나 규제를 깨고 파괴적 혁신으로 새로운 시장을 창출하는 경우가 많다. 이런 고단한 과정을 견뎌낼 기업가정신이 있는지를 보는 심사에서 통과한 창업자에게 거액의 투자가 집중, 도전할 수 있는 기회가 부여된다. 창업자는 최대주주로서 자신의 지분과 인생을 걸고 사업에 임한다. 말로만 '주인의식을 갖고 일하라' 요구받는 대기업 임직원과는 동기부여의 수준이 다른 셈이다.

한 유통 대기업 관계자는 "음식점 추가 출점 여부를 결재받는 데만 2개월이 걸렸다. 책임을 지지 않으려는 임원들의 관료주의, 대기업 체면을 지켜야 한다는 보수주의 때문에 새롭고 혁신적인 아이디어는 시도조차 못하게 하니 숨이 막힐 지경이었다"고 토로했다.

규모가 작다는 스타트업의 약점은 갈수록 급변하는 시장에 빠르게 적응하고 '피벗(사업 모델 변경)'할 수 있는 강점으로 작용한다.

세 번이나 사업 모델을 바꾼 스타트업 '뉴빌리티'가 대표 사례다. 뉴빌리티는 게임용 글러브 회사로 시작해 전기스쿠터 안전 모듈 회사로, 다시 공간 데이터 수집과 자율주행 소프트웨어 회사로, 또다시 카메라 기반 자율주행 기술을 탑재한 배달 로봇 통합 플랫폼 기업으로 피벗했다. 현재 뉴빌리티는 SK텔레콤 등 여러 대기업으로부터 러브콜을 받고 공동 기술 개발을 추진 중이다. 이상민 뉴빌리티 대표는 포브스 선정 아시아 30세 이하 리더 중 한 명에 뽑히기도 했다.

한 VC 관계자는 "대기업이라면 임원이나 전

문경영인이 남은 임기라도 채우기 위해 실패를 자인하지 않고 버티다 정기 인사에서 물갈이되기 일쑤다. 스타트업은 창업자와 VC 몇 명만 뜻이 통하면 빠르게 의사 결정을 할 수 있어 대기업 같은 '대리인 비용'이 절약된다"고 말했다.

따라서 이번 옥석 가리기 국면이 끝나면 실력 있는 스타트업을 중심으로 산업 생태계가 더욱 건전해지고 고도화될 것이라는 전망이 힘을 얻는다.

"그동안은 국내 VC들이 리스크가 큰 시드 투자에는 소극적이었다. 투자할 만한 유망 스타트업의 범위도 좁고, 실리콘밸리처럼 성공한 스타트업 한 곳이 20~30배 투자 수익을 안겨주는 경우도 별로 없었던 탓이다. IPO 단계에 가서 시총이 수천억원에 달해도 수익률이 잘해야 2~3배에 불과했다. 하지만 최근 좋은 성과를 거둔 스타트업이 속출하며 분위기가 달라졌다. 코로나19 사태로 산업 재편이 촉발되며, 산업의 중심 추가 급격하게 혁신 기업으로 쏠리고 있는 만큼 K-스타트업은 지속 성장할 것으로 기대된다."

임정욱 TBT 공동대표의 생각이다. ■

2021년 8월 청와대에서 열린 제2벤처붐 성과보고회 'K+벤처'에서 화상 참여자들의 질문에 안성우 직방 대표가 대답하는 모습. (청와대사진기자단)

Winter is Coming···성장보다 '생존' 방점
불황 때 친구 얻어라···경영은 '40의 법칙'

(매출 성장률+이익률=40)

"그동안 스타트업 기업가치를 산정할 때 '멀티플'이라는 블랙박스로 설명해온 것이 사실입니다. BCG는 어떻게 하면 멀티플을 과학적, 정량적으로 설명할 수 있을까 연구하고 있습니다. 소비자가 느끼는 '익숙한 불편함'의 문제를 명확히 정의하고, 비전의 규모를 객관적으로 설명할 수 있어야 합니다." (최인혁 BCG 대표파트너)

국내 스타트 업계 최대 행사 중 하나인 스타트업 생태계 콘퍼런스(이하 '스생콘')가 2022년 6월 9~10일 강릉 세인트존스호텔에서 열렸다. 코로나19 사태로 2년 만에 열린 스생콘. 중기부 스타트업 정책 담당자부터 대기업, 벤처캐피털(VC), 증권사, 대학 연구센터, 글로벌 컨설팅 업체까지 250여명의 주요 인사가 참석해 성황을 이뤘다.

스생콘에서는 지난 2년간 국내 스타트업 시장의 변화를 점검하고, 최신 이슈와 전망까지 짚었다. 이번 주제는 'CVC(기업형 벤처캐피털)'. 그간 관전 모드던 대기업들이 스타트업 투자사로 본격 참전하며 스타트업 시장이 더욱 커진 변화를 반영했다. 한편에서는 최근 스타트업 시장의 거품이 빠지는 국면을 감안, 스타트업의 리스크 관리와 지속 가능한 성장 관련 이야기도 쏟아졌다. 스생콘 연사들의 분석을 토대로 2022년 스타트업 트렌드를 살펴본다.

스타트업 생태계 업데이트
신규 투자 20조↑···동남아·인도 투자도

스생콘은 최인혁 대표의 '스타트업과 자본 시장' 기조강연으로 막을 올렸다. 최 대표는 투자 심리가 위축된 지금이 오히려 투자 기회라며 스타트업 거품론에 일격을 가했다.

"VC에 한 가지 하고픈 말은 '지금 투자하라' 다. BCG가 1980~2018년간 인수된 스타트업 9987건의 기업가치 변화를 분석해보니, 호황기보다는 불황기에 인수한 스타트업의 투자수익률이 9.6배나 높았다."

최 대표는 또한 업종별로 성장에 필요한 키워드가 다르다고 제시했다. 소프트웨어(SaaS)가 매출과 에비타(감가상각 전 영업이익) 고성장이 중요하다면, 규제 산업인 핀테크(금융 스타트업)는 규제에 대한 저항성이 중요한 식이다. 엔터테인먼트 업계에서는 기업가치 20조원을 기점으로 키워드가 달라진다고 짚었다. 20조원 이하 스타트업에서는 수익성이 중요하지만, 이를 넘긴 기업은 성장성이 중요하다는 것. 최 대표는 "넷플릭스가 2019년 대비 2021년에 매출은 2배, 이익은 4배나 늘었는데도 2022년 4월 한 달간 주가가 30%나 폭락했다. 투자자들이 원하는 스토리를 제시하지 못한 것이 주원인으로 보인다"고 말했다.

최항집 스타트업얼라이언스 센터장은 '한국 스타트업 생태계 업데이트'를 주제로 최신 시장 트렌드 변화를 보여줬다.

2021년 초 매치그룹이 하이퍼커넥트를 약 2조원에 인수한 건을 위시해 해외에서 시작된 빅딜 도미노 현상이 한국에서도 이어졌다는 분석이다. '스타트업 간 인수'를 넘어 '대기업의 스타트업 인수', 심지어 '스타트업의 대기업 사업부 인수'까지 이뤄졌다.

2년 만에 열린 스타트업 최대 행사 '스타트업의 겨울' 극복 전략 관심

매출과 이익 성장 조화 '40의 법칙'
B2B·SW·AI 유니콘 더 나와야
"고수익 노린다면 불황기에 투자"
예비 창업자 '선점 투자'도 활발

스타트업 간 인수는 무신사(스타일쉐어 인수), 야놀자(데일리호텔, 나우버스킹, 데이블 등), 비바리퍼블리카(타다, 올라플랜), 직방(호갱노노, 슈가힐, 우주, 이웃벤처, 모빌 등)이 대표 사례다. 대기업이 스타트업을 인수한 사례는 현대차(보스톤다이나믹스 인수), GS리테일(펫프렌즈, 쿠캣, 요기요), 신세계(W컨셉), 롯데쇼핑(중고나라), 카카오(야나두, 래디쉬, 타파스, 지그재그, 그립), 네이버(왓패드, 문피아) 등이 꼽힌다. 스타트업이 대기업 사업부를 인수한 사례는 직방(삼성SDS IoT사업부 인수), 야놀자(인터파크), 런드리고(아워홈 세탁사업부 '크린누리'), 비바리퍼블리카(LG유플러스 PG사업부) 등이 있다.

스타트업 시장 유동자금도 과거에 비하면 매우 풍부해졌다.

국내 스타트업 업계 최대 행사 중 하나인 스타트업 생태계 콘퍼런스가 2022년 6월 9일 강릉 세인트존스호텔에서 열렸다. 사진은 기조연설하는 최인혁 BCG 대표파트너. (스타트업얼라이언스 제공)

최 센터장은 "10억원 이상 투자를 유치한 스타트업이 2015년에는 80개사에 불과했다. 올해는 1400여개에 달한다. VC로부터 5000만원 이상 투자받은 벤처 투자형 스타트업은 4406개나 된다. 창업벤처 사모펀드(PEF)와 해외 자본의 직접 투자액까지 더하면 2021년 기준 국내 신규 벤처 투자액은 20조원이 훌쩍 넘을 것"이라고 말했다.

국내 스타트업에 대한 해외 자금 투자도 늘었다. 더브이씨(The VC)에 따르면, 2020년 말 128개사 8718억원에서 2021년 9월 말 144개사 4조9567억원으로 투자금 규모가 1년도 안 돼 5배 이상 급증했다.

투자 업종은 10년간 크게 달라졌다. 중기부에 따르면, 2011년 벤처 투자 업종 비중 1위는 전기·기계·장비 분야로, 전체의 23.5%를 차지했다. 이어 영상·공연·음반(16.5%), ICT 제조(13.9%) 순이었다. 2021년에는 ICT 서비스가 31.6%로 가장 많다. 바이오·의료(21.9%), 유통·서비스(18.9%)가 뒤를 잇는다. 디지털 전환과 바이오 혁명을 주도하는 스타트업이 새롭게 부상하고 있음을 보여준다.

스타트업 투자 시장이 확대되며 투자자들의 포지셔닝 변화도 속속 감지된다.

국내 VC는 해외 스타트업 투자로 활동 무대를 넓히는 모습이다. 이와 관련해 유정호 KB

인베스트먼트 그룹장과 김천수 파라마크벤처스 대표는 각각 동남아, 인도 스타트업에 투자하는 이색적인 경험담을 공유해 눈길을 끌었다.

유정호 그룹장은 "스타트업은 '매수(Long Position)'만 할 수 있어 투자 전략에 한계가 있다. 이런 위험을 분산하려면 투자 지역을 확장해야 한다"며 동남아 투자에 나선 배경을 설명했다. 그는 동남아 스타트업 시장에도 '겨울'이 들이닥쳤다며 '기본으로의 회귀(Back to The Basic)'가 중요해지고 있다고 강조했다. "동남아 테크 기업 주가가 체감상 '박살' 나고 있는 상황이다. 투자금의 절반 정도가 사라졌다. 유니콘 수준 스타트업 세 곳이 IPO(상장)를 취소했다. 수익이 나서 상장 요건은 갖췄지만 원하는 기업가치를 인정받지 못한다는 판단에서다. 다만, 현재 동남아 스타트업 시장은 하락기에 있지만 자본 시장의 선순환 구조가 나타나며 이제 본게임이 시작되고 있다. 단기가 아닌, 중기 전망을 보면 동남아 스타트업의 미래는 밝다고 본다. 특히, '애그리테크(Agritech)'를 위시로 하는 1차 산업의 혁신에 주목하고 있다."

스타트업이 아닌, VC가 직접 상장에 나서기도 한다. 블루포인트파트너스, 퓨처플레이, CNT테크 등이 대표 사례다.

국내 액셀러레이터(AC) 중 운용자산 규모가 가장 큰 퓨처플레이의 경우 2022년 6월 50억원 규모의 상장 전 지분 투자(프리 IPO) 유치에 성공했다. 이를 통해 퓨처플레이는 2000억원의 기업가치를 인정받았다. 연내 코스닥 상장에 성공할 경우, AC 중에서는 첫 증시 입성 사례로 기록될 전망이다. 이 밖에도 헤지펀드, 뮤추얼펀드, 연금, 국부펀드 등 그간 스타트업에 투자하지 않던 비전통적 투자금이 몰리고 있다.

스타트업 시장이 성장하면서 일자리도 급증하고 있다. 중기부에 따르면, 2021년 말 기준 벤처 기업의 고용 인력(고용보험 가입자 기준)은 76만4912명으로, 전년(69만8897명) 대비 6만6015명(9.4%) 늘었다. 문제는 고용 수요에 비해 인재 공급이 달려 구인난을 호소하는 스타트업이 많다는 것. 스타트업얼라이언스가 2021년 시행한 자체 설문조사 결과에 따르면, 인력난이 심각해 채용에 어려움을 겪고 있다고 응답한 비율이 65.2%에 달했다. 전년 대비 인력난이 더욱 심각해졌다고 응답한 비율도 70%가 넘었다.

상황이 이렇자 스타트업들은 파격적인 보상과 인센티브로 인재 확보에 열심이다.

토스는 전 직장 연봉 대비 최대 1.5배, 5000만~1억원 상당의 스톡옵션을 내걸고 인재 유치에 발 벗고 나섰다. 오늘의집은 개발 직군에 최저 연봉 5000만원을 보장한다. 우아한형제들은 입사 시 기본 연봉의 20%를 사이닝 보너스로 지급하고 주 4.5일제 근무와 연 200만원

쿠팡은 싱가포르의 OTT 서비스 '훅(HOOQ)'을 인수한 '스타트업 간 M&A'를 통해 쿠팡플레이의 출시 시기(Time to Market)를 크게 앞당길 수 있었다. (쿠팡플레이 캡처)

상당의 복지 포인트도 지급한다. 당근마켓은 개발자 시작 연봉을 6500만원으로 책정했다. 교육, 도서, 세미나 등 자기계발비도 무제한 지원한다.

물론 한국 스타트업의 숙제도 적잖다. 최 센터장은 "한국은 글로벌 대비 이커머스 분야 유니콘은 많은 반면 B2B, 소프트웨어, 인공지능 분야 유니콘은 적다. 수도권에 60% 넘는 스타트업이 몰려 있는 편중 현상도 여전하다. 기존 산업의 규제 문제 외에 이익단체와의 갈등 역시 심화되고 있다. M&A 미활성화로 인한 투자 회수 경직도 문제다"라고 짚었다.

스타트업의 겨울, 어떻게 넘길까
유대감 쌓고 '극초기' 스타트업 투자 확대

이번 스생콘에서는 '스타트업의 겨울'을 어떻게 넘길 것인가를 주제로 많은 의견이 오갔다. 일단은 '옥석 가리기' 국면일 뿐, 닷컴 버블 재현은 아니라는 진단이 대세를 이뤘다. 유정호 그룹장은 "우리나라는 투자자금 중 정책자금 비중이 높은 편이다. 이들이 어딘가에는 투자를 해야 하기 때문에 갑작스러운 투자 가뭄이 일어날 가능성은 다른 나라에 비해 적다고 본다"며 낙관론을 펼쳤다.

구체적인 극복 전략도 제기됐다.

김천수 대표는 불황기에 창업자와 투자자 간 유대감을 쌓을 것을 조언했다. 특히 인도에서는 유대감이야말로 투자 성패를 가르는 요인이라는 설명이다. 김 대표는 "인도에서 '호황기에는 돈을 벌고, 불황기에는 친구를 얻는다'는 말이 있다. 누구나 볼 수 있는 재무제표만 분석해서는 남들보다 뛰어난 성과를 내는 데 한계가 있다. 차별화된 성과를 얻으려면

남에게 없는 창업가에 대한 정보가 주어져야 한다. 이를 위해 나 또한 2주 뒤에 또 인도에 돌아갈 예정이다"라고 말했다.

스타트업 시장의 투자 신중론이 이어지며 반대급부를 누리는 곳은 초기 투자 시장이다. 투자 규모가 크지 않아 알짜 스타트업만 잘 골라내면 낮은 리스크로 큰 수익을 낼 수 있기 때문이다.

생활 서비스 고수 매칭 플랫폼 '숨고' 공동 창업자 출신 강지호 앤틀러코리아 대표는 '글로벌 VC가 보는 한국 초기 단계 스타트업'을 주제로 자사의 '극초기(Ultra Early) 단계 투자' 노하우를 전해 눈길을 끌었다.

강 대표에 따르면, 미국 액셀러레이터 '와이(Y)콤비네이터'로부터 투자를 유치한 시점의 스타트업 평균 사업 기간은 '1년 반'이다. 이 정도면 창업팀이 시장조사와 피봇팅(사업 전환)까지 대부분 해본 상태다. 앤틀러코리아는 창업팀이 초기 투자를 유치하는 바로 그 직전 단계에서 유망 창업자를 선별하는 '스타트업 제너레이팅 프로그램'에 집중한다.

강 대표는 "우리는 사람에게 투자한다. '내가 만일 새로운 사업을 하려 할 때 이 사람과 같이할 수 있을까'라는 질문을 기준으로 투자를 결정한다. 이런 방식으로 2025년까지 100개의 한국 스타트업에 투자할 계획"이라고 말했다.

최 대표는 스타트업 생존 조건으로 '40의 법칙'을 제시했다. 스타트업이 지속 성장하려면 매출 성장률과 수익률을 더한 숫자가 40을 넘겨야 한다는 것. 최 대표는 "가령 연간 매출 성장률이 30%인 스타트업이라면 이익률이 적어도 10% 이상임을 보여줘야 한다"고 강조했다.

이 밖에도 이동열 로백스 대표변호사의 '스타트업의 사법 리스크 줄이기', 안상일 하이퍼커넥트 대표의 '비게임 스타트업의 글로벌 시장 진출 전략' 등 스타트업 겨울나기를 위한 다양한 현장 노하우가 공유돼 호평을 받았다.

GS · 신세계 · 현대차 CVC 3社 3色
기업 외부에서 혁신 동력 찾는다

"대기업이 스타트업을 인수해서 성공적으로 경영하기는 쉽지 않다. 때문에 기존 경영진이 원하면 그대로 유임시켜 독립적으로 경영하게 한다. 유임을 원치 않으면 외부 경영진을 영입한다."

GS리테일의 CVC를 담당하는 이성화 신사업 부문장의 얘기다.

스생콘에서는 'About CVC'를 주제로 사례 발표와 열띤 토의가 이뤄졌다. 대기업이 스타트업 투자사로 본격 참전하는 현황과 배경을 스타트업 투자에 열심인 GS리테일, 신세계, 현대차그룹의 CVC 담당자가 연단에 서서 직접 설명했다.

먼저 이성화 부문장은 자사 CVC가 "지주사

산하 또는 독립법인 형태가 아닌 기업 내부 조직으로 편성돼 있다"며 "본업과의 강력한 시너지를 추구하는 전략적 투자자"임을 강조했다. 외부 펀딩 없이 100% 자기자본(내부 보유 현금)으로 투자하고, 만기가 없는 펀드여서 장기적 관점으로 투자하는 것이 GS리테일 CVC의 강점이라는 설명이다.

다음은 시그나이트파트너스의 임정민 투자총괄이 마이크를 잡았다. 시그나이트파트너스는 신세계그룹이 2020년 7월 설립한 CVC다. 현재 운용 규모는 1760억원이고, 그간 총 29건에 1025억원을 누적 투자했다.

임정민 투자총괄은 "회사 본업과 연관 있는 인접 사업은 물론, 비연관 신사업에도 투자한다. 지금까지 투자한 부문은 라이프스타일 47%, 디지털 헬스케어 20%, 푸드테크 17% 순이다. '라엘(Rael)' '번개장터' 등은 전략적 투자, '패스트캠퍼스' 'ABLY' 'Grab' '지놈인사이트' 등은 재무적 투자 사례"라고 말했다.

현대·기아차는 사내벤처와 CVC, M&A를 포함한 전방위적인 스타트업 협력 플랫폼을 구축했다. 특히, 수소경제를 확산시키기 위해 관련 스타트업에 전략적으로 투자를 하고 있다.

'현대자동차의 오픈이노베이션 모델'을 주제로 강연한 신성우 현대차 상무는 "자동차 산업은 글로벌 경쟁 강도가 갈수록 세지고 있다. 혁신 역량을 외부에서 확보하기 위해

'바람직한 스타트업 생태계'를 주제로 패널 토론하는 연사들. (스타트업얼라이언스 제공)

CVC를 활용 중이다. 지금까지 분사한 벤처는 26건, 본계정 투자 121건에 달한다"고 들려줬다.

쿠팡·두나무·배민도…'스스 투자' 삼매경

"OTT 사업을 처음부터 직접 키우려 했다면 쿠팡플레이의 '타임 투 마켓(Time to Market · 제품 개발부터 판매까지 걸리는 시간)'은 2년이 걸렸을 것이다. 싱가포르의 OTT 기업 '훅(HOOQ)'을 인수해 타임 투 마켓은 6개월로, 비용은 5분의 1로 줄일 수 있었다."

쿠팡에서 투자 업무를 담당하는 정상엽 전무의 설명이다.

스생콘에서는 스타트업이 스타트업에 투자하는 '스스 투자' 트렌드도 의제로 올랐다. '스타트업 VC' 조직을 운영하는 두나무, 쿠팡, 배민, 그리고 '아기상어'로 잘 알려진 스마트스터디벤처스가 자사의 스타트업 투자 전략과 노하우를 전했다.

두나무는 지난 4년간 국내외 52개 스타트업에 1180억원을 누적 투자했다. AI와 데이터, 소비재와 엔터프라이즈, 블록체인과 핀테크 등 세 분야를 중심으로 투자한다. 누적 투자 금액은 각각 570억원(48%), 384억원(33%), 226억원(19%)에 달한다. 지역별로 보면 국내가 810억원(69%)으로 가장 많고, 이어 북미 267억원(23%), 동남아 81억원(7%) 순이다.

임수진 파트너는 "'팔지 않는다'가 투자 전략이다. 그만큼 장기적 관점에서 투자한다. 해외 투자 사례는 20개 정도다. 투자팀 3명이 모두 해외 대학 출신이어서 해외 VC에서 활동 중인 인맥을 활용해 그들과 공동 투자에 나서는 경우가 많다. 리서치도 많이 한다. 투자 사례의 80% 이상이 '콜드 콜(Cold Call · 사전 예고 없는 연락)'을 통해 이뤄진 것이다"라고 말했다.

두나무앤파트너스의 또 다른 강점은 '빠른 실행력'이다. 우수 스타트업을 선점하기 위해 투자 심사에 걸리는 기간을 과감하게 단축시켰다. 임수진 두나무앤파트너스 파트너는 "보통 스타트업이 투자를 유치할 때 '앞으로 4개월은 죽었다' 생각할 정도로 오래 걸린다. 두나무는 2주 안에 투자를 결정한다. 그만큼 빨리 실행할 수 있는 권한이 주어진다"고 자랑했다.

이현송 스마트스터디벤처스 대표로부터 들은 스마트스터디벤처스의 투자 전략은 기존 타깃인 유아동 대상으로 신규 비즈니스를 할 수 있거나 중국, 일본 등 모기업이 아직 공략 못한 새로운 시장에 진출할 수 있는 스타트업이 투자의 '스위트 스폿(Sweet Spot · 가장 적당한 지점)'이라고.

이 대표는 "IP(지식재산권)를 활용한 콘텐츠 회사는 언제나 흥행 리스크가 크다. 다음 콘텐츠를 무엇으로 만들지가 항상 도전 과제다. 이런 상황에서 신사업과 신시장 개척을 내부

CVC…스타트업계 새 물결
기업 외부서 혁신 동력 찾기 전략

본업과 인접 또는 비연관 사업 다 투자
쿠팡, 훅 인수해 쿠팡플레이 빠른 출시
현대차는 수소경제 스타트업에 투자

역량으로 하자니 '어느 세월에…' 하는 생각이 들었다. 외부 기업과 협업하자니 영향력이 제한적이었다. '투자를 통해 주주 지위를 확보한 상태로 성장을 도모해보자' 하는 생각에 2019년 7월 CVC를 차리게 됐다"고 말했다.

쿠팡은 CVC 조직이 따로 없다. 단, 사내에서 정상엽 전무가 'Corporate Devlopment(기업 개발)' 업무를 담당한다. 쿠팡플레이의 기반이 된 훅을 인수한 것이 대표 사례다. 훅을 인수해 OTT 사업 역량을 내재화한 덕분에 쿠팡플레이를 선보이고 단기간에 '국산 OTT 톱3' 반열에 오를 수 있었다는 평가다.

정상엽 전무는 "일반적으로 투자 조직이 생기면 M&A나 투자를 통해 문제를 해결하려 한다. 그러나 쿠팡은 투자를 꼭 선호하지는 않는다. 직접 사업을 키울 것인가, 인수 또는 투자할 것인가를 가르는 기준은 타임 투 마켓이

다. 투자 또는 인수가 '최선의 지름길이다'라고 판단되면 과감하게 한다"고 말했다.

끝으로 주종호 우아한형제들 이사가 '배민의 투자 철학과 현재, 그리고 미래'를 주제로 강연했다.

우아한형제들은 2018년 10월 사내에 투자팀을 설립해 2019년 초부터 본격 투자 검토 활동에 돌입했다. 건당 5억~30억원 수준으로 연간 100억~150억원 규모의 투자를 집행한다. 지역별로는 한국보다 해외 투자 사례가 많다고.

주종호 이사는 "매년 투자 방향성을 재정립해서 새해 투자 전략을 새로 설정한다. 매년 논의 끝에 나오는 마지막 질문은 '우리는 어떤 투자를 해야 하나'다. 이를 위해 시장에 대한 이해 증대, 창업팀의 잠재력을 판단하기 위한 안목 강화, 반걸음 앞을 내다볼 수 있는 식견 기르기 등의 노력을 하고 있다"고 전했다. ■

몸값 뛰는 만큼 재이직 어려워져…"점프업은 독이 든 성배"

스타트업들이 유연한 근무 환경과 파격적 보상을 내걸며 인재 유치에 나서자 '커리어 점프업'을 꿈꾸는 MZ세대 직장인 이직 러시가 이어지고 있다. 이들이 선호하는 이직 1순위는 '머지않아 상장을 계획 중인 스타트업'. 이만하면 기업이 어느 정도 안정적인 궤도에 오른 데다, 스톡옵션을 받아 단단히 한몫을 챙길 수 있다는 기대감에서다. 3~5년 차 중견 스타트업도 상장 계획이 있다면 괜찮은 선택지로 분류된다. 자신이 가서 기업을 변화시킬 수 있다는 업무 자유도와 권한 위임에 호감을 느끼는 이가 많다는 것이 HR 업계 중론이다.

문제는 이직한 다음이다. 억대의 사이닝 보너스(입사 축하금)와 고연봉을 주는 대신 그만한 성과를 요구하기에 근무 강도도 점프업되기 일쑤다. 결국 체력이 달려 6개월 만에 재이직을 노리는 이도 적잖다. 그러나 이미 몸값이 높아진 상황에서 눈높이를 다시 낮추기란 쉽지 않다. 꾸준한 우상향이 아닌, 오르락내리락 '갈지자(之)'를 그리면 경력 관리 측면에서도 스텝이 꼬일 수 있다는 것이 HR 전문가들 조언이다.

한 HR 전문 기업 고위 관계자는 "업계 일각에서는 연봉 인상률을 50%나 제시한 토스가 이직 시장을 망쳐놨다는 얘기마저 나온다. 인재 영입을 위해 너도나도 따라하면서 결국 '커리어 버블'이 생겼다. 역량에 비해 너무 많은 연봉을 받게 된 이직자는 경력 관리 측면에서 선택의 폭이 확 좁아진다. 기업 입장에서도 부메랑이다. 미국은 성과가 나쁘면 해고하면 그만이지만, 우리나라는 그렇지 못하기 때문"이라고 토로했다.

이직할 스타트업이 많아지며 이직이 '일상화'되고 있다는 분석도 제기된다. '한국판 링크드인'을 표방하는 '커리어리'의 김광종 리더는 "그동안 이직은 몇 년에 한 번 관심 갖는 대형 이벤트였다. 요즘은 일상적으로 경력을 관리하며 이직에 대비하는 이가 늘고 있다"고 말했다. 이직 준비를 위해 외부 인사들과 네트워킹을 지원하거나 커리어 관리를 돕는 '커리어테크' 스타트업이 최근 약진하는 이유도 여기에 있다.

다만, 이직을 위해 지나치게 외부 네트워킹에만 몰두하는 것은 바람직하지 않다는 지적이다. 자칫 실력 배양과 조직 생활에 소홀하게 되면 내부 평판을 잃을 수도 있다는 우려에서다.

"직원 소개나 추천으로 입사 가능한 회사는 일반적인 방법으로는 모집이 어려워서일 가능성이 있다. 괜찮은 회사라면 공식 절차를 밟아 채용한다. 외부 네트워킹에 몰두하다 업무에 지장이 생기면 평판 조회에서 점수를 잃을 수도 있다. 현직자와 네트워킹은 일해본 경험을 듣는 정도로만 활용하고, 이직을 위해서는 차라리 전문성을 기르는 데 집중하는 것이 낫다." 유승연 유앤파트너스 이사의 조언이다.

고정비 숨기고 이익은 과장…'J커브' 허상
티몬·위메프·컬리…모두 기업가치 불안

"모 스타트업이 ○○○억원의 기업가치를 인정받아 △△억원의 투자를 유치했다."

스타트업 투자 유치 소식을 전하는 뉴스에서 흔히 접하는 문장이다. 문득 궁금해진다. 아직 이익도, 심지어 매출도 거의 없는 스타트업 기업가치를 도대체 어떻게 매긴 걸까. 손정의 소프트뱅크그룹 회장은 적자 상태였던 쿠팡과 겨우 막 흑자전환한 야놀자에 무슨 생각으로 조 단위 투자를 한 걸까.

한때 모 유니콘 스타트업에서 최고재무책임자(CFO)를 지낸 A씨에게 스타트업 몸값 계산 공식을 직접 들어봤다.

스타트업 몸값 계산 공식은
미래 이익 창출 능력 '상상'해서 베팅

"전통적으로 기업가치는 이익을 기반으로 매깁니다. 당기순이익이나 '에비타(EBITDA · 감가상각 전 영업이익)'를 통해 현금흐름 창출 능력을 살피죠. 그런데 스타트업은 이익이 나지 않잖아요. 그래서 미래 이익 창출 능력을 '상상해서' 기업가치를 매깁니다. 3~5년을 해도 상상이 안 되면 10년 후까지 내다보게 되죠."

A씨는 흰종이 위에 이차 함수 그래프를 그려가며 차분히 설명을 시작했다. 그래프 가로축은 시간, 세로축은 고정비와 '공헌이익'이다. 공헌이익이란 매출액에서 변동비를 뺀 금액이다. 이는 영업이익과 고정비를 더한 값과 같다. 즉, 공헌이익에서 고정비를 빼면 영업이익이 나온다. 고정비 그래프는 일정하거나 완만하게 상승하고, 총공헌이익 그래프는 가파르게 상승할수록 스타트업의 기업가치는 높아진다(그래프 1).

A씨 설명에 따르면 대부분 테크 기업은 '고정

비가 일정하거나 매우 완만할 것'이라고 투자자를 설득한다. 플랫폼 기업은 인건비 외에는 고정비가 거의 안 든다는 이유에서다. 반면, 시장점유율이 높아지면 총공헌이익은 기하급수적으로 늘어나 고정비 그래프와 간격이 벌어지고, "이를 통해 J커브를 그릴 수 있다"는 것이 스타트업 투자 유치의 단골 매뉴얼이다.

유동성이 풍부했던 지난 수년간은 이 공식이 그럭저럭 통했다. 벤처캐피털 업계에는 투자 자금이 넘쳤고, 주식 시장도 호황이니 미래 성장 가능성에 대한 낙관론이 팽배했다. 먼저 무료로 이용자 수와 거래액을 늘린 뒤 과금을 시작하면 서비스에 익숙해진 이용자들이 순순히 비용을 지불, 수익이 극대화될 것으로 기대했다.

A씨는 "공식 자체는 큰 문제가 없다"고 짚었다. 문제는 이런 공식을 업계 1위, 너그럽게 봐도 3위권의 스타트업에만 적용해야 하는데, 투자사 간 경쟁이 불붙으며 너도나도 J커브를 전제한 고밸류를 평가받게 됐다는 것. "변동비 성격이 강한데도 고정비라고 우겨 투자를 받아낸 곳이 많았습니다. 가령 테크 기업은 거래액이 늘면 그만큼 개발자나 서비스 인력도 늘려야 하는데, 이런 인건비 증가 리스크를 간과했어요. 고정비는 사업 규모가 커

마켓컬리는 IPO를 앞두고 기업가치가 지나치게 부풀어졌다는 지적을 받는다. (매경DB)

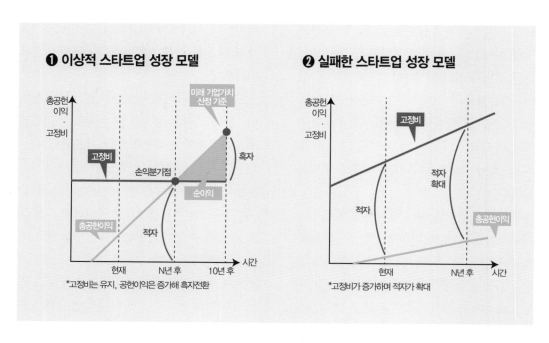

❶ 이상적 스타트업 성장 모델

총공헌
이익
·
고정비

미래 기업가치
산정 기준

고정비

손익분기점

흑자

순이익

총공헌이익

적자

현재   N년 후   10년 후   시간

*고정비는 유지, 공헌이익은 증가해 흑자전환

❷ 실패한 스타트업 성장 모델

총공헌
이익
·
고정비

고정비

적자
확대

적자

총공헌이익

현재   N년 후   시간

*고정비가 증가하며 적자가 확대

져도 증가해서는 안 되는데 말이죠. 과거에는 스타트업 주장을 그대로 믿었는데, 이제는 '정말 고정비가 맞는지' 뜯어보게 됐습니다." 이익 전망도 재평가에 들어갔다. 공헌이익이 J커브를 그리며 급증하려면 규모의 경제를 통해 원가를 절감하거나 가격을 인상해야 한다. 그런데 시장 경쟁이 치열해지며 어느 것 하나 쉽지 않아졌다. 45도 각도로 뻗어 나갈 것이라 기대했던 공헌이익 그래프 기울기가 30도에도 못 미치는 스타트업이 속출했다(그래프 2). 기울기를 높이려면 결국 고정비를 확 줄여야 했다. 인력 감축과 마케팅 축소가 대표적인 방법이다(그래프 3).

"제가 근무했던 모 유니콘도 고정비를 확 줄

였어요. 그러자 적자가 줄고 이익이 개선됐죠. 하지만 차별화에 실패한 상황에서 무리하게 투자를 줄였으니 오래 못 갈 수밖에요. 경쟁사를 쫓아가려면 다시 투자를 늘려야 했고, 적자가 다시 심화되는 악순환에 빠졌습니다. 안타깝지만 그 회사는 망할 것으로 보입니다."

멀티플도 결국 '꿈'이더라
거래액 기준 모호…수익성 증명해야 투자 지속

기업가치를 매길 때 빠지지 않고 등장하는 것이 '멀티플(Multiple · 배수)'이다. 매출, 영업이익, 거래액, 에비타 등 경영 성과 지표에 몇 배를 곱해 기업가치를 산출할 것인가가 핵심

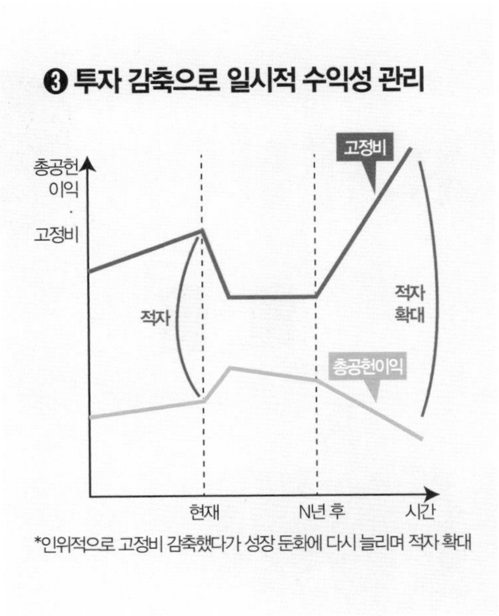

❸ 투자 감축으로 일시적 수익성 관리

총공헌
이익
·
고정비

고정비

적자

적자
확대

총공헌이익

현재　　　N년 후　　　시간

*인위적으로 고정비 감축했다가 성장 둔화에 다시 늘리며 적자 확대

전통적 기업 평가 기준은 이익
스타트업은 이익보다 성장성

미래 이익 창출 능력 상상해서 평가
고정비 대비 총공헌이익 J커브 예상
멀티플 계산도 사실상 정답 없어
결국 '얼마나 그럴듯한가' PDR 영역

이다. 여기에는 정답이 없다. 업종, 비교 기업군, 점유율, 심지어 창업자의 협상력에 따라서도 천차만별이다. 거래액도 기업이 마음만 먹으면 확 늘리거나 줄일 수 있으니, 그야말로 얼마나 꿈이 그럴듯한지를 나타내는 'PDR(주가꿈비율)'의 영역이다.

"쿠팡의 경우 상장 후 주가가 한창 치솟을 때는 기업가치가 거래액의 3배 이상도 매겨지더군요. 2022년 5월 말 기준 주가가 13달러대로 떨어져 1배 수준으로 내려왔지만요. 성장성만 잘 증명하면 당분간 거래액의 1.5~2배 수준에서 기업가치가 형성될 것으로 보입니다."

반면, A씨는 티몬, 위메프, 컬리 등 다른 유니콘 스타트업에 대해서는 비관적인 전망을

내놨다.

"티몬과 위메프는 시장을 독점해 이익을 창출하거나 지속 성장할 수 있다는 믿음을 아직 주지 못하고 있어요. 양 사 모두 한때 거래액의 1배 정도 기업가치를 인정받았는데 지금은 많이 떨어졌을 겁니다."

특히, 상장을 앞둔 컬리에 대해서는 상당한 우려의 시선을 보냈다.

"컬리는 상장을 하더라도 4조원의 가치를 인정받기는 쉽지 않을 겁니다. 기업가치를 낮춰 상장하려 해도 다음이 걱정이에요. 기업가치가 4조원일 때는 신규 자금 조달 규모가 1조원 정도 되겠지만, 2조원이면 5000억원 정도만 가능해요. 연간 적자 규모가 2000억원에 달하

스타트업 기업가치를 측정하는 지표인 PSR(주가매출비율)을 기준으로 동종 기업들과 비교한 결과, 비바리퍼블리카(토스), 야놀자, 컬리(마켓컬리) 등의 기업가치가 비교적 거품이 낀 것으로 나타났다. (이충우 기자)

는 상황에서 2년 후에는 또 돈 걱정을 해야 하는 거죠. 그뿐인가요. 상장 후 1년 내 수익화에 실패하면 주가가 폭락할 가능성도 있습니다. 상장을 철회해도, 밀어붙여도 모두 어려운 시나리오예요."

상황이 이렇자 투자자 태도도 급변하는 양상이다. 최대 10년 후까지 기다리겠다며 여유를 부리던 모습에서, 지속 가능성에 대한 계산기를 들이미는 분위기다.

"10년 넘게 이어져온 유동성 확장이 마무리되며 급격한 긴축이 이뤄지고 있습니다. 'Prove Profitability. Today, Not Tomorrow(수익성을 증명해봐. 내일 말고 오늘)'라는 말도 회자되고 있죠. J커브형 성장을 전제로 산정했던 기업가치를 이제는 1위 기업과의 점유율 격차를 고려해서 신중하게 매겨야 한다고 봅니다." ■

토스·야놀자·컬리 기업가치 '버블'…두나무는 '양호'

스타트업 기업가치를 측정하는 또 다른 핵심 지표는 PSR(주가매출비율)이다. 주가(기업가치)를 주요 경영성과 지표인 매출액과 연계해서 평가하는 지표다. 회사 규모는 크지만 영업이익이 적은 스타트업 가치를 매길 때 보편적으로 쓰인다. 상장 직전 스타트업의 PSR이 같은 업종에 비해 높게 나온다면 일반적으로 그 스타트업은 '과대평가됐다'고 볼 수 있다. 장외 시장에서 거래되는 유니콘 스타트업 PSR을 분석해본 배경이다. 2022년 5월 말 기준 '증권플러스 비상장' '서울거래 비상장'에서 거래되는 스타트업 중 추정 시가총액 규모가 가장 큰 기업은 핀테크 앱 '토스'를 운영하는 비바리퍼블리카다. 두 거래소에서 약 12조원 규모의 기업가치를 평가받는다. 프리 IPO에서는 최대 20조원까지 몸값이 거론됐다. 비바리퍼블리카의 2021년 연매출은 7808억원. 현재 장외 시장에서 거래되는 주가를 기준으로 평가하면 PSR이 16~25배에 달한다.

4대 금융지주 평균 PSR은 0.4배에 그친다. 다만, 같은 핀테크 스타트업인 카카오뱅크는 비바리퍼블리카와 비슷한 수준이다. 카카오뱅크 시가총액은 13조원, PSR은 29배다(5월 25일 기준). 그러나 카카오뱅크는 2021년 2500억원 넘는 건실한 '흑자'를 기록했다는 점에서 비바리퍼블리카와는 다소 차이가 있다.

다음으로 시가총액이 높은 기업은 '두나무'다. 장외 시장 추정 시가총액이 10조원에 달한다. 단, 두나무는 몸값에 비해 매출 규모가 크고 영업이익률도 매우 높아 '버블'이라 단정하기는 어렵다는 분석이 대세다. 이는 미국 시장에 상장된 '코인베이스'와 비교하면 두드러진다. 코인베이스는 상장 당시 PSR 7배의 기업가치를 인정받았다. 반면 두나무 PSR은 2.9배다.

몸값 3위 비상장 스타트업은 숙박 앱 '야놀자'다. 장외 시장 추정 시가총액은 8조7801억원으로, PSR은 27배다. 야놀자와 사업 모델이 비슷한 글로벌 OTA와 비교하면 현저히 높다. 부킹닷컴은 상장 당시 12~13배의 PSR을 적용받았다. 트립어드바이저는 7배, 익스피디아는 4~5배의 PSR로 몸값이 매겨졌다. 국내 1위 야놀자가 글로벌 시장에서도 의미 있는 점유율을 확보할 수 있을지가 관건이라는 평가다.

컬리는 전체 비상장 종목 중 몸값 10위에 해당한다. 한때 기업가치가 5조원까지 거론됐지만, 2022년 5월 25일 기준 장외 시장 추정 시가총액은 3조1908억원에 그친다. PSR은 2배 수준이다. 컬리와 비슷한 커머스 기업 쿠팡의 경우 상장 당시 PSR 5배까지 치솟았다가 1~2배 사이로 내려앉았다. 쿠팡도 주가가 급락한 상황에서, 쿠팡보다 시장점유율이 낮은 컬리가 비슷한 PSR을 적용받기는 어려울 것이라는 게 금융 투자 업계 중론이다.

밸류 컷 본격화⋯현금 미리 챙겨라
초기 스타트업은 無風 "더 과감? OK"

"자금이 줄어든 시장이 기업가치를 깎고 나설 것이다. 대부분 스타트업은 이를 받아들일 수밖에 없다. 2022년 하반기부터 '밸류 컷(기업가치 절하)'이 본격적으로 나타날 것이다." 김명기 LSK인베스트먼트 대표의 얘기다. 실리콘밸리를 비롯한 세계 스타트업 시장이 얼어붙고 있다. 금리 인상, 경제 침체 등의 여파로 투자금 확보가 점차 어려워질 것이라는 위기의식이 팽배하다.

기업가치 정량화하고 눈높이 낮출 때
"마케팅 많이 한다면 잠시 중단해볼 만"

혹한기를 버티려면 어떻게 해야 할까. 전문가들은 창업자에게 4가지 태도가 필요하다고 조언한다.

첫째, 자존심을 버려라. 가치를 낮게 평가받더라도, 투자를 유치할 수 있다면 과감히 받아들이라는 조언이다. 특히 최근 2~3년간 이어진 강세장에 기업가치가 부풀려졌음을 인정하고 눈높이를 낮출 필요가 있다. 김도현 국민대 경영학과 교수는 "밸류에이션을 낮춰 투자를 받는 것에 익숙해져야 한다. 창업가뿐 아니라, 기업가치를 높여서 다른 투자자로부터 후속 투자를 유치하려 하는 기존 투자자도 마찬가지"라고 강조했다.

둘째, 불필요한 비용을 줄이고 '현금'을 최대한 확보해놓자. 김한준 알토스벤처스 대표는 "마케팅과 광고를 많이 하고 있다면 1~2개월 아예 하지 않는 것도 좋다. 가끔 광고 없이도 지표에 별 영향이 없다는 것을 깨닫는 회사도 있다"고 강조했다. "연봉도 모두에게 다 잘 주는 것보다 실력 위주로 가린다" "모든 것을 현금흐름으로 돌린다. 돈을 언제 지급하고 언제 받는지 운전자본(Working Capital)이 좋아지도

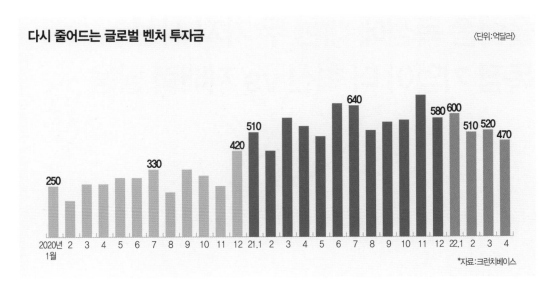

다시 줄어드는 글로벌 벤처 투자금

〈단위:억달러〉

250 / 420 / 330 / 510 / 640 / 580 600 / 510 520 / 470

2020년 1월 / 2 / 3 / 4 / 5 / 6 / 7 / 8 / 9 / 10 / 11 / 12 / 21.1 / 2 / 3 / 4 / 5 / 6 / 7 / 8 / 9 / 10 / 11 / 12 / 22.1 / 2 / 3 / 4

*자료:크런치베이스

록 해야 한다"는 조언도 덧붙인다.

셋째, 자신이 운영하는 기업의 가치를 모두 '정량화'하라. 시장이 얼어붙을수록 투자자들은 '검증된' 기업만 찾는다. 추상적인 비즈니스 모델이나 정량화되지 않는 '가능성'보다는, 매출과 현금 창출력에 초점을 두고 꼼꼼하게 검증하려는 경향이 강해진다.

한상엽 소풍벤처스 대표는 "투자 유치가 어려워진 만큼 주요 KPI를 개선하는 데 비용을 집중 투입해야 하는 시기다. 중장기적 계획보다 당장의 숫자나 성과를 투자자에게 보여주기 위한 노력이 필요하다. 회사의 성장 곡선이 가파르게 올라가고 있다는 것을 증명해야 투자를 더 받는 것이 가능해질 것"이라고 말했다.

넷째, 이제 막 시드 라운드를 진행하는 '초기

수준' 창업자라면 오히려 더 '과감'해져도 좋다. 한상엽 대표는 "라운드별로 침체의 영향이 다를 것이다. 시리즈B, 더 보수적으로는 시리즈A 단계 이상부터는 타격이 클 것이다. 하지만 시드 라운드 단계에서는 영향이 적을 것으로 보인다. 투자에 필요한 자금 규모가 적고, 원래 리스크가 높은 영역이기 때문에 시장 상황보다 창업가나 팀의 혁신성이 중요하다"고 강조했다.

실제 투자자들은 이미 초기 단계 스타트업 중심으로 포트폴리오를 옮기고 있다고. 한상엽 대표는 "IPO 시장부터 차츰 얼어붙으면서 투자자들이 기업가치가 아주 저렴하고, 기존에는 들여다보지 않던 곳까지 내려와서 투자하게 될 것이다. 중기와 후기 스타트업 투자자들이 앞단으로 계속 내려오고 있다"고 말했다. ■

플랫폼 독점에 대한 두 가지 시선
독점 기업이 더 혁신 vs 지배력 남용

국내 유니콘 스타트업 대부분은 B2C 플랫폼이다. 플랫폼은 사업 모델 특성상 '시장 독점'을 지향하게 된다. 이때 플랫폼 기업이 맞닥뜨리게 되는, 시장 경제에서 금과옥조처럼 회자되는 얘기가 있다. '경쟁은 선(善), 독점은 악(惡)'이다. 네이버, 카카오도 시장에서 독점 논란이 불거지자 결국 골목상권 철수를 약속하고 해외 진출로 급선회한 바 있다.

모든 독점은 정말 악일까. 적잖은 경제학자가 'No'라고 답한다. 일부 독점은 선할 수도 있다는 것.

통신, 수도, 전기, 가스, 철도 등의 '자연 독점'이 대표 사례다. 대대적인 초기 투자와 장기적인 수익 회수가 이뤄지는 특성상, 여러 기업이 생산하기보다 한 기업이 독점 생산하는 것이 효율적이어서 자연스럽게 생겨난 독점을 말한다. 최근에는 '플랫폼 독점'도 추가 사례

로 언급된다. 19~20세기 전통 산업의 독점과 달리 독점 유지력이 현저히 낮고, 글로벌 기업과 경쟁하거나 막대한 투자를 단행하기 위해 독점 플랫폼 기업 육성이 불가피하다는 판단에서다. 세계적으로 확산되고 있는 플랫폼 독점에 대한 기대와 걱정의 목소리를 살펴본다.

시선 ① 긍정론
슘페터 "독점 기업이 가장 혁신적"

애플, 구글, 아마존, 마이크로소프트, 삼성. 모두 각자 영역에서 독점적 지위를 누리고 있는 글로벌 기업이다. 이들이 시장을 독과점한다 해서 혁신적이지 않다고 말할 수 있을까. 보스턴컨설팅그룹(BCG)은 오히려 더 혁신적이라고 평가한다. BCG는 2021년 발표한 '세계에서 가장 혁신적인 기업 50'에서 이들을 1~5위로 꼽았다. 독점을 하면 경쟁이 줄어 혁신

동력이 떨어질 것이라는 염려를 반박하는 단적인 예다.

4차 산업혁명 시대 독점은 19~20세기 전통 산업 시대의 그것과 다르다는 주장도 제기된다. 온라인 플랫폼은 '네트워크 효과(잠깐용어 참조)'가 중요하다. 이런 특성에 비춰볼 때 특정 기업이 독점했을 때 오히려 소비자 후생이 극대화될 수 있다. 또 온라인 서비스는 다른 플랫폼으로 갈아타는 '전환 비용'이 낮다. 독점 기업도 혁신하지 않으면 독점이 지속되기 어려운 구조라는 분석이다. 플랫폼 컨설팅 기업 '애플리코(Applico)'의 알렉스 모아제드(Alex Moazed) 설립자 겸 대표는 미국 경제 매거진 INC닷컴에 기고한 '현대 독점이 긍정적인 이유(Why Modern Monopolies Are Good)'라는 제목의 글에서 다음과 같이 강조했다.

"오늘날 플랫폼 기업은 규모와 시장 지배력 외에 19~20세기의 독점 기업과 공통점이 거의 없다. 그들은 산업 독과점처럼 생산 수단을 소유하지 않는다."

'창조적 파괴' 이론으로 유명한 조지프 슘페터도 알고 보면 '독점 옹호론자'였다. 그는 정상적인 경제 환경에서는 가장 혁신적인 기업이 독점하게 되고, 그 독점은 영구 지속되지 않는 '일시적 상태'일 뿐이며, 따라서 독점 기업은 잠재적 경쟁자에 대비해 끊임없이 혁신할 것이라고 주장했다. 정부가 경계할 것은 독점 기업의 시장 지배력 '남용'이지, 시장 지배력 그

국내 유니콘 대부분이 B2C 사업 특성상 '독점' 불가피

모든 독점이 꼭 악(惡)은 아냐
대대적 투자·글로벌화 강점도
전략적 '善한 독점' 가치 평가
독점 기업의 건실한 관리 중요

자체가 아니라는 얘기다.

슘페터는 저서 '자본주의, 사회주의, 민주주의'에서 "사업자가 자기 분야에서 독점적 지위를 가진 경우, 외부에서는 경쟁 압력이 없을 것이라고 생각하지만 그는 늘 경쟁 상태에 있다고 느낀다. 예외가 없는 것은 아니지만, 그는 결국 완전 경쟁 상태와 마찬가지로 행동하게 될 것이다. 따라서 경쟁이 독점보다 언제나 바람직하다는 명제는 성립하지 않는다. 이런 관점에서 자본주의 사회에서 성공적인 혁신자가 차지하는 독점 이윤은 정당하다고 할 수 있다"고 강조했다.

초국적 기업 맞서려면 '토종 독점' 必
中, 독점 우려에도 디디추싱 합병 승인

글로벌 기업 간 경쟁이 국가 간 경쟁의 축소판이자 대리전이 된 작금의 경제 지형 변화는 '독

BCG 선정 '세계에서 가장 혁신적인 기업'	
순위	기업
1	애플
2	알파벳(구글)
3	아마존
4	마이크로소프트
5	삼성
6	화웨이
7	알리바바
8	IBM
9	소니
10	페이스북

*2020년 기준   *자료:BCG

플랫폼 독점 옹호론과 반대론	
옹호	온라인 플랫폼은 특정 기업이 독점할 때 네트워크 효과와 소비자 후생 극대화
	19~20세기 전통 산업과 달리 전환비용 낮아 독점 지속력 떨어져
	글로벌 초국적 기업과 경쟁하기 위한 토종 플랫폼 기업 육성 불가피
	독점 이익 기대와 규모의 경제 효과로 인류, 환경 위한 조 단위 초대형 투자 가능
반대	본연의 '연결' 역할 넘어 '공급자' 역할까지 확장은 문제
	대통령 SNS 계정까지 사기업이 자의적으로 영구 정지하는 것은 '월권'
	규모의 경제 악용해 싸게 사서 비싸게 파는 행위, 끼워팔기, 민감한 정보 수집 등은 문제

점 불가피론'으로 이어진다. 초국적 기업이 전 세계를 휘젓는 글로벌 시대에 압도적 토종 기업이 없으면 국내 시장을 내줄 수 있다는 우려에서다. 이른바 '토종 플랫폼 기업 육성론'이다. 이 분야에서 가장 적극적인 사례는 중국이다. 중국은 야후(1999년), 이베이(2003년), 아마존(2004년), 구글(2005년), 우버(2009년)가 잇따라 진출하며 글로벌 IT · 유통 공룡의 타깃이 됐다. 이에 중국은 자국 기업인 알리바바, 바이두, 디디추싱 등을 대항마로 내세워 이들을 집중 육성했다. 구글은 '티베트 해방' '톈안먼 사태' 등 민감한 문구 검색을 금지하며 검열에 나서고, 디디추싱에 대해서는 독점 우려에도 경쟁사인 콰이디다처와의 합병을 승인, 몸집 불리기를 허용했다. 결국 글로벌

플랫폼 기업들은 중국 시장에 진출한 지 10년도 안 돼 모두 철수하기에 이른다. 물론 중국 시장 분석과 현지화에 실패한 탓이 크지만, 중국 정부의 자국 기업 감싸기 영향도 적잖다는 평가다.

미국도 가만히 당하고만 있지 않았다. 화웨이(통신장비), DJI(드론), 틱톡(SNS) 등 중국 IT 기업들이 북미 시장을 장악하려 들자 미국은 물론, 동맹국에도 이들 제품과 부품까지 사용하지 못하도록 금지령을 내리며 '보복'에 나섰다. 제재 이유로는 '국가 안보론'을 내세웠다. 미국에서 이들 기업이 수집한 데이터가 중국으로 전송되면 미국 인프라 감시에 활용되고 공격으로도 이어질 수 있다고 주장했다. 결국 자국 플랫폼 기업의 독과점은 제한적으로 용

미국연방거래위원회(FTC)는 지난해 12월 페이스북을 상대로 반독점 소송을 제기했다. FTC는 페이스북이 자사 사업에 위협이 될 가능성이 큰 기업을 인수 합병하며 경쟁을 저해했다고 주장한다. (EPA)

납해도, 해외 기업의 그것은(적대국이라면 더 더욱) 절대 안 된다는 지정학적 이해관계가 공공연히 작동하고 있는 셈이다.

물론 이 같은 규제는 자유무역 기조에 역행하는 측면이 있다. 미국, 중국 같은 강대국이나 선택할 수 있는 카드라는 한계도 있다. 그러나 해외 기업과 경쟁해야 하는 글로벌 시대에 국내 기업에 대한 규제 환경만 가혹하다면, 이는 또 다른 의미에서 '기울어진 운동장'이 될 수 있다는 지적이 제기된다.

오종혁 대외경제정책연구원 베이징사무소 전문연구원은 "디디추싱의 성공 모델이 한국 경제 환경에서 그대로 적용되기에는 무리가 있다. 다만 한국은 지나친 규제로 신(新)산업 성장이 더딘 상황이라는 점에서 디디추싱 사례에 곱씹어볼 대목이 있다"고 말했다.

독점이라 가능한 투자와 혁신
우주 산업 · 로켓배송 조 단위 투자

어떤 독점은 정부가 합법적으로 보장한다. '지식재산권' 같은 특허 제도가 대표 사례다. 특허를 통한 배타적 이익 추구권이 보장되지 않는다면, 굳이 기업이 막대한 투자를 해서 남 좋은 일을 할 이유가 없기 때문이다. 특히 인류 복지에 중요한 의약품의 경우, 필요하다면 5년 더 연장해주며 독점권을 훨씬 보장해준다.

오늘날 글로벌 기업들이 각 분야에서 조 단위 초대형 투자에 나설 수 있는 것도 같은 맥락에서다. 민간 기업으로는 40년 만에 처음으로 나사(NASA)로부터 우주왕복선 사업권을 따낸 스페이스엑스는 2021년 2조원 넘는 신규 투자금을 유치할 수 있었다. 국내에서는 쿠팡이 지난 7년간 5조원 가까운 누적 적자를 내며 로켓배송 서비스 구축에 지속 투자 중이다. 사업 성공 시 독점적 이익에 대한 기대

가 없다면 애초에 시도조차 불가능한 프로젝트들이다. 독점 기업이어서, 또는 독점에 대한 기대가 있어 소비자 후생을 위한 막대한 투자와 도전에 나설 수 있는 '독점의 역설'인 셈이다.

피터 틸 페이팔 공동 창업자도 "독점 기업이 가장 효율적으로 사업을 할 수 있다"며 독점을 두둔한다. 그는 실리콘밸리의 바이블로 불리는 저서 '제로 투 원(Zero to One)'과 월스트리트저널 기고문을 통해 스타트업 창업자들에게 다음과 같이 조언한다.

"독점 기업은 규모가 커질수록 더 강해진다.

페이스북, 구글, 애플 등 플랫폼 기업이 글로벌 시장에서 행사하는 영향력이 갈수록 커진다. 독점에 대한 기대와 걱정이 공존하는 가운데 EU, 미국 등이 규제를 강화하려는 움직임을 보인다. (로이터)

판매량이 클수록 제품을 만드는 데 들어가는 고정비가 분산되기 때문이다. 특히나 소프트웨어 스타트업이라면 제품 하나를 추가로 생산하는 데 들어가는 비용은 거의 제로에 가깝기 때문에 '규모의 경제' 효과를 보다 극적으로 누릴 수 있다. (중략) 경쟁은 패배자를 위한 것이다. 지속적인 가치를 창출하고 포착하려면 독점하라(Competition is for losers. If you want to create and capture lasting value, look to build a monopoly)."

시선 ② 부정론
"독점은 독점"…공급자 역할 엄금해야

한쪽에서는 '그래도 독점은 독점'이라며 반대 목소리가 여전히 높다. 플랫폼 기업들이 비대해지며 사용자를 '연결'하는 초기 역할에서 제품과 서비스를 직접 제공하는 '공급자' 역할까지 확장해가는 데 대한 경계가 강화되는 분위기다.

구글, 애플 등 플랫폼 독점 기업이 즐비한 미국이 대표 사례다.

미국 법무부는 2021년 10월 구글을 상대로 반독점 소송을 제기했다. 구글의 자사 앱이 스마트폰에 선탑재되도록 스마트폰 제조사와 통신사에 수십억달러를 제공했다는 이유에서다. 이는 경쟁자의 시장 진입을 막고 독점적 위치를 유지하기 위한 불법 행위라고 힐난했다. 2021년 12월에도 구글은 두 번이나 미국 주정부로

"독점 기업이 가장 효율적"
"규모의 경제 효과 누려"

미국에선 반독점 규제 강화 움직임
구글·페이스북, 반독점 소송 휘말려
트위터, 트럼프 계정 정지 '월권' 논란
EU 집행위원장 "거대 기업 통제 필요"

부터 소송을 당했다. 텍사스를 비롯한 10개 주는 디지털 광고 시장에서, 콜로라도 등 38개 주는 온라인 검색 시장에서 구글이 독점 지위를 구축해 소비자와 광고주에게 손해를 끼쳤다는 내용의 소송을 제기했다. 페이스북도 2021년 12월 미국연방거래위원회(FTC)와 주요 주정부로부터 반독점 소송에 휘말렸다. 페이스북이 자사 사업에 위협이 될 가능성이 큰 기업들을 인수합병한 것이 경쟁을 저해하는 불공정 행위라는 게 FTC 의견이다.

최창수 국회도서관 법률자료조사관은 "과거 미국은 플랫폼 기업 규제에 적극적이지 않았다. 플랫폼이 소비자에게 무료로 혹은 낮은 비용으로 서비스를 제공한다는 이유에서다. 하지만 기업이 시장 지배력을 악용하는 사례가 나타나자 거대 플랫폼 업체 대부분이 자국 기업임에도 관련 법 수위를 높이고 있다"고 분석했다.

플랫폼 독점 기업의 '월권' 행위도 도마 위에 오른다. 트위터를 비롯한 SNS 기업들이 도널드 트럼프 전 미국 대통령의 계정을 영구 정지한 것이 대표 사례다. 트위터는 2021년 1월 미국의 의회 난입 사태와 관련해 "추가적인 폭력 선동의 위험이 있다"며 트럼프 대통령이 트위터를 이용하지 못하도록 했다. 이어 페이스북·인스타그램·스냅챗 등 다른 소셜미디어도 트럼프의 계정을 사용하지 못하도록 했다. 이에 트럼프는 백악관 공식 계정을 통해 입장을 전해야 했다. 이를 문제 삼은 것은 다름 아닌, 트럼프 전 대통령의 앙숙으로 꼽히던 앙겔라 메르켈 독일 총리였다. 그는 특정 소셜미디어 기업이 자의적 판단으로 표현의 자유를 제한하면 안 된다며 트위터를 비난했다. 더불어 트위터, 페이스북 등 플랫폼 기업이 유해한 메시지를 제한할 때는 자체 규정만 적용하도록 내버려둘 게 아니라 이를 법률로 제한한 독일을 뒤따라야 한다고 주장했다. 독일은 2018년 온라인의 증오 발언을 소셜미디어 기업이 24시간 내에 삭제하지 않으면 최대 5000만유로(약 670억원)의 벌금을 매기는 법률을 제정한 바 있다.

EU 행정부 수반 격인 우르줄라 폰 데어 라이엔 집행위원장은 2021년 1월 세계경제포럼(WEF) 화상 연설에서 "온라인 플랫폼 비즈니스 모델은 자유와 공정 경쟁뿐 아니라 민주주의, 안보, 정보의 질에 큰 영향을 미친다. 거대 IT 기업들을 통제할 필요가 있다"고 말했다. 그는 이어 조 바이든 미국 대통령에게 "거대 IT 기업을 통제하기 위한 규정을 함께 만들어 IT 기업이 책임을 지도록 하자"고 주장했다. ■

'선한 독점' 위한 전문가 제언

"글로벌 경쟁 시대, 자국 이익 확보 위해 맞춤형 정책 고려"
—이수진 법무법인 태평양 변호사

"독점 규제에 앞서 독점 여부 면밀한 실태조사 선행돼야"
—이승민 성균관대 법학전문대학원 교수

"디지털 시대, 플랫폼 독점 가속화 자연스러운 현상"
—이장균 현대경제연구원 수석연구위원

"사회 환원 등 기업 스스로 선한 영향력 끼쳐야"
—조대곤 카이스트 경영대학 교수

*가나다순

잠깐용어

*네트워크 효과(Network Effect)
어느 특정 상품 수요가 다른 사람에게 영향을 주는 효과. 카카오톡, 페이스북, 유튜브 같은 SNS 플랫폼, MS워드 같은 오피스 프로그램, 온라인 커뮤니티 등 타인과의 교류가 중요한 분야에서 주로 발생한다. 제품이나 서비스 자체 품질보다 얼마나 많은 사람이 사용하고 있느냐가 중요하다. 에반 윌리엄스 트위터 창립자는 "잘 설계된 네트워크는 거래 과정에서의 마찰을 줄여주며 좋은 것을 쉽게 찾을 수 있도록 도와준다"고 말했다.

美, '반독점 총괄' 신설 검토···EU는 매출 10% 벌금

미국은 전통 산업 시절부터 독점에 대해 엄격한 입장을 고수해왔다.

스탠더드오일은 이를 여실히 보여주는 사례다. 1870년 설립 이후 스탠더드오일이 시장점유율을 약 90%까지 끌어올리자 미국 법무부는 반독점법 위반으로 제소했다. 1911년 연방법원이 정부 손을 들어주며 스탠더드오일은 무려 34개 회사로 분할됐다. 같은 해 미국 담배 시장의 90%를 차지하던 아메리칸토바코 역시 16개 기업으로 쪼개졌다. 방송사 NBC, 통신사 AT&T도 독점 우려 때문에 강제 분할됐다. 이 같은 기조는 조 바이든 미국 대통령 취임으로 더욱 강화될 전망이다. 바이든 대통령은 반독점 정책을 총괄하는 '반독점 차르' 보직을 신설하는 방안을 검토 중이다. 2021년 미국 하원 법사위원회 산하 반독점소위가 구글과 페이스북, 아마존, 애플 등이 시장에서 독과점 행위를 일삼는다고 지적하며 기업 분할 등을 해결책으로 제시한 보고서를 발표한 점도 눈길을 끈다.

EU는 2021년 12월 '디지털 시장법'과 '디지털 서비스법' 초안을 공개했다. 디지털 시장법은 거대 IT 기업의 불공정 관행을 금지하고 인수합병 계획을 EU에 알리도록 의무화하는 규정을 담았다. 디지털 서비스법은 IT 기업의 플랫폼 악용이나 불법 콘텐츠에 대한 대응을 강화하는 내용이 핵심이다. 규정을 어기면 매출의 0%까지 벌금을 부과하거나 서비스 중단, 사업 매각 등을 명령할 수 있다. 연매출 65억유로 이상, 이용자 4500만 명 이상, EU 회원국 3곳 이상에서 쓰이는 플랫폼을 보유한 기업이 적용 대상이다.

중국, 일본 등 아시아 주요국에서도 플랫폼 기업이 지배력을 남용할 수 없도록 조치를 취하려는 시도가 이어진다. 중국은 2021년 '플랫폼 경제 분야 반독점 지침'을 발표했다. 높은 점유율을 보유한 플랫폼 기업이 지나치게 낮은 가격으로 물건을 들여와 높은 가격에 판매하는 행위, 끼워팔기, 민감한 정보 수집, 담합 등을 규제하겠다는 내용을 담았다. 불공정 경쟁을 단속하는 기구인 '반부정 경쟁 부처 연석회의'도 설치했다.

일본 국회에서는 2021년 '특정 디지털 플랫폼 투명성·공정성 개정에 관한 법률'이 통과됐다. 디지털 플랫폼을 이용하려는 사업자에게 서비스 제공 조건 혹은 서비스 거부 이유를 설명하는 것을 의무화하고 검색 결과 표시 방식을 결정할 때 고려하는 요소 등을 공개해야 한다는 내용이 골자다.

호주 역시 2019년 말 디지털 플랫폼 규제와 관련된 로드맵을 발표한 바 있다. 로드맵에는 플랫폼이 인수합병을 통해 잠재 경쟁자를 제거할 수 없도록 관련 법을 개정하고 플랫폼 규제 전담 기관을 통해 시장을 모니터링하고 규제를 시행하겠다는 계획 등이 포함됐다.

개발자 없이···'네카라쿠배' 수준 앱 만든다

수산물 직거래 쇼핑 애플리케이션 '파도상자'. 편리한 UI와 소통 기능으로 최근 각광받는 이커머스 쇼핑몰 중 하나다. 뛰어난 기술력으로 주목받지만, 앱 개발에 참여한 개발자는 0명이다. 코딩을 전공하지 않은 기획자가 직접 만들었다. 개발자 없이 평균 사용자 수 40만명(모바일인덱스 기준) 넘는 앱을 만들 수 있었던 비결은 바로 '빌더(Builder)' 서비스다. 파도상자 경영진은 빌더 프로그램 '캔(CAN)'을 활용, 앱 제작에 드는 시간과 비용을 대폭 줄였다.

개발자 품귀 현상이 날로 심해지면서 '빌더' 서비스가 주목받는다. 빌더란 비개발자도 손쉽게 앱, 홈페이지를 만들 수 있도록 도와주는 '도구' 프로그램을 의미한다. 빌더를 활용하면 복잡한 코딩이 필요 없다. 네이버 블로그, 다음 카페를 만드는 수준만 된다면 '네카라쿠배' 부럽지 않은 고성능 앱을 만들 수 있다. 시장

이 커지는 만큼 관련 기업들의 성장세도 눈부시다. 카페24, 아임웹 같은 전통의 강자부터, 최근 급속도로 덩치를 키운 캔랩 등이 두각을 드러낸다.

빌더 서비스는 직접 개발과 외주 개발로만 돌아가는 개발 시장의 문제점을 해결하기 위해 등장한 개념이다. 내부 개발자를 동원한 직접 개발 방식은 개발자가 귀해진 탓에 기업 부담이 크다. 특히 자금력이 부족한 중소기업은 사실상 개발자를 구하지도 못하는 게 현실이다. 개발을 아예 전문 개발사에 맡기는 외주 개발은 품질이 다소 떨어진다. 또 전문 개발사와 소통하는 과정에서 상당한 시간을 소모한다. 두 개발 방식의 장점만 취하고 단점을 최소화시킨 게 바로 '빌더 개발'이다. 단어 그대로 소프트웨어를 지어주는(Build) 도구를 쓰는 것이다. 앱이나 홈페이지 등을 쉽게 만들어주는

개발자 몸값이 천정부지로 치솟고 있다. 개발자를 못 구한 기업들은 인력난에 시달린다. 이때 개발 없이 앱을 운영할 수 있는 '빌더 서비스'를 제공하는 곳이 눈길을 끈다. (매경DB)

'개발 도구'를 활용한다. 간편하게 사용할 수 있는 개발 프로그램을 사들인다고 생각하면 이해가 쉽다. 복잡한 코딩 과정이 필요 없어 '노코드(No-code)' 서비스라고도 불린다. 빌더 프로그램을 사용하면 온라인 쇼핑몰부터 SNS까지 다양한 앱을 간편하게 만들 수 있다.

국내 대표적인 빌더 프로그램 제작사는 카페24, 아임웹, 캔랩 등이다.

카페24는 국내 1위 '웹 빌더' 회사다. 주력은 커머스 분야다. 온라인 쇼핑몰 창업자를 위한 '카페24스토어'가 대표 프로그램이다. 쇼핑몰·앱을 창업하려는 사람들을 위한 개발 도구를 한군데 모았다. 구글 플레이스토어나 애플 앱스토어 같은 모바일 앱마켓에서 앱을 내려받듯, 다양한 기능을 간단하게 즉시 쇼핑몰에 적용할 수 있다. 예를 들어 챗봇 기능을 넣은 쇼핑몰을 만든다고 치자. 일반적으로 챗봇 기능을 개발하려면 인공지능부터 소셜미디어 기능 개발까지 복잡한 과정을 거쳐야 한다. 카페24스토어를 활용하면 이 문제를 비교적 쉽게 해결할 수 있다. 카페24스토어의 '채널톡'을 다운받으면 된다. 채널톡은 쇼핑몰에 알맞은 '챗봇'을 간단하게 만들 수 있도록 돕는 프로그램이다.

2015년 설립된 아임웹은 카페24 뒤를 바짝 쫓는 신흥 주자다. 쇼핑몰을 비롯한 웹사이트 제작에 최적화됐다. 코딩이나 디자인 분야 전문 지식이 없어도 다양한 규모 웹사이트를 직접 손쉽게 제작할 수 있도록 돕는다. 아임웹 역시 '커머스' 분야에 강점이 있다. 주문·배송·마케팅 등 커머스 회사에 필수적인 기능을 넣는 데 특화됐다. 이커머스 시장 성장에 힘입어 최근 급속도로 규모를 키웠다. 2015년 베타 서비스 시작 이래 최근 누적 사이트 개설량 약 60만 개를 달성했다. 2021년 거래액만 1조7000억원을 기록했다.

캔랩은 위의 두 회사와 성격이 살짝 다르다. 쇼핑몰 빌더로 시작해 커머스 앱·웹 개발에 강점이 있는 카페24, 아임웹과 달리 분야가 다양하다. 커머스 외에도 소셜 기능, NFT 기능이 가미된 앱 개발이 가능하다. 원하는 앱을 쉽고 빠르게 만들 수 있다는 강점이 부각되면서 2022년 들어 급성장했다.

빌더 서비스의 가장 큰 강점은 '시간과 비용 절약'이다. 직접 개발에 비해서 비용이 압도적으로 싸고, 외주 개발 대비 시간을 상당히 절약할 수 있다.

우선 비용이 저렴하다. 빌더 서비스는 대부분 '구독형' 상품이다. 한 달에 일정한 금액을 내면서 프로그램을 계속해서 사용하는 방식이다. 구독 가격의 경우 프로그램 제공자와 사용자 간 계약으로 결정된다. 가격이 아무리 비싼 프로그램이라도 개발자 1명 몸값에도 미치지 않는다. 초·중급 개발자 1인의 인건비에 해당한다. 개발자 1명을 고용할 비용이면 앱 개발부터 관리까지 모두 가능하다는 의미다.

아임웹 관계자는 "빌더 회사가 제공하는 기능을 자체적으로 개발하려면 상당한 규모의 개발팀이 필요하다. 개발 이후도 마찬가지다. 서비스 유지보수, 성능 개선, 스팸 등 콘텐츠 관리까지 도맡아 해야 한다. 전문 빌더 플랫폼을 도입해 창업할 경우 이런 운영 경비, 인건비 등 자본을 상당수 절약할 수 있다"고 설명했다.

시간 절약도 강점이다. 외주 업체에 개발을 맡기는 '아웃소싱'을 할 경우, 회사에 최적화된 앱을 만들 때 상당한 시간이 소요된다. 회사가 원하는 개발 방향을 개발사에 시시각각 전달하기 힘들기 때문이다. 개발사가 프로그램을 만들어 오고 피드백을 받고 다시 만드는 과정이 반복되다 보면 사실상 빠른 개발이 불가능하다. 빌더는 이미 만들어진 툴을 활용하기 때문에 이런 번거로움이 덜하다. 캔랩 관계자는 "고객사들이 비용 절약만큼 만족하는 부분이 개발 기간 단축이다. 온라인 환경은 시시각각 변한다. 개발 과정에서 어떤 변화가 나올지 모른다. 빠르게 앱을 개발해서 트렌드를 반영해야 하는데 기존 방법으로는 한계가 많다. 빌더

서비스의 경우 기획자가 직접 만드는 데다, 툴 자체가 간단해 수정에 소요되는 시간이 적다"고 귀띔했다.

편하고 쉽게 이용이 가능한 빌더 서비스지만 '만능열쇠'처럼 생각하면 곤란하다. 이용 시 주의해야 할 사항도 꽤 많다.

기본적인 기술에 대한 이해도는 필수다. 복잡한 코딩 과정만 거치지 않을 뿐, 결국 빌더 서비스 역시 소프트웨어 프로그램 중의 하나다. 아예 소프트웨어에 대한 이해도가 없는 경우라면 제대로 활용하기 어렵다.

아임웹 관계자는 "개발자가 없다는 뜻은 담당 직원이나 창업자 본인이 직접 프로그램을 관리한다는 뜻이다. 안전하고 성능 좋은 개발 도구 사용법을 본인 스스로 숙지해야 한다"고 전했다. 빌더 회사가 제공하는 프로그램에만 의존해서도 곤란하다. 기획자나 창업자가 원하는 대로 만들어주는 외주 개발과 달리, 빌더는 그야말로 '도구'만 제공하기 때문이다. 프로그램을 받고 나서는 스스로 회사 서비스에 필요한 기능이 무엇인지 생각하고 직접 사이트를 만들어야 한다. 캔랩 관계자는 "빌더 프로그램은 앱·웹사이트 운영에 필요한 핵심적인 기능들을 폭넓게 제공하지만, 기능들을 이해하고 조합해서 멋진 서비스를 만들어내는 건 창업자·사용자의 역량에 달려 있다. 같은 빌더를 사용하더라도 개인의 역량에 따라 나오는 서비스의 수준이 크게 달라진다"고 강조했다. ■

빌더 서비스 최고 강점은 '시행착오'를 줄이는 것

Q. 캔랩이 퀵 빌더 서비스에 뛰어든 계기가 무엇인가.

A. 회사 공동 창업자들이 '더벤처스'라는 액셀러레이터를 운영한다. 이후 창업자들이 더벤처스를 운영하면서 느낀 문제를 해결하기 위해 캔랩을 창업했다. 현재 개발 시장의 문제는 2개다. 하나는 개발자가 너무 없다. 개발자가 없으니 앱을 개발하지도 못하는 스타트업이 수두룩하다.

좋은 아이디어를 갖고도 구현하지 못해 투자를 유치하지 못하는 창업자가 너무 많다. 나머지 하나는 '낮은 활용도'다. 비싸게 개발자를 구한 기업도 개발자를 제대로 활용하는 곳이 드물다. 게시판 등 간단한 작업을 하는 데 개발자를 무리하게 투입시키는 형국이다. 이런 문제를 해결하고자 '캔랩' 서비스를 본격적으로 시작했다.

Q. 빌더 서비스를 사용하면 개발자가 아예 필요 없나.

A. 일단 개발자가 없어도 충분히 좋은 서비스를 만들 수 있다. 만약 개발자가 있다면 더 효과적으로 활용할 수도 있다. 서비스 전체는 CAN으로 빠르고 효과적으로 만들고, 자신들만의 아주 독특한 기능 1%를 개발자가 직접 만들어 추가하면 효율과 효용 모두를 잡을 수 있다.

Q. 빌더 서비스의 가장 큰 장점을 꼽으라면.

A. 시행착오를 빨리 겪을 수 있다는 점이다. 첫 아이디어가 바로 성공으로 이어지는 경우는 극히 드물기 때문에, 스타트업들은 시장에서 통하는 사업 아이템을 찾기까지 여러 번의 실패와 수정을 거칠 수밖에 없다.

자체 개발이나 외주 개발을 통해 이런 시행착오를 경험하려면 시간과 돈이 무척 많이 드는데, 빌더는 일주일 만에 서비스를 만들어 가설을 실험하고, 틀리면 고치는 게 가능하다.

비용도 비용이지만, 성공하는 사업 아이디어를 찾기까지 걸리는 시간을 확 줄여준다는 것, 즉 사업 성공의 가능성을 높여준다는 것이 최고의 장점이다.

Q. 캔랩의 향후 목표는 무엇인가.

A. 성공하는 고객사 사례를 최대한 빨리 많이 만드는 것이다. 캔랩과 함께 성공하는 사례가 많아지면 캔랩도 자연스럽게 성공하기 때문이다. 2021년 하반기부터 본격적으로 고객사 획득을 시작했는데, 현재 유료 고객사 20곳을 넘어섰다. 고객사를 적극 지원해 성공 사례를 더 만들어, 캔랩 서비스를 확장해나가고자 한다.

토종 '아자르' 2조 매각 비결은 '본글로벌'
인터넷 유저 '10억명' 인도·동남아도 유망

"(약 2조원 규모 M&A를 진행하며) 코로나19 사태 때문에 인수 제안을 받고도 매치그룹과 한 번도 만난 적이 없다. 온라인으로만 협상을 진행했다. 처음에는 이게 될까 걱정했는데 결국 되더라."

2021년 2월 매치그룹에 회사 지분 100%를 17억2500만달러(약 1조9330억원)에 매각한 안상일 하이퍼커넥트 대표의 말이다. 그가 만든 모바일 영상 메신저(영상 채팅) 앱 '아자르(Azar)'는 '중동의 카카오톡'이라 불린다. 토종 스타트업임에도 글로벌 이용자 비율이 99%에 달한다. 한국인이 만든 서비스가 중동에서 대박이 나고 미국 기업에 비대면으로 약 2조원에 팔린 것이다.

스타트업 시장이 커지며 글로벌 진출도 활발하게 이뤄지는 분위기다. 창업 초기 단계부터 해외 시장을 목표로 하는 '본 글로벌(Born Global)' 스타트업도 적잖다. 해외 시장 공략을 위한 '고투마켓(GTM · Go-To-Market)' 전략에 대한 관심이 높아지는 배경이다.

하이퍼커넥트의 7대 GTM 전략
독창적 서비스 · 직관적 UI · 데이터 경영

하이퍼커넥트는 국내 스타트업계에서도 찾아보기 힘든 독특한 성공 사례로 꼽힌다.

일단 안상일 대표를 비롯해 공동 창업자들이 모두 글로벌 경험이 전무한 비유학파 엔지니어 출신이어서 영어가 유창하지 않다. 그럼에도 아자르 앱을 선보인 첫날부터 2만원이라는, 작지만 중요한 매출이 발생했고, 첫 달에는 200만원의 이익이 났다. 이용자의 99%는 외국인이고 매출도 99%가 해외에서 발생한다.

비결이 뭘까. 안상일 대표는 '타이밍'이 잘 들어맞았다고 강조한다. 하이퍼커넥트가 한창

부상하던 2010년대 중후반은 마침 매치그룹이 아시아 시장으로 확장을 추진하던 때였고, '데이팅 앱'보다 더 광범위한 시장인 '소셜 디스커버리(Social Discovery · 관심사 기반 네트워킹)' 시장도 급성장하던 때였다. 하이퍼커넥트 인수가 매치그룹에 새로 부임한 샤르 두베이 최고경영자(CEO)의 첫 번째 임무로 주어진 배경이다.

사업 초기 낮은 고객 획득 비용도 타이밍 덕분이었다고. 안 대표는 "아자르는 페이스북 모바일 광고 시장 초기에 진출해 다운로드 건당 CAC가 0.1달러(약 100원)에 불과했다. 서비스 초반 200개국 앱마켓에 프로모션을 할 수 있었던 것도 CAC가 낮아서 가능했다. 요즘은 CAC가 1000원이 훌쩍 넘더라. 아자르를 요즘 시작했더라면 실행하기 어려운 전략이었다"고 말했다.

안 대표가 들려주는 글로벌 시장에 진출할 때 주의할 점은 무엇일까.

첫째, 문화적 다양성과 글로벌 스탠더드를 준수해야 한다. 안 대표는 "미팅 상대를 선택할 수 있는 유료 기능을 '프리미엄' 서비스로 선보였다. 남성은 여성을, 여성은 남성을 택할 수 있도록 했다. 그런데 문화마다 성 정체성이 다른 문제가 지적됐다. 미국, 유럽 등에서는 문제 소지가 아주 클 수 있기 때문에 한국 관점에서 서비스를 만드는 것은 주의해야 한다"고 전했다.

본글로벌 스타트업 '하이퍼커넥트'의 GTM 전략 성공 요인 7가지

❶ 세계 최초 모바일 영상 기술(Web RTC) 적용
카피캣만 누적 1000여개에 달할 정도로 독창적(Originality)인 시장 창조자(Market Creator)

❷ 설명이 필요 없는 직관적인 사용자 환경(UI)
"설명이 필요한 유머는 실패한 유머다."

❸ 데이터에 기반한 타깃 국가를 기계적으로 선정
서비스 초반 동일한 마케팅 금액을 200개국 앱마켓 등에 집행한 뒤 최적의 특정 지역에 예산 집중

❹ 7차례 창업 경험이 있는 N차 창업가
실패는 성공의 어머니

❺ 모바일 비디오 태동기에 시작
앱마켓 상위 랭크를 통한 홍보 효과

❻ 낮은 고객 획득 비용(Customer Acqusition Cost · CAC)
페이스북 모바일 광고 시장 초기에 진입

❼ 서비스 첫날부터 수익 모델 탑재
"유료 고객이 진성고객이다. 빚지지 말자."

둘째, 글로벌 스타트업 대표라면 영어 실력을 어느 정도 갖추는 것이 필요하다. 안 대표는 "공동 창업자 3명 모두 영어도 못하고 해외 경험이 전혀 없어 어려움을 겪었다. 글로벌 시장에 관심, 의지가 있다면 창업자가 열심히 영어를 공부해야 한다"고 말했다.

2017년 실리콘밸리에서 스윗을 창립한 이주환

대표도 고투마켓 전략에 대한 노하우를 전했다. 스윗은 2019년 3월 선보인, 메신저와 업무 관리 기능을 결합한 SaaS 서비스다.

이 대표는 한국 스타트업이 글로벌 고투마켓 전략 실행 시 세 가지 필수 요소를 간과하고 있다고 지적했다. 기업의 미션, 제품 비전, 그리고 실행을 통한 기업 문화(Culture Through Action)다. 단일 민족·언어·문화를 가진 한국 기업은 다양한 배경의 인재를 영입하는 등의 의식적 노력을 통해 다문화를 가진 미국과 같은 글로벌 시장을 위한 제품을 만들고 실험해보고, 업데이트하고 고객 반응을 보는 과정이 필요하다는 설명이다.

부침 겪는 동남아 테크 스타트업
인터넷 이용자 4.4억명…"애그리테크 유망"

인도와 동남아는 최근 스타트 업계에서도 새롭게 부상하는 시장이다. 미·중 갈등으로 인해 글로벌 공급망(Supply Chain)이 이 지역으로 이동하고 있기 때문이다.

유정호 KB인베스트먼트(KBI) 글로벌그룹장은 '우리는 왜 원 아시아(One Asia) 시장에 베팅하는가, 동남아(SEA) 투자 사례' 제목의 강연을 통해 동남아 지역 투자 경험을 들려줬다.

유정호 그룹장은 "아시아 시장의 경우 각 경제성장 국면과 테크 리터러시(Tech Literacy) 수준, 그리고 인프라 수준(Infrastructure Level)이 상이하기 때문에 지역별로 차별적인 투자 범위(Deal Coverage)를 성공적으로 구축할 경우 경쟁사 대비 더 좋은 성과를 낼 수 있다"며 아시아 시장을 특성별로 구분했다.

먼저 중국은 '불확실성과 레버리지'의 시장으로, 동남아는 '전략적 앵글로 눈여겨보는 시장'으로, 인도와 파키스탄은 '재무적 투자와 혁신 센터로서 차기 주류(Next Main Stream) 시장'으로 진단했다.

다만, 동남아 지역은 글로벌 추세와 마찬가지로 최근 테크 기업들의 주가가 크게 하락하고, 투자금 시장도 반 토막 났다는 설명이다. 일례로 2021년 4분기 동남아 시장의 투자금 규모는 62억달러에 달했지만, 2022년 1분기에는 37억달러로 전분기 대비 절반가량 급감했다. 또한, 같은 기간 후기(Late Stage) 스타트업에 몰린 투자금은 45억달러에서 16억달러로 3분의 1 토막 났다.

유정호 그룹장은 "동남아 스타트업 시장의 혹한기(Winter Time)는 2023년까지 1년 정도로 내다본다. 가장 큰 흐름은 펀드 조성이 힘든 투자사들이 시장에서 후퇴하고, 밸류에이션 수혜가 사라질 것이 확실시된다는 것"이라며 시장을 투자사, 자본 시장, 그리고 스타트업 창업자 관점에서 각각 조망했다.

투자사들은 후기 단계에서 예정된 큰 규모 투자가 대부분 하향 재조정(Down Round Re-negotiation) 압력을 받으며 텀시트(Term Sheet·계약내용협의서·TS)도 재수정하고 있다. 그

토종 스타트업 '하이퍼커넥트'는 매출과 이용자 중 해외 비중이 99%에 달하는 '본글로벌' 스타트업이다. 2021년 2월 미국 매치그룹에 회사 지분 100%를 17억2500만달러(약 1조9330억원)에 매각했다. 안상일(가운데), 용현택(왼쪽), 정강식(오른쪽) 하이퍼커넥트 공동 창업자 세 명이 모바일 영상 메신저 아자르 화면이 뜬 기기를 들고 활짝 웃고 있는 모습. (김호영 기자)

동안은 빠른 텀시트 체결 과정이 경쟁 요인이었으나, 최근에는 '일단 관망하고 상투 잡는 행동만은 피하자'로 투자사들이 태세를 전환하는 분위기다.

PSR(주가매출비율) 등 성장기 멀티플(Multiple)을 그대로 받아들이는 일은 많지 않다. 멀티플 자체도 재조정되고 있다. 프런티어 시장(Frontier Market)에 대한 투자는 더욱 보수적으로 접근하는 양상이다.

다음은 자본 시장 관점. 일단 예정된 상장(IPO)을 철회하는 기업이 잇따른다. 상장 기업들의 주가 폭락으로 거래소도 비즈니스 모델(Business Model·BM)에 대한 재고려(Reconsideration)가 이뤄지고 있다. 반면, 대기업 계열 투자사(CVC)들의 시장 지배력은 확대되는 중이다. 모험 자본과 비모험 자본의 중간 위상을 차지한 때문이다.

창업자 관점에서는 2년간 버티는 데 집중할지(24개월 Runway), 성장률을 끌어올리는 쪽을 선택할지 사이에서 결정이 요구된다. 투자 유치 작업은 최대한 빨리 끝내는 것이 좋다는 조언이다.

모디노믹스에 순풍…인도 스타트업
유니콘 年 44개 배출…'유대감'이 성패 요인

인도는 아직 국내 스타트업 불모지에 가깝다. 그러나 미래를 준비하는 투자자들에게는 인도 시장이 매력적으로 다가온다. 14억명에 달하는 거대한 인구와 시장, 이 중 3분의 2가 생산 가능 인구이고 평균 연령이 28세인 젊은 나라기 때문이다. 인터넷 가입자는 5억9000만명, 스마트폰 사용자는 7억5000만명에 이르고, 2023년에는 9억명까지 늘어날 전망이다.

특히, 실리콘밸리 못잖은 기술력을 가진 인재들의 인건비는 4분의 1에 불과한 점이 매력적이다. 미국 다음으로 영어 사용 인구가 많으며(1억2500만명), 외국인 직접 투자에 높은 자유도를 주는 모디노믹스도 '순풍에 돛' 역할을 해준다.

김천수 파라마크벤처스 대표가 운영하는 2200억원 규모의 '파라마크 KB펀드1'은 이 같은 인도의 성장성에 베팅하는 펀드다. 주로 시리즈 B·C 단계의 고성장 스타트업에 투자한다.

인도는 최근 유니콘 스타트업이 급증하고 있다. 2017년까지는 매년 2~3개씩 배출돼 한국과 비슷했지만 2018년부터 10개 안팎으로 껑충 뛰더니, 2021년에는 44개가 쏟아졌다.

특히 인도에서는 유대감이야말로 투자의 성패를 가르는 요인이라는 게 김천수 대표의 경험에서 우러난 노하우다. ■

2 대한민국 스타트업 업계 지도

600만 자영업자 위한 스마트 솔루션
회계 관리 '캐시노트', 고객 분석 '메이아이'

스타트업은 혁신적 기술과 아이디어로 산업 지형을 바꾸는 '모험적 신생 기업(Venture)'이다. 기존 산업이 낙후되거나 비효율이 많다면 역설적으로 스타트업이 성장할 수 있는 '옥토'가 된다. 10대 경제 대국임에도 다산다사의 굴레를 못 벗어나는 '아픈 손가락' 자영업이 대표적인 예다. 중소벤처기업부에 따르면, 국내 자영업은 평균 창업비용이 1억원 안팎으로 영세한 데다, 종사자 10명 중 6명이 50대 이상으로 고령화됐다. 배달, SNS 마케팅 등 갈수록 기술 집약화돼가는 산업 트렌드를 따라가기가 구조적으로 힘든 상황. 여기에 평균 창업 준비 기간은 10개월 안팎에 불과해 전문성도 부족하다. 자영업자의 5년 생존율이 20% 안팎에 그치는 배경이다.

상황이 이렇자 '자영업 구원투수'를 자처하고 나선 스타트업이 줄을 잇는다. 특히, IT 인프라가 뛰어난 우리나라는 자영업 스타트업이 성장하기 좋은 여건을 지녔다는 평가다.

"한국은 자영업 스타트업이 발달하기 좋은 나라다. 일단 자영업자가 많다. 또 전 국민이 스마트폰을 쓰고 모든 가게가 소액이라도 신용카드 결제를 받는다. 즉, 예약부터 결제까지 모든 소비를 디지털화할 수 있다는 얘기다. 아직도 스마트폰과 신용카드 이용률이 낮은 일본보다 유리한 환경이다." 임정욱 TBT 공동 대표의 말이다.

자영업이 잘될 수 있게 경영 관리를 도와주는 분야에서 두각을 나타내는 K스타트업은 어떤 곳이 있을까.

'창업 준비' 돕는 스타트업
마이프차는 '아이템 선정', 아임웹은 '홈피 제작'
자영업의 생애주기는 크게 네 단계로 나뉜다.

사진 왼쪽은 '오더플러스', 오른쪽은 '도도 카트' 이용 화면. 오더플러스로 업체별 식자재 가격을 비교 발주하고 도도 카트로 발주 금액과 결제 일정을 관리할 수 있다. (각 사 제공)

창업 준비-창업-운영-폐업 순이다.

먼저 창업 준비 과정에서는 다양한 창업 아이템을 비교 분석해야 한다. '마이프랜차이즈'는 정보 탐색에 드는 '손품' '발품'을 줄여준다. 프랜차이즈 정보공개서, 다점포율, 상권별 가맹점 분포도 등 주요 창업 정보를 한눈에 보여준다. 서비스 시작 2년 만에 1600곳이 넘는 파트너사를 확보, 예비 창업자 대상 홍보, 상

담 업무를 연계해주고 있다.

오프라인에 매장을 열고 창업했다면 온라인에도 '영역 표시'를 해야 한다. '아임웹'은 가게를 알리기 위한 홈페이지를 쉽게 제작할 수 있도록 도와준다. 코딩을 몰라도 블로그부터 쇼핑몰까지 무료로 뚝딱 만들 수 있다. 반응형 웹 생성 기술을 활용, PC 버전으로 만들면 모바일 버전 홈페이지도 자동으로 생성돼 편리

창업 첫걸음 '아이템 선정'부터
식자재 주문 · 회계 관리 돕는 앱도

카드 결제 데이터 · 식자재 명세서로
'분석 리포트' 작성해 사장에게 전달
은행 대출 어려운 소상공인은
P2P 스타트업 '펀다'로 자금줄 숨통

하다. 이수모 아임웹 대표는 웹디자이너 출신이다. 그래서인지 세련되고 감각적인 템플릿이 많다는 평가다.

식자재 주문 여기서 한 번에
오더플로 '발주', 도도 카트로 '분석'

외식업에서 식자재 주문 관리는 필수. CJ프레시웨이, 삼성웰스토리 등 식자재 유통 업체가 있지만 이들은 월 최소 주문 금액이 300만~500만원은 돼야 한다. 이를 위해서는 월매출이 1500만~2000만원은 넘어야 한다. 그러나 현실은 이조차도 충족을 못해 시장에서 장을 보거나 중소 유통 업체를 이용하는 식당이 많다. 약 40조원에 달하는 국내 식자재 유통 시장이 사실상 무주공산이 된 배경이다.

이런 영세 자영업자라면 '엑스바엑스'의 식자재 주문 앱 '오더플러스'를 이용할 수 있겠다.

누적 입점 유통사 142곳, 취급하는 식당용 식재료와 소모품은 13만9000종으로 국내 최다를 자랑한다. 무이자 10개월 할부, 3개월 외상 결제 서비스도 제공한다. 2021년에는 코로나19 사태로 비대면 영업이 중시되며 식당 메뉴를 밀키트로 만들어주는 '밀키트(RMR) 출시 지원' 서비스도 선보였다.

발주한 금액은 꼼꼼히 분석해야 할 테다. '스포카'는 식자재 비용 관리 앱 '도도 카트'를 운영한다. 식자재 명세서를 등록하기만 하면 거래처와 주요 품목의 변화를 매월 리포트로 비교 분석해 알려주고, 복잡한 비용 검토와 결제 일정 관리도 대신해준다. 도도 카트 앱의 누적 이용자 수는 10만여명, 등록된 거래 명세표는 누적 100만장에 육박한다. 누적 거래액도 1600억원을 넘어섰다.

세무 · 재무 · 회계…참 쉽죠잉?
100만 업장 확보 '캐시노트' 유니콘 등극

자영업자를 괴롭히는 또 하나의 장벽, 바로 세무 · 재무 · 회계 업무다. 얘기만 들어도 머리가 지끈거릴 만큼 복잡한 업무를 쉽고 간단하게 해결해줘 유망 스타트업이 몰려 있다.

최근 자영업 분야에서 가장 주목받는 스타트업 '한국신용데이터'가 대표 주자다. 2017년 4월 소상공인 대상 회계 관리 앱 '캐시노트' 서비스를 시작하고 전국 100만개에 달하는 사업장을 고객사로 확보했다. 거래액은 연 250조원이 넘는다. 별도 앱 설치 없이 모바일 메신저에서 바로 이용할 수 있게 개발한 덕분에 기술 접근성이 낮은 40대 이상 중장년 사업주 비율이 60%에 달한다. 2021년 말 시리즈D 투자 유치 때 기업가치 1조1000억원을 평가받으며 당당히 유니콘 반열에 올랐다.

'자비스앤빌런즈'는 번거롭고 복잡한 세무 관리를 도와줘 세무계의 '시리' 혹은 '빅스비'로 통한다. 세금 신고와 환급을 돕는 '삼쩜삼', 금융기관 거래 내역 통합 조회·관리를 도와주는 '자비스'가 대표 상품이다. '삼쩜삼'은 종합소득세 신고부터 모바일 앱 또는 온라인 웹에서 클릭 몇 번 만에 자신이 돌려받을 종합소득세 환급액의 확인과 신고를 도와준다. 2022년 5월까지 1000만명이 누적 가입해 삼쩜삼을 통해 총 환급액 2400억원, 1인당 평균 14만원의 세금을 돌려받았다. AI 경리를 표방하는 '자비스'는 회사의 모든 금융 정보를 한 번에 관리하고, 급여 자동 계산 등의 급여 관리, 전용 앱을 통한 영수증 관리, 비용 내역 자동 회계 처리 등을 지원한다.

소득이 일정치 않은 자영업자에게 은행 대출은 하늘의 별 따기. 불법 초고금리 대출인 일수나 사채로 내몰리기 십상이다. '펀다'는 소상공인 전문 온라인투자연계금융(P2P) 스타트업이다. 매출 흐름, 유동인구 등 700여가지 매장 관련 데이터를 AI로 수집, 분석해 2000만~3000만원 이하 소액 단기 대출을 해준다.

재원은 8% 이상 고수익을 노리는 투자자들의 투자금이다. 수익률은 2021년 세전 기준 12.32%에 달한다.

박성준 펀다 대표는 "금융 취약 계층인 소상공인에게만 집중해 2015년부터 3210억원의 편리한 온라인 중금리 자금을 공급했다. 사업자 개인 신용등급에만 의존해왔던 기존 금융 모델의 한계를 벗어나, AI 매출 예측 기반의 심사 모델을 지속 연구 발전해 2%대 부실률을 안정적으로 유지하고 있다"고 전했다.

마케팅 못하면 '필패'라는데…
V리뷰·도도 포인트·메이아이 '두각'

자영업자는 리뷰에 울고 웃는다. 그런데 리뷰도 진화하고 있다. 포토 리뷰는 물론, 동영상 리뷰까지 챙겨야 한다. '인덴트코퍼레이션'은 AI 챗봇을 활용한 동영상 리뷰 서비스 '브이(V)리뷰'를 제공한다. 구매자가 AI 챗봇으로 리뷰를 보내면 이커머스 내 브이리뷰 위젯에 자동으로 최적화돼 게시되는 방식이다. 2019년 3월 서비스를 시작한 이후 약 3년 만에 브이리뷰 도입 쇼핑몰은 3000개를 넘어섰다. 인덴트코퍼레이션 측은 "동영상 리뷰에 최적화된 위젯은 제품 상세 페이지에서 생생한 사용 경험을 제공하며 잠재 소비자들의 이탈률을 낮추고 구매 의사를 높여준다. 이는 자연스럽게 쇼핑몰 매출 증진으로 이어진다"고 설명했다. 앞서 소개한 '도도 카트'를 운영하는 스포카는

자영업 분야 K스타트업

구분	기업명	서비스명	특징
창업 준비	마이프랜차이즈	마이프차	창업 아이템 정보 제공
	아임웹	아임웹	홈페이지 쉽게 구축
마케팅 · 고객 관리	인덴트코퍼레이션	V리뷰	동영상 리뷰 솔루션
	테이블매니저	테이블매니저	테이블 예약, 예약 상품권
	캐치테이블	캐치테이블	테이블 예약
	스포카	도도 포인트	포인트 적립 마케팅
경영 관리	한국신용데이터	캐시노트	재무 · 회계 관리
	자비스앤빌런즈	삼쩜삼	세무 관리
	카모아	카모아 파트너스	렌터카 업체 ERP 지원
	메이아이	메이아이	매장 방문 고객 분석
	샤플앤컴퍼니	샤플	직원 · 업무 관리
	하이어엑스	워키도키	직원 · 업무 관리
	스포카	도도 카트	식자재 비용 관리
	콜라보그라운드	콜라보살롱	뷰티숍 운영 관리
	비브렛츠	미트테일러	육류 공급 업체와 식당을 연결
	스마트키오스크	프레시스토어	신선식품 자판기로 무인 운영 솔루션
	디버	디버	크라우드소싱 퀵 배송 중개 플랫폼
	지니웍스	셀러드	광고 네트워크 기반 커머스 플랫폼
	센스톤	스톤패스	생체 인증 등 간편 인증 솔루션
플랫폼	패브릭타임	스와치온	동대문 원단 주문 중개
	쉐어그라운드	셀업	동대문 거래 디지털화
	엑스바엑스	오더플러스	식자재 주문
	펀다	펀다	자영업 전문 대출
	꽃팜	꽃팜	온라인 꽃 도매

사실 고객의 재방문율을 높이기 위한 적립 서비스 '도도 포인트'로 더 잘 알려졌다. 누적 사용자 2500만명, 8년 연속 태블릿 고객 관리 서비스 1위를 기록 중인 도도 포인트는 국민 2명당 1명, 경제활동인구 10명 중 8~9명이 적립 경험을 할 정도의 국민 포인트 서비스로 자리매김했다. 2020년에는 코로나19에도 불구하고 초당 적립 횟수 17건 달성, 2021년 한 해 적립 건수로 5000만건을 넘어섰다. 누적 가입 매장 수 또한 전년 대비 18% 성장한 2만3500곳을 달성했다.

자영업자가 가장 궁금한 것 중 하나. '고객이 우리 가게의 어떤 상품에 특히 관심을 보였는가'다. '메이아이'는 고객 폐쇄회로 TV(CCTV) 영상을 AI로 분석해 '스마트 매장' 솔루션을 제공한다. 장비의 추가 설치 없이 기존 CCTV로 촬영한 영상을 AI 분석 엔진과 연동, 방문객의 성별, 연령, 행동을 분석한 뒤 CCTV 대당 5만~20만원만 받고 매장에 보고서로 알려준다. 가령 현대차 매장이라면 '30대 남성이 메인 전시된 A차량보다 B차량 앞에 평균 1분 20초 이상 체류하며 관심을 보였다', 입구가 많은 롯데아울렛이라면 'C입구 출입 인원은 20~30대 비중이 높다. 지하철역과 가까워서 그런 듯하니 입간판 등 입구별 마케팅을 20~30대 타깃으로 해볼 만하다'고 조언하는 식이다. 현대차, LG전자, 롯데월드, 킴스클럽 등 30개 이상 고객사가 이용한다.

이젠 자영업도 '데이터' 시대 AI · 빅데이터가 손님 기호 분석

'메이아이', CCTV 영상 분석으로
방문객 성별 · 연령 · 행동 파악
테이블매니저 · 캐치테이블은
고객 예약 데이터로 공석 최소화

인기 맛집이라면 손님이 너무 오래 기다리지 않도록 예약 서비스는 필수다. 예약 관리를 도와주는 스타트업 '테이블매니저' '캐치테이블' 등이 있다. 테이블매니저는 1200만개에 달하는 고객 · 예약 데이터에 기반한 '예약상품권'을 운영한다. 빅데이터와 AI를 활용해 레스토랑의 빈자리 수를 예측한 뒤, 빈자리는 라이브커머스를 통해 할인 판매해 회전율을 높여준다.

무인 신선식품 전문매장 '프레시스토어'를 운영하는 '스마트키오스크'도 주목할 만하다. 키오스크를 활용한 사물인터넷 스마트 자판기를 만드는 스타트업으로, 신선식품 메뉴 추천은 물론 자동정산 프로그램으로 관리비용도 대폭 줄일 수 있다. 실시간 제품 가격을 바꾸는 '다이내믹 프라이싱' 기능도 있다. 사물인터넷 자판기가 시간대별로 어떤 물건이 많이 팔렸는지, 또 제품마다 유통기한이 얼마나 남았는지 체크하고 남은 유통기한이 줄어들면 줄어들수록 자판기에 디지털로 표시된 제품 가격도 떨어지는 식이다. 김문웅 스마트키오스크 대표는 "언제 팔릴지 모르는 제품을 재고로 떠안고 있는 것보다는 낮은 가격에라도 판매하는 것이 낫다. 디지털 방식 덕분에 매번 가격표를 바꿀 필요도 없다. 매장이 늘어날수록 데이터가 쌓이기 때문에 갈수록 가격 책정이 정교해질 것"이라고 말했다.

'비외식' 자영업 도우미는
동대문 상인도 DT…'셀업' '스와치온'

국내 자영업 시장의 외식업 쏠림 현상이 심각하기는 하지만, 비외식 분야 자영업도 적잖다. 이들을 위한 스타트업은 뭐가 있을까.
미용 업계에서는 1인 미용실, 네일숍 등 소규모 뷰티숍을 타깃으로 콜라보그라운드가 운영하는 '콜라보살롱'이 주목받는다. 기존 뷰티숍 솔루션은 중형 이상 규모 매장에 적합한 PC 기반 시스템이 대부분이어서 설치·이용 방법이 복잡했다. 콜라보살롱은 시술 예약부터 고객과의 커뮤니케이션, 숍 운영 관리까지 별도 앱 설치 없이 스마트폰으로 간편하고 빠르게 할 수 있다. 시술 후 결제가 되면 자동으로 매출로 등록돼 매출 현황, 서비스 현황 등 각종 통계를 한눈에 볼 수 있다. 사용법이 간편해 3년 만에 누적 회원 업체가 73개국에서

10만곳을 넘어섰다. 향후 뷰티에서 헬스, 애견 미용 등 타 분야로의 확장을 계획 중이다.
패션 업계에서는 '쉐어그라운드'가 개발한 동대문 패션 플랫폼 '셀업(SELL UP)'이 각광받는다. 셀업은 동대문 패션 도매 시장을 기반으로 거래하는 도·소매 업체와 그 거래를 중개하는 '사입삼촌(도매 의류 주문과 배송을 대행하는 중간 상인)'을 대상으로 한 서비스다. 그간 종이 주문장과 수기 영수증으로 거래하던 주문 방식을 온라인으로 전환해 업무 효율성을 높였다. 2021년 기준 거래액 2600억원을 돌파, 누적 거래액 3200억원이 넘는다.
동대문 원단 수출 플랫폼 '스와치온(Swatch On)'을 운영하는 '패브릭타임'도 있다. 패브릭타임은 750개 이상 공급 업체의 20만개 이상 도매 직물 샘플을 온라인에 등록했다. 원단 정보 제공은 물론, 주문, 배송 시스템을 자동화해 해외 디자이너들이 동대문 시장의 다양한 원단 샘플을 쉽게 검색, 주문할 수 있도록 했다. 이를 통해 동대문 상인들은 글로벌 매출이라는 새로운 수익원을 창출하게 됐다. ■

매출 관리부터 마케팅까지…자영업도 '데이터 드리븐'

Q. '자영업' 경영 관리 시장에 뛰어들게 된 계기는.

A. 2011년 창업한 모바일 조사 전문기업 '오픈서베이'를 운영하던 중 자영업자의 고충에 대해 인식하게 됐다. 자영업자가 해야 할 일이 웬만한 기업 대표보다 더 많다. 자그마한 구멍가게라고 해도 인사·회계·재무·물류·세일즈·마케팅 등 매장 운영에 필요한 업무를 다 처리해야 한다. 기업에는 각 분야를 전담하는 직원과 부서가 있는 반면, 자영업자는 모든 일을 혼자 다 해야 하기 때문에 오히려 더 힘들다. 2016년 오픈서베이 대표직에서 물러나고 1년 만인 2017년 캐시노트 서비스를 시작했다.

Q. 그간 자영업자를 대상으로 한 솔루션이 여럿 나왔지만 성공한 사례가 많지 않다.

A. 캐시노트는 철저히 데이터 관점에서 접근한다는 점이 다르다. 데이터만 있으면 생각보다 더 다양한 일을 할 수 있다. 먼저, 그동안 감으로만 의존해왔던 매장 관리를 데이터 기반으로 풀어낼 수 있다. 예를 들면 단골손님 비중, 신규 고객 매출, 주로 결제하는 시간대 등의 정보를 제공해 매장 운영과 마케팅 전략에 필요한 힌트를 제공한다.

이 밖에도 데이터 분석을 기반으로 한 다양한 서비스를 제공한다. 최근에는 캐시노트 사용 사장님을 위한 우대 대출 상품과 전용 신용카드를 만들었다.

Q. 자영업자의 또 다른 고민 중 하나는 '자금 조달'이 어렵다는 점인데.

A. 수입이 들쑥날쑥한 자영업자의 경우 신용을 평가할 수 있는 모델이 없는 실정이다. 사실 여기에는 구조적인 문제가 있다. 신용평가 업체에서 자영업자 정보를 모을 수단 자체가 없다. 개인 신용평가는, 허가받은 사업자에 한해 건강보험과 국민연금 납부료 정보를 얻을 수 있다. 반면 자영업자 신용평가를 위해서는 국세청 정보가 필요한데 국세청은 절대 데이터를 내주지 않는다. 관련 정보를 모으는 건 신용평가 사업자가 스스로 알아서 해야 한다.

캐시노트는 지금까지 수집한 데이터를 기반으로 지난해 '자영업자 신용평가업'에 뛰어들었다. 카카오뱅크, SGI서울보증, KB국민은행 등과 함께 법인을 설립해 금융위로부터 개인 사업자 CB 예비 허가를 받았다. 조만간 관련 서비스와 영업을 시작할 예정이다.

KCD 제공

마이데이터 본격화…탄력 받는 핀테크
자산 관리부터 AI ETF, 대출 비교까지

그간 금융업은 정부 규제가 까다로워 가장 혁신이 더딘 산업으로 꼽혔다. 그러나 이제는 시중은행이 빅테크와의 경쟁을 두고 '기울어진 운동장'이라고 할 정도로 핀테크 스타트업이 전방위로 활약하고 있다.

창립 4년 만에 시중은행 시가총액을 넘어서며 업계 1위 '빅테크'로 자리매김한 카카오뱅크를 비롯해 케이뱅크, 토스뱅크, 네이버파이낸셜 등이 대표적이다. 소비자에게 개인정보 자기결정권을 돌려주는 '마이데이터' 서비스가 본격화되면 앞으로 핀테크 스타트업 간 경쟁이 더욱 치열해질 전망이다. 국내 주요 핀테크 스타트업은 어떤 곳이 있을까.

대출 비교부터 조각 투자까지
뮤직카우, 누적 회원 100만명 돌파

2021년 1월 설립된 '베스트핀'은 온 · 오프라인 연계 담보대출 비교 플랫폼 '담비'를 운영한다. 국내 대출 시장은 5대 시중은행(우리 · KB · 신한 · 하나 · 농협)이 전체 주택담보대출과 가계신용대출에서 70% 이상을 차지한다. 담비는 이들 금융기관 방문 없이도 원스톱으로 주택담보대출과 전세자금대출의 금리 비교, 대출 실행을 받을 수 있도록 했다. 또한, 금융기관이 지정한 대출 상담사가 고객이 원하는 시간과 장소에 맞춰 방문해 대출 절차를 완료할 수 있는 '찾아가는 서비스'도 제공한다. 향후 2금융권과도 제휴해 사업자대출, 신용대출로도 사업 영역을 넓히고, 보험 · 신용카드 등과 연계할 수 있는 상품도 개발한다는 계획이다.

'고위드'는 스타트업 전문은행이다. 실리콘밸리 지역 스타트업에 전문적인 금융 서비스를 제공하는 미국의 실리콘밸리은행(SVB)이 롤

'크래프트테크놀로지스'는 국내 인공지능 기반 ETF 최초로 뉴욕거래소 상장에 성공한 핀테크 스타트업이다. (크래프트테크놀로지스 제공)

모델이다. 국내 최초의 스타트업 법인 신용카드를 선보인 지 1년여 만에 3000여개 고객사를 확보하는 등 스타트업 대상 금융 서비스에 주력했다. 지출 경비 관리·현금흐름 서비스 등 스타트업 비용 관리에 최적화된 서비스도 제공한다. 고위드는 향후 법인 신용카드 사업에서 획득한 스타트업 재무 데이터를 기반으로 IT 기기 구독 서비스, 대출 등 스타트업 성장을 극대화하는 다양한 B2B(기업 간) 금융 서비스로 확장해나갈 계획이다.

차이코퍼레이션은 티몬 창업자 신현성 대표가 설립했다. 게임 요소를 입힌 선불형 체크카드 '차이카드'와 B2B 결제 플랫폼 '아임포트'를 운영한다. 2019년 6월 출시한 차이카드는 결제 시 제공되는 '번개' 아이템과 게임처럼 번개를 차감해 할인받는 '부스트'로 MZ세대 이용자를 늘려가고 있다. 2022년 초에는 차이 체크카드 할인과 캐시백 혜택을 늘린 '차이 신용카드' 출시 소식도 알렸다. 아임포트는 현재 크림, 나이키코리아, 오늘의집, 젠틀몬스터 등 국내외 2200여개 업체에 적용됐다. 차이코퍼레이션은 2021년 말 소프트뱅크벤처스 등으로부터 유치한 530억원 규모 투자금을 바탕으로 해외 진출에 드라이브를 건다는 계획이다.

'뮤직카우'는 음악 저작권료 참여 청구권 투자 플랫폼이다. 과거 투자 대상이 아니었던 음악 저작권료 시장 문호를 개인에게 활짝 열어줬

조각 투자 · P2P 금융···
핀테크 제도권 편입 '속도'

말 많고 탈 많던 P2P 금융
온투법 시행으로 '옥석 가리기'
크라우드펀딩 '와디즈'는
회원 수 440만명 돌파

다. 2018년 출범 당시 첫해 회원 수 9996명, 누적 거래액 10억여원이었던 이 플랫폼은 최근 누적 회원 수 100만명을 넘어섰다. 과거 저작권료 데이터를 바탕으로 자체 개발한 '저작권료 예측 시스템'이 핵심 경쟁력이다. 미래 저작권료 누적 수익을 현재 적정 가치로 환산한 뒤 이 권리를 작게 분할해 주식처럼 거래할 수 있도록 금융 상품으로 만들었다. 뮤직카우가 개척한 '조각 투자' 시장은 이후 '뱅카우(한우)' '카사코리아(부동산)' '아트투게더' '테사(이상 미술품)' 등으로 이어졌다. 2022년 4월 금융 당국이 뮤직카우 상품을 '증권'으로 규정하며 시장이 위축될 것이라는 우려도 있지만 조각 투자 제도권 편입에 따른 긍정적 효과가 있을 것이라는 전망도 나온다.

P2P 금융과 크라우드펀딩 스타트업도 빼놓을 수 없다. 부실 상품과 연체 문제로 홍역을 앓았던 P2P 금융 업계는 2020년 온라인투자연계금융업법(이하 온투법)이 시행되면서 옥석 가리기가 진행 중이다. 진입장벽 문턱이 높아지면서 200여개가 훌쩍 넘던 P2P 금융 업체는 2022년 5월 기준 47개까지 줄어들었다. 이 과정에서 살아남은 경쟁력 있는 P2P 금융 기업들이 저마다 차별화 노력을 통해 점유율 확대에 애쓰는 형국이다.

2021년 6월 최초로 온투법 등록에 성공한 렌딧 · 8퍼센트 · 피플펀드를 필두로 온라인 셀러 대출에 방점을 찍은 '윙크스톤', 중소기업 전자어음과 매출 채권 유동화에 강점을 지닌 '나이스abc'와 '나인티데이즈', 모건스탠리 출신 금융 전문가 이유강 대표가 창업한 것으로 유명한 '와이펀드', 부동산담보대출 확장에 주력 중인 '어니스트펀드' '투게더펀딩' 등이 대표적이다.

여러 명이 십시일반 돈을 모아 초기 스타트업이나 프로젝트에 투자하는 '크라우드펀딩' 분야에서는 2022년 10주년을 맞이한 '와디즈'가 독보적이다. 국내 크라우드펀딩 시장점유율 70% 이상을 차지한다. 2022년 기준 누적 중개금액이 6600억원, 회원 수가 440만명에 달한다. 와디즈펀딩에 성공한 기업이 이후 후속 투자 유치한 금액만 6300억원이 넘는다. 초기 창업 마중물 역할을 톡톡히 하고 있는 셈이다. 와디즈 관계자는 "아이디어만 있다면 누구나 시제품을 통해 대중의 반응을 읽고 창업

로보어드바이저 서비스에 대한 대중 관심이 커지면서 유명 연예인을 광고 모델로 발탁하는 일도 적잖다. '핀트'는 배우 전지현을, '파운트'는 배우 변요한을 각각 광고 모델로 투입한 바 있다. (각 사 제공)

을 할 수 있다. 일상에서 발견한 작은 아이디어를 구체화해 나만의 작은 브랜드와 제품을 탄생시키고, 본인 사업을 지지하는 서포터들을 크라우드펀딩 플랫폼에서 만날 수 있다"고 설명했다.

인공지능(AI) 자산 관리
금융권도 개인도 '로보어드바이저' 열풍

과거 고액 자산가 정도가 아니면 꿈도 못 꿨을 '개인 자산 관리'가 이제는 일상이 된 모습이다. 인공지능(AI) 기반의 '로보어드바이저(RA)'가 대중화된 덕분이다. 로보어드바이저 핀테크 스타트업이 내놓는 서비스들은 빅데이터 분석을 기반으로 개인 투자 성향과 투자 목적에 맞는 포트폴리오를 추천해준다.

김영빈 대표가 2018년 설립한 '파운트'가 대표적이다. 파운트는 세계적인 투자자 짐 로저스가 엔젤 투자자 겸 투자 고문으로 참여하고 있는 것으로도 잘 알려진 스타트업이다. 파운트가 자체 개발한 AI가 글로벌 주식, 채권, 원자재 등 다양한 자산에 분산 투자를 할 수 있도록 돕는다. 현재 파운트가 관리 중인 자산 총액(AUM)은 1조원을 훌쩍 넘어섰다. 2022년 2월 기준 AUM이 1조3570억원 수준으로 전년(8227억원) 대비 65% 증가하는 가파른 상승세를 보이는 중이다.

디셈버앤컴퍼니가 운영하는 '핀트'는 소액 투자 수요에 힘입어 몸집을 키웠다. 핀트에서는 최소 운용금 20만원만 있으면 앱으로 쉽고 간편하게 로보어드바이저 기반 투자를 경험할 수 있다. 아직 목돈 투자가 부담스러운 대학생이나 사회초년생을 위한 적립식 투자 서비스 '꾸준히 목표 달성' '꾸준히 차곡차곡'과 같은 서비스가 관심을 받으며 회원 수가 크게 늘

핀테크 분야 K 스타트업			
구분	기업명	서비스명	특징
대출 비교	베스트핀	담비	각종 대출 금리 비교
은행	고위드	고위드	스타트업 전문 은행
카드 · 결제	차이코퍼레이션	차이카드 · 아임포트	체크카드 · B2B 결제
조각 투자	뮤직카우	뮤직카우	음원 저작권 투자
	뱅카우	뱅카우	한우 투자
	카사코리아	카사	부동산 투자
	투게더아트	아트투게더	미술품 공동 구매
	테사	테사	미술품 투자
로보어드바이저	파운트	파운트	AI 자산 관리
	디셈버앤컴퍼니	핀트	AI 간편 투자
	에임	에임	모바일 자산관리
	크래프트테크놀로지스	크래프트	AI ETF 운용
	쿼터백그룹	큐비스	AI 투자 자문
	두물머리	불리오	AI 투자 자문
P2P 금융	에잇퍼센트	8퍼센트	한국 1호 P2P 업체
	나이스비즈니스플랫폼	나이스abc	중소기업 어음 유동화
	어니스트펀드	어니스트펀드	부동산담보대출 P2P
크라우드펀딩	와디즈	와디즈	다수 개인이 자금 모집 · 투자
조각 투자	뮤직카우	뮤직카우	음원 저작권 투자
	뱅카우	뱅카우	한우 투자
	카사코리아	카사	부동산 투자
	투게더아트	아트투게더	미술품 공동 구매
	테사	테사	미술품 투자
핀테크 솔루션	쿠콘	프로그램 인터페이스(API)	비즈니스 데이터 플랫폼
	아데나소프트웨어	외환마진거래 프로그램	금융 거래 소프트웨어
블록체인	아이콘루프	DID	분산 신원 인증

었다. 2019년 서비스를 시작한 이후 3년 만인 2021년 누적 회원 수가 70만명을 넘어섰다.

최초의 모바일 자산 관리 앱 '에임'도 빼놓을 수 없다. '씨티그룹 최초 한국인 퀀트 애널리스트'로 유명한 이지혜 대표가 2015년 창업했다. 이 대표는 월가에서의 경험을 토대로 AI 자산 관리 알고리즘 '에스더'를 개발했다. 전 세계 77개국 1만2700여개의 글로벌 ETF에 분산 투자해 리스크를 최소화하는 방식으로 운용된다. 2022년 2월 기준 회원 수는 100만명, 누적 계약 금액은 7300억원에 달한다.

개인을 넘어 기존 금융사를 대상으로 투자 자문이나 AI 솔루션 설계를 해주는 로보어드바이저 스타트업도 많다. 2016년 설립한 '크래프트테크놀로지스(이하 크래프트)'가 대표적이다. 누적 투자 유치액으로만 따지면 모든 로보어드바이저 스타트업 중 가장 많다. 현재까지 2100억원이 넘는 투자를 유치했다. 특히 2022년 1월 손정의 회장이 이끄는 소프트뱅크그룹으로부터 1750억원 투자를 유치, '쿠팡에 이은 소뱅의 두 번째 한국 기업 투자'로 주목받았다.

크래프트는 로보어드바이저를 기반으로 상장지수펀드(ETF)를 운용하는 서비스를 제공한다. 국내 기업 중 처음으로 미국 뉴욕증권거래소(NYSE)에 100% AI가 운용하는 ETF를 상장시켰다. 미국 대형주 모멘텀 ETF인 'AMOM(티커명)', 미국 대형 고배당주를 담

점점 더 뜨거워지는 AI 자산 관리 경쟁

파운트 · 핀트 필수로
에입 · 불리오 · 쿼터백도 B2C
크래프트 AI ETF는
미국 뉴욕 증시에도 상장

은 'HDIV' 등 총 4종의 액티브 ETF가 상장돼 있다. 특히 AMOM은 지난해 테슬라의 주가 흐름을 정확하게 예측해내며 '테슬라 족집게'로 전 세계 투자자로부터 주목받은 바 있다.

'쿼터백그룹' 역시 개인 자산 관리보다 금융 상품 설계로 더 유명한 스타트업이다. 로보어드바이저 업계에서는 '맏형' 격이다. 자체 AI 알고리즘 '큐비스(QBIS)'는 금융위원회와 코스콤이 주관하는 '로보어드바이저 테스트 베드'를 최초로 통과했다. 현재는 은행과 보험사를 포함한 20여개 기관에 금융 서비스를 제공하고 있다. 투자금을 직접 운용하거나 주식 · ETF 등을 포함한 펀드도 운용한다. 한국투자증권과 함께 선보인 랩어카운트 상품 '테마로테이션랩', 키움투자자산운용과 협업한 '키움쿼터백EMP글로벌로보어드바이저펀드' 등이 유명하다.

천영록 대표가 이끄는 '불리오'도 비슷하다. 키움투자자산운용과 손잡고 내놓은 '키움불리오글로벌멀티에셋EMP펀드'가 대표 상품이다. 1900여개 미국 상장 ETF 데이터를 분석해 30여개 ETF에 분산 투자하는 상품으로, 최근 2년 수익률이 11%대로 선전하고 있다.

핀테크 솔루션 지원
핀테크를 만들어주는 핀테크 기업

하나의 핀테크 서비스가 탄생하기 위해서는 수많은 기술과 인프라가 뒷받침돼야 한다. 데이터 수집·분석부터 시작해 인증, 프로그램 설계 등 셀 수도 없다. 핀테크 서비스를 제공할 수 있도록 기술·인프라와 솔루션을 제공하는 스타트업이 꽤 있는 이유다. 말하자면 '핀테크 기업을 만드는 핀테크 기업'인 셈이다.

'쿠콘'은 금융사나 핀테크 스타트업들이 금융·공공 데이터를 보다 쉽고 편리하게 쓸 수 있도록 도와주는 '프로그램 인터페이스(API)'를 제공한다. 쿠콘은 국내 500여개 금융·공공기관의 데이터는 물론 해외 40여개 국가 2000여개 금융기관의 데이터를 수집한다. 현재 수많은 금융사와 핀테크 기업이 쿠콘 API를 쓴다. '대출 상품 비교 서비스'를 예로 들면 카카오페이, 토스, 핀다 같은 기업들이 쿠콘 API를 활용해 서비스를 제공한다. 최근에는 당근마켓 자회사 당근페이의 간편 송금과 결제 서비스 구축을 지원하기도 했다.

'아데나소프트웨어'는 전 세계 외환마진거래(FX)와 지급결제 업체를 대상으로 자체 개발한 금융 거래 소프트웨어를 판매·공급한다. 매출은 대부분 해외에서 발생한다. 영국, 스위스 등 글로벌 외환 유동성공급자(LP) 업체와 해외 외환선물사들이 주요 거래처다. 단순히 프로그램 판매에 그쳤던 기존 업체들과 달리 거래량에 비례해 수수료를 받는 식으로 수익 구조를 짰다. 2021년에는 암호화폐 투자 정보 플랫폼 '코인니스'를 인수하며, 가상자산 시장으로 영역을 확장했다.

블록체인 핀테크 스타트업 '아이콘루프'는 블록체인 분산 신원(DID) 기술로 금융권과 협력을 확대하고 있다. DID 기술은 한 번 인증된 신원 정보를 사용자 스마트폰에 암호화해 저장했다, 개인 정보 제출이 필요할 때 쓸 수 있도록 하는 인증 방식이다.

아이콘루프는 지난 2020년 신한은행과 협력해 금융권에서 사용되는 DID 서비스를 국내 최초로 상용화했다. 아이콘루프는 최근 대선 관련 이슈로 세간의 관심을 받기도 했다. 아이콘루프가 기술 개발에 참여한 암호화폐 '아이콘(ICX)'이 '윤석열 테마코인'으로 분류되며 가격이 '껑충' 뛰면서다. 윤 대통령이 2021년 12월 친필 서명이 담긴 방명록을 NFT로 발행했는데, 여기에 아이콘 블록체인을 기반으로 하는 NFT 마켓플레이스 '크래프트'가 활용된 바 있다. ■

"전금법 개정·망 분리 규제 완화에 속도 내야"

한국핀테크산업협회는 국내 최대 규모의 '핀테크 네트워크 기관'이다. 카카오페이, 네이버파이낸셜, 토스 같은 빅테크 기업을 비롯해 약 500개 핀테크 기업이 회원사로 있다. 2022년 2월 신임 협회장으로 선임된 이근주 한국간편결제진흥원장으로부터 국내 핀테크 산업 현주소에 대해 물었다.

Q. 국내 핀테크 산업 수준은 글로벌과 비교하면 어느 정도에 와 있을까.

A. 기술력 자체는 세계 최고 수준이다. 하지만 핀테크 역량이 단순히 기술력에 비례하지는 않는다. 금융업 자체가 '규제 산업'이다 보니, 규제 수준이 결국 한 나라의 핀테크 수준을 좌우한다. 정부에서 핀테크 관련 규제를 완화하려는 의지는 분명 있다고 본다. 다만 그 논의가 생각보다 더디다.

Q. 핀테크 스타트업이 체감하는 주요 규제에는 무엇이 있을까.

A. '망 분리 의무 규제'가 대표적이다. 망 분리는 해킹 방지를 위해 내부 업무망과 외부 인터넷망을 분리하도록 하는 규제다. 망이 분리돼 있다 보니 인터넷에 뛰어난 개발 소프트웨어나 개발 코드가 풀려 있는데도 개발자들이 제대로 활용하지 못하는 실정이다. 요즘처럼 재택근무가 일상화된 근무 환경에도 안 맞다. 망 분리에 한계를 느낀 개발자들이 핀테크 업계를 떠나는 경우가 워낙 많다.

Q. 핀테크 규제 문제를 해결하기 위해 어떤 노력이 필요할까.

A. '소통 채널의 활성화'가 최우선돼야 한다. 기존 금융권인 '빅뱅크', 그리고 관계부처와 의견 조율을 통해 핀테크 관련 규제를 완화해나갈 수 있다. 여기서 중요한 것은 '중소 핀테크 전용 소통 채널'이 꼭 필요하다는 점이다. 현재 빅뱅크와 빅테크 위주로 구성된 금융위 '디지털금융협의회'만으로는 중소 핀테크 목소리가 소외될 수밖에 없다. '빅테크 상황에만 입각해 규제 수준이 굳어져버리면 중소 핀테크는 살아남을 수 없다'는 위기의식과 불안감이 업계 전반에 퍼져 있다.

Q. 규제 완화뿐 아니라 육성 정책도 중요할 텐데.

A. 핀테크 육성과 관련 최근 '핫'한 키워드는 두 가지다. 첫째는 '해외 진출'이다. 코로나 팬데믹 시대에 발맞춰 글로벌 시장에 진출할 수 있는 환경과 시스템을 마련해야 한다. 둘째 '블록체인'이다. 블록체인은 차세대 핵심 기술로, 이미 블록체인 기반 핀테크 서비스가 많이 나오고 있다. 암호화폐 시장을 둘러싼 논란과는 별개로, 블록체인 기술과 관련 산업을 적극 육성할 필요가 있다.

로봇이 튀긴 치킨부터 배양육까지
미래 식탁 바꿔가는 '푸드 스타트업'

로봇이 만든 치킨·피자, 대체 커피, 새송이 버섯 고기, 비건 전용 채식….

식품 시장에 뉴페이스 출현이 잇따른다. 음식에 인공지능(AI), 사물인터넷(IoT), 빅데이터, 초개인화 등 최신 기술을 결합한 푸드테크(Foodtech) 산업이 발달한 덕분이다. 푸드테크는 누구나 하루 세 끼를 먹는다는 생활밀착형 특성 덕분에 성장 가능성이 높은 산업 중 하나로 꼽힌다. 지난 1월 미국 라스베이거스에서 열린 세계 최대 전자·IT 전시회 CES 2022에서는 처음으로 푸드테크가 전시 카테고리에 추가됐다. 서울대는 2021년 푸드테크 학과를 신설했다. 학계와 산업계 모두 푸드테크에 주목하고 있음을 알 수 있다.

푸드테크가 각광받는 또 다른 이유는 '음식은 만국 공통어'기 때문이다. 원천 기술이나 킬러 서비스만 잘 만들면 글로벌화에 유리하다는 얘기다. 국내 스타트업 중 역대 가장 비싸게 인수된 음식 배달 주문 중개 앱 '배달의민족(약 5조원)'이 대표 사례다. 제2의 배민을 꿈꾸는 K스타트업을 찾아본다.

로봇·무인화 스타트업의 진화
주문·조리·서빙·배달도 척척

'로봇·무인화'는 푸드테크에서 가장 '뜨거운' 분야로 꼽힌다. 코로나19 유행 이후 비대면 수요가 급증한 덕분이다. 시장 성장세에 힘입어 스타트업 중에서도 성과를 내는 기업이 많다. 과거에는 '기술 과시' 수준에 그쳤다면 최근에는 상용화 단계에 들어서며 의미 있는 매출을 기록 중이다.

로봇·무인화 스타트업은 크게 음식·식품 조리(생산)와 서비스 두 가지로 나뉜다. 먼저 식품 조리는 '커피' 분야가 활발하다. 다

비트코퍼레이션이 운영하는 로봇 카페 '비트'는 주문부터 커피를 받는 모든 과정이 무인으로 운영된다. (매경DB)

른 음식에 비해 조리법이 비교적 간단해 접근성이 좋은 덕분이다.

'비트코퍼레이션'은 무인 로봇 카페 '비트(b:eat)'를 운영한다. 비트는 키오스크나 스마트폰 앱으로 주문을 받아 로봇 바리스타가 커피를 만들어주는 무인 로봇 카페다. 2018년 인천공항에 첫 모습을 드러낸 이후, 현재 160개점까지 늘렸다. 그동안은 보안 등 문제로 기업 내 식당, 대학교 등 특수 상권에만 입점했는데, 코로나19 사태 이후 비대면 카페 수요가 늘며 일반 상권으로 영토를 적극 확장하는 분위기다.

라운지랩은 카이스트 출신 황성재 대표가 설립한 로봇 푸드테크 스타트업이다. 커피를 추출하는 협동 로봇 '바리스'를 적용한 무인 카페 '라운지X'와 아이스크림 가게 '브라운바나'를 운영한다. 라운지랩 관계자는 "핸드드립

커피는 바리스타에 따라 커피 맛이 달라지는 한계가 있다. 로봇인 바리스는 오차 없이 정밀한 커피 맛을 유지한다는 것이 장점"이라고 설명했다.

치킨과 피자 시장에서도 로봇의 활약이 두드러진다. '로보아르테'는 치킨 조리용 협동 로봇을 개발 중이다. 치킨 반죽부터, 튀기는 과정을 로봇이 해낸다. 최근 GS리테일과 '편의점 치킨 조리 협동 로봇 도입'을 위한 업무협약을 체결하는 등 본격적인 보급화 단계에 접어들었다. 직영점인 '롸버트치킨'도 현재 6호점까지 늘렸다. 연내 싱가포르와 미국 뉴욕 등에도 직영점을 낸다는 계획이다.

피자 업계에서는 '고피자'가 주목받는다. 로봇이 구운 1인용 화덕 피자를 판매하는 프랜차이즈 기업으로, 카이스트 출신 임재원 대표가 창업했다. 인력 투입이 필요 없는 자동 화

로보아르테의 치킨 로봇은 가장 힘든 '튀김' 과정에서 인간의 수고를 덜어준다(좌). 베어로보틱스의 서빙 로봇 '서비'는 자율주행 라이다 기술을 탑재해 정밀도를 높였다(우). (GS25, 베어로보틱스 제공)

덕 '고븐'으로 3분 만에 피자 6개, 1시간 내에 100개 이상 피자를 만들어낸다고. 경쟁력을 인정받아 지난해 110억원 규모의 시리즈B 투자를 받았다.

서비스 분야에서는 구글 출신 하정우 대표가 설립한 '베어로보틱스'의 활약이 두드러진다. 홀 서빙용 자율주행 로봇이 주력 제품이다. 배달의민족, 메쉬코리아 등 배달 전문 스타트업들과 협업하며 서빙 로봇을 보급하고 있다. 김범진 대표가 이끄는 로봇 자동화 푸드테크 기업 '웨이브(WAVE)'도 각광받는 스타트업이다. 기존 '아보카도랩'에서 2022년 5월 사명을 변경했다. 웨이브는 '로봇 키친 플랫폼'을 서비스하는 스타트업으로 2018년부터 스테이크 팬프라잉 로봇, 디스펜싱 로봇, 튀김 로봇 등 주방에서 사용할 수 있는 다양한 로봇을 만들어왔다. 로봇을 활용한 센트럴 키친을 만들고 다른 외식 브랜드의 레시피를 제공받아 대신 조리하고 일정한 로열티를 지불하는 '주방 운영 대행' 모델을 꿈꾼다.

출근 후 식사까지 해결
배달 2.0 스타트업 속속 등장

배달의민족, 요기요, 쿠팡이츠 등 1세대 배달 앱은 주로 B2C 사업에 집중했다. 식당과 가정 내 외식 소비자를 연결하는 사업 모델이 주력이었다. 최근 등장한 배달 2.0 스타트업은 다르다. 이미 포화된 개인 배달 시장 대신 '기업'으로 목표를 바꿨다. 연간 소비 규모만 20조원에 달하는 기업 '식대' 시장이 타깃이다.

새로운 직원 복지 영역으로 떠오른 간식 특화 스타트업 '스낵포'가 대표 사례다. 기업에서 간식을 편하게 이용할 수 있도록 사무실 간식 정기 배송, 특별 간식 서비스, 행사용 간식 등 다양한 간식 서비스를 제공한다. 제조사로부터 직납받아 직접 유통하기 때문에 편의점 대비 평균 20~30% 저렴하다. 삼성, SK, 카카오 등 주요 기업을 고객사로 두고 있다. 고객사 빅데이터 분석을 통해 직원들이 좋아할 만한 간식을 골라주는 큐레이션 서비스도 인기다. 간식 큐레이션을 스낵포에 맡기는 고객사 비중이 99.77%에 달한다고.

'벤디스'는 식대 관리 시장을 파고들었다. 종이 식권, 외상, 법인 카드 등 기업의 전통적인 식대 지급 방식을 모바일 앱 서비스로 바꾼 '모바일 식권'을 내세우며 주목받았다. 이후 기업 복지 포인트몰 운영을 돕는 '복지 대장', 회사 앞으로 식사를 배달하는 '배달 대장' 등 새로운 서비스를 연달아 선보여 사세를 키웠다.

O2O 푸드테크 플랫폼 '식신'의 모바일 전자 식

지구인컴퍼니가 개발한 대체육 언리미트는 고기 맛을 90% 가까이 재현해 인기가 많다. (지구인컴퍼니 제공)

더 빠르고, 더 안전하게
로봇이 만드는 치킨·피자 등장

자율주행 치킨 로봇 '로보아르테'
피자 로봇 '고피자', 서빙 로봇 '베어로보틱스'
'웨이브'는 주방 로봇으로 주방 대행

권 서비스 '식신e식권'도 비슷한 사례다. 종이 식권, 사원 카드, 법인 카드 대신 앱 하나로 간편하게 사용할 수 있다. 2021년 기준 450여 고객사와 1만여 가맹점 간 중개 역할을 한다. 식신은 맛집 추천 앱 '식신'과 온라인 식품몰 '식신마켓'도 운영 중이다. 식신 앱은 길거리 음식부터 최고급 레스토랑까지 다양한 맛집과 연계해 맛집 추천, 배달, 식권, 예약까지 원스톱으로 제공한다. 식신마켓은 전국 유명 맛집 조리법으로 만든 간편조리식품(HMR)과 간식·디저트, 농수산 신선식품, 건강식품, 식단관리식품, 캠핑식품 등을 판매한다. 푸드테크 기업 중에서는 최초로 '특례상장'도 준비 중이다.

복잡한 유통 구조를 간소화한 직거래(D2C) 플랫폼도 각광받는다. 생산자는 판로 확장, 구매자는 비용 절감 효과를 누릴 수 있어 윈윈이다.

'미트박스'는 축산물 직거래 플랫폼이다.

구분	기업	서비스(제품)	특징
푸드테크 분야 K스타트업			
로봇·무인화	비트코퍼레이션	비트카페	제조 과정 확인 가능한 로봇 카페
	라운지랩	라운지엑스	바리스타 로봇 '바리스'가 핸드드립 커피 제공
		브라운바나	아이스크림 제조 로봇 '아리스' 활용
	로보아르테	롸버트치킨	로봇이 치킨 반죽, 튀김 과정 담당
	고피자	고피자	자동 화덕 '고븐'으로 빠른 피자 생산
	베어로보틱스	서빙 로봇 서비	라이다 탑재한 홀서빙 로봇으로 인기
	웨이브	아웃나우키친	음식점 주방 대행 서비스
배달·정보 서비스	스낵포	스낵포	탕비실 내 간식 외주화로 기업들로부터 인기
	벤디스	식권대장	종이 식권 대체한 '모바일 식권'으로 식대 시장 공략
		복지대장	기업 내 복지몰 운영 보조 서비스
		배달대장	점심 식사 회사 앞까지 배달해주는 서비스로 각광
	식신	식신e식권	식대 서비스로 450여 고객사와 1만여 가맹점 간 중개 역할
	미트박스	미트박스	회원 25만명 넘는 축산물 직거래 플랫폼
	데이터온	M-RMS	외식 사업자를 위한 경영 관리 서비스 운영
	누비랩	누비스캔	인공지능 스캔으로 남는 음식물 분석
	그린랩스	팜모닝	데이터 기반 스마트팜
대체식·비건	지구인컴퍼니	언리미트	고기 맛 90%까지 구현해 해외에서도 인기
	위미트	위미트 프라이드	자체 개발한 고수분 대체육 기술로 각광
	리하베스트	리너지	부산물 재활용해 단백질 간식 만드는 푸드 업사이클링 업체
	비욘드넥스트	채식한끼	비건 소비자를 위한 채식 서비스 운영
	인테이크	이노센트	비건 간편식·간식·음료 브랜드
	더 플래닛	씰크	식물성 단백질로 만든 대체 우유
	씨위드	요오드	해조류 기반 배양육
	베네핏츠	식단면	식물성 단백질로 제면한 생면

벤디스는 기업 식대, 복지몰 관리를 돕는 각종 서비스로 각광받는다. (벤디스 제공)

2021년 말 기준 약 200개사 판매자가 4400개 이상 상품을 판매한다. 구매자는 25만명 이상 확보했다. 지난해 거래액은 3200억원 이상을 기록, 전년 대비 30% 이상 상승했다. 2015년부터 2021년까지 누적 거래액 1조원을 돌파했다. 미트박스는 올해 풀필먼트센터 건립 등 물류 서비스 고도화를 계획하고 있다.

'정육각'은 도축한 지 4일 이내 돼지고기를 비롯해 축산, 수산, 밀키트 등의 신선식품을 취급하는 D2C 스타트업이다. 수도권 등지는 당일 배송과 새벽 배송으로, 수도권과 일부 도서를 제외한 전국에는 택배로 배송한다. 김포와 성남의 스마트팩토리에 고객 주문이 들어온 이후부터 생산을 시작해 포장까지 직접 완료하는 '온디맨드' 생산 시스템을 적용했다.

외식 데이터 전문 스타트업 '데이터온'도 있다. 외식 사업자의 온·오프라인에서 발생하는 데이터를 수집, 통합해 관리할 수 있는 서비스를 제공한다. 외식 경영 관리 서비스 'M-RMS(Restaurant Management System)'가 대표적이다. 모기업 매드포갈릭부터 축적된 20년 이상의 외식 사업 운영 데이터 활용 경험과 외부 주요 환경 변수를 반영해 개발된 AI 의사 결정 지원 서비스로, 메뉴 판매와 식자재 수요예측이 가능하다. 이를 통해 외식 사업자의 식자재 오발주로 인한 폐기량을 30% 이상 낮추고 식자재 재고 관리와 주방 조리의 효율화를 높일 수 있다는 설명이다.

대체식·비건 공략 스타트업
대체 면, 대체 우유 등 품목 다변화

친환경·건강을 중시하는 소비자가 늘며 '대체식' 스타트업도 약진하고 있다.

'지구인컴퍼니'는 대체육 브랜드 '언리미트'가 반향을 일으키며 이 분야 다크호스로 떠올랐다. 고기 식감이나 조직감을 90%까지 구현해내며 '식물성 고기'의 한계를 넘었다는 평가를 받는다. 현재 파리바게뜨, 도미노피자, CU 등과 함께 언리미트 대체육을 활용한 다양한 메뉴를 선보이고 있다. 국내 시장을 넘어 홍콩, 중국, 호주, 미국 등 수출도 활발히 진행 중이다.

'위미트'는 자체 개발한 '고수분 대체육' 기술로 품질 높은 대체육을 만드는 스타트업이다. '고기보다 맛있는, 고기 없는 미식 경험'을 슬로건으로 내세운다. 대표 제품은 새송이버섯을 재료로 만든 '위미트 프라이드'. 기존 대체육이 가진 향과 식감 문제를 크게 개선해 호평받았다.

실험실에서 배양해내는 '배양육'에 대한 관심도 뜨겁다. 배양육은 동물에서 추출한 세포를 영양분이 담긴 세포배양액으로 길러내 고기 맛과 모양을 구현한 것. 단, 논란도 있다. 기존 배양육은 1kg을 생산하는 비용이 400~2000달러에 달해 여전히 경제성이 낮고, 소 태아의 혈청(FBS)을 사용해 윤리 문제도 제기된다.

이희재 대표가 이끄는 '씨위드'는 '미세 해조류를 활용한 배양육' 개발을 대안으로 제시했다. 미역 등 해조류를 이용하면 기존 대비 100분의 1 가격에 배양액을 만들 수 있고 윤리 문제도 없다는 게 강점이다.

대체육을 넘어 '대체 탄수화물'도 나왔다. 탄수화물은 우리 몸에 꼭 필요한 에너지원이지만 과한 섭취는 '탄수화물 중독'으로 이어져 건강에 악영향을 끼친다. 흰쌀밥, 면, 빵 같이 정제된 탄수화물을 많이 먹다 보면 혈당이 높아지고 비만을 유발해 각종 대사 질환을 유발할 수 있다.

대안으로 떠오르는 것은 '가짜 면'이다. 밀가루 대신 콩 같은 식물성 단백질로 면을 만드는 시도다. 대체 탄수화물 전문 스타트업 '베네핏츠(Benefeats)'는 유전자 조작을 하지 않은 논(Non)-GMO 대두로 만든 생면 제품 '식단

면'을 개발, 판매 중이다. 베네핏츠는 고급 한식당 '삼원가든' 대표로 유명한 박영식 공동대표가 창업했다.

'리하베스트'는 국내에서 다소 생소한 '푸드 업사이클링'을 주력으로 한다. 음식 생산 중 버려지는 부산물을 재활용해 식품을 만든다. 맥주, 식혜 생산 과정에서 나온 부산물로 만든 고단백 간식 '리너지 시리즈'가 대표적이다. 현재는 OB맥주와 손잡고 글로벌 간편식 시장 진출을 준비 중이다.

'대체 유제품'을 개발하는 국내 스타트업도 있다. 식물성 대체 우유 '씰크(XILK)'를 개발한 '더플랜잇'이다. 식품 데이터 분석 기술을 바탕으로 우유와 가장 가까운 맛과 특성을 구현했다. 콩과 해바라기씨에서 추출한 식물성 단백질에 코코넛·올리브 오일을 배합해 우유의 고소한 맛을 낸다. 우유의 유당 대신 천연 포도당인 '슈가애플'을 첨가해 맛과 질감을 최대한 우유와 비슷하게 설계했다.

250만 비건 인구를 겨냥한 '채식 플랫폼'도 있다. 박상진 대표가 창업한 '비욘드넥스트'다. 비건 소비자에게 식당·음식 정보 서비스를 제공하는 앱 '채식한끼', 비건 제품 전용 온라인 쇼핑 사이트 '채식한끼몰'을 운영한다. 채식한끼는 사용자 주변에 위치한 비건 식당 정보를 알려주고, 비건끼리 만나 정보를 공유하는 커뮤니티 기능도 제공한다. '비건 라이프' 실천을 위한 필수 앱으로 통한다. ∎

IT · BT · CT 접목한 'K푸드' 한국 대표 산업될 것

서울대는 2021년 푸드테크학과를 신설했다. 식품산업군에 10개월 이상 재직한 직원 등 현업 종사자를 대상으로 한 재교육형 계약학과다.

Q. 국내 푸드테크 산업 경쟁력은 어느 정도 수준인가.

A. 우리나라는 푸드테크 산업 경쟁력 자체는 그리 높지 않다. 단, 푸드테크 관련 IT · 바이오 기술 경쟁력이 뛰어나다. 우리나라 소비자도 이런 기술을 활용한 제품 수용도가 높다. 푸드테크는 정보 기술(IT), 바이오 기술(BT), 문화 기술(CT) 세 가지가 접목돼야 시너지가 난다. 이를 잘 활용하면 푸드테크 산업이 머지않아 대한민국의 새로운 대표 산업이 될 수 있다고 본다.

Q. 푸드테크 기업들이 더 개선해야 할 점은.

A. 해외는 기본적으로 푸드테크 산업에서 기술을 중시하는 경향이 많다. 반면 국내 식품 업계는 식품 관련 원천 특허 기술을 개발하기보다는, 남이 만든 기술을 활용해 상품을 개발하는 데 집중했다. 제조 노하우는 있지만, 글로벌화에 필요한 원천 기술이 부족하다. 원천 기술 개발 시도를 늘리는 한편, 기존 식품 분야가 아닌, 다른 분야 기술을 식품과 융합하고 사업화하는 데 집중해야 한다. 이를 위해 '한국 푸드테크협의회' 같은 조직을 갖추는 것도 필요하다.

Q. 초개인화 기술이 발달하면 우리는 식품을 어떻게 소비하게 될까.

A. 개인 맞춤은 누군가 나를 코칭해주는 것이다. 나의 모든 데이터를 가진 스마트폰 앱이 그 역할을 할 것이다. 가령 30대 남성이라면 그에 알맞은 칼로리와 영양분이 있는 식단을 추천해주는 식이다. 이런 맞춤 식단 추천이 일상화될 것이다. 개인 생애주기의 건강관리에 대한 솔루션이 맞춤형 식품 산업의 핵심이다.

Q. 전통 외식 산업계의 반발이나 정부 규제 가능성도 있을 텐데.

A. 푸드테크 산업을 경쟁자 관점이 아닌, 소비자에게 효용을 주는가에 집중해서 봐야 한다. 소비자에게 도움이 된다면 그 방향이 맞다. 단, 그로 인한 이익을 특정 기업이나 개인이 독차지하는 것은 바람직하지 않다. 전통 산업을 어떻게 보호하고 또 신산업으로 이동시킬 것인가는 정부와 사회가 함께 고민해야 한다. 푸드테크가 국내에만 머물지 않고 글로벌화할 수 있도록 지속적인 투자도 이뤄져야 한다.

현실로 들어온 가상 세계…옥석 가리기 中
VR 콘서트 '어메이즈', 디지털 휴먼 'EVR'

2021년 전 세계 IT 업계를 뜨겁게 달군 화두는 단연 메타버스다. 코로나19가 현실 세계를 황폐화시키면서 사람들의 피로감은 극에 달했고, 안전한 가상공간의 등장에 열광했다. 메타버스를 바라보는 시선은 당장이라도 새 시대가 열릴 것 같은 기대로 가득 찼다.

축포를 너무 빨리 쏘아올린 것일까. 메타버스가 화제의 중심에 오른 지 불과 1년 남짓. 위기는 빠르게 찾아왔다. 페이스북이 이름을 바꾼 메타 주가는 폭락하고 장밋빛 청사진에 환호하던 사람들은 어느새 실체 없는 거품을 언급한다. 메타버스 산업 자체가 '죽음의 계곡'에 빠진 모양새다.

하지만 신산업의 태동기에 의심과 위기는 늘 꼬리표처럼 따라온다. 1990년대 닷컴 버블에서 살아남은 애플, 구글, 넷플릭스, 아마존이 작은 벤처 기업에서 오늘날 글로벌 기업으로 성장했듯, 이제 막 첫걸음을 뗀 메타버스 시장에서 승리하는 기업들이 제2의 아마존과 구글이 될 것은 분명하다. 우후죽순 몸집을 불리던 메타버스 산업은 이제 막 옥석 가리기를 시작했을 뿐이다.

벤처 업계에서 돈이 몰리는 분야가 성장하는 것인지 성장하는 분야에 돈이 몰리는 것인지는 닭이 먼저냐 달걀이 먼저냐는 질문과 같다. 다만 분명한 것은 현재도 메타버스 시장에는 적잖은 자금이 쏟아지고 있고, 기회를 찾기 위해 수많은 스타트업들의 도전이 이어지고 있다는 점이다.

세계 최고 수준의 IT 인프라와 새로운 문화에 대한 탁월한 적응력을 가진 한국 시장은 메타버스가 성장하기 가장 좋은 환경으로 꼽힌다. 이미 메타버스 관련 비즈니스를 구체화하며 두각을 나타내는 스타트업이 적잖다.

메타버스 분야에서 눈여겨봐야 할 K스타트업을 추려본다.

플랫폼
레드브릭 · 믐…버티컬로 약진

가상공간은 기술만 있으면 누구나 만들 수 있지만, '사람들이 모이는' 인기 공간이 되기란 매우 어렵다. 대신 인기 플랫폼만 되면 메타버스 산업을 주도할 수 있다. 내로라하는 국내 기업들이 메타버스 플랫폼 구축에 열을 올리는 이유다.

가장 앞서가는 곳은 '제페토(Zepeto)'를 운영하는 '네이버제트'다. 2018년 8월 출시해 전 세계 200여개 국가에서 3억명 이상이 이용하는 거대 사이트로 성장했다. 해외 가입자가 90%,

연령대로는 10대 이용자가 80%에 달한다. 제페토로 메타버스 선두에 나선 네이버는 향후 현실과 디지털 세계를 연결하는 기술 융합 메타버스 생태계 '아크버스(ARCVERSE)'로 글로벌 시장에 도전한다는 복안이다. 이를 위해 소프트뱅크와 함께 일본에서 ALIKE 솔루션을 활용한 도시 단위 고정밀 지도 제작 프로젝트를 진행 중이다.

가상화폐 거래소 '업비트'를 운영하는 '두나무'도 2021년 11월 '세컨블록(2ndblock)' 오픈 베타를 시작하며 메타버스 플랫폼 시장에 뛰어들었다. 세컨블록은 국내 최초로 메타버스에 화상 채팅 기능을 결합, 온 · 오프라인의 경계를 낮추고 현실에서의 확장성을 극대화했다. 이용자는 자신의 아바타를 원하는 곳 어디든 이

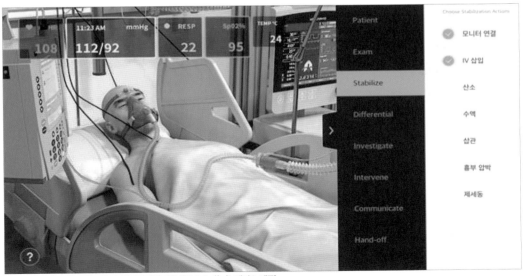

'뉴베이스'의 의료진을 위한 버추얼 시뮬레이션 '뷰라보(Vulabo)'. (뉴베이스 제공)

메타버스 분야 K스타트업			
구분	기업	서비스	특징
플랫폼	네이버제트	제페토	글로벌 Z세대 플랫폼
	두나무	세컨블록	화상 채팅
	레드브릭	위즈랩	SW 창작
	믐	믐	미술 전시
	어메이즈VR	어메이즈VR	VR 콘서트
	모핑아이	EVE-I	NFT 마켓플레이스
	피치솔루션	조이콜랩	가상 오피스
	세컨프라이스	우주공간	아이템 정리
	스튜디오엑스코	메타시티	가상 도시 플랫폼
	징검다리커뮤니케이션	걸어본	가상 갤러리 플랫폼
콘텐츠 · 솔루션	뉴베이스	뷰라보	의료 시뮬레이션
	XR touch	XR touch	가상 교육장
	루씨드드림	VR 뮤지엄	VR 전시 플랫폼
	평행공간	디지털 트윈	디지털 임장
	리콘랩스	플리카	AR 커머스
	자이언트스텝	A.I-One 스튜디오	실시간 콘텐츠 제작
	EVR스튜디오	페이셜 캡처	가상 인간 구현
	클레온	딥휴먼	가상 인간 구현
	팜피	APOC	XR 콘텐츠 제작
	쉐어박스	우주야 놀자	VR 교육 콘텐츠
	앤서	로라 라이프	NFT M2E 서비스
	트라이폴리곤	UModeler	유니티 모델링 솔루션
	에픽타이거	몰팅	버추얼 피팅
소프트웨어	엔닷라이트	엔닷캐드	3D 콘텐츠 제작
	알파서클	8K 3D VR 솔루션	초고화질 VR 영상
	쓰리디타다	타다크래프트	교육용 3D 모델링

동시킬 수 있으며, 아바타 간 거리가 가까워지면 화상 채팅 창이 생성돼 서로 자연스러운 소통과 정보 공유가 가능하다고. 3D 대신 직관적인 2D 기반 사용자 환경(UI)을 선택한 것이 특징이다. 2022년 중 정식 오픈 예정이다.

한 가지 분야에 특화된 '버티컬 플랫폼'도 약진하고 있다.

2018년 설립된 '레드브릭'은 원스톱 소프트웨어 창작 플랫폼 '위즈랩(WizLab)'을 운영한다. 컴파일러(Compiler) 기반 실시간 코드 분석 시스템과 챗봇 등 기술을 활용해 비전공자도 쉽게 SW를 창작하고 유통할 수 있도록 지원한다. 사용자 커뮤니티 공간을 마련해 유저 간 개발 관련 질문, 창작물 공유, 소통도 가능하다. 2022년 3월 기준 레드브릭 소프트웨어 창작자는 11만명을 돌파했다. 이들이 개발한 콘텐츠 수는 40만개가 넘는다.

'믐(MEUM)'은 미술 분야에 특화한 메타버스 플랫폼이다. 2D 작품 사진은 물론 조각, 오브제 같은 3D 작품도 구현할 수 있는 3차원 가상 전시장 믐을 운영한다. 창작자는 플랫폼 내 자신의 스튜디오에서 작품을 배치하고 배경음악도 나오게 할 수 있다. 2020년 9월 설립해 1년여 만에 작가 회원 300명, 전체 회원 1000명을 넘어섰다. 코로나19 사태로 크게 위축된 전시, 공연 등 예술 산업에서 디지털 전환을 이끌어나가고 있다.

콘서트도 메타버스에서 펼쳐진다.

대세 플랫폼 되면 활용 무궁무진 네이버·SK·두나무…경쟁 치열

한 가지 분야 특화된 '버티컬 플랫폼'도 약진 소프트웨어 창작 플랫폼 '위즈랩' 미술 분야는 '믐' 부동산은 '피치솔루션' 가상 회의 '스페이셜' 박물관 '데이터킹'

'어메이즈VR'은 카카오 창립 멤버 5인이 모여 2015년 미국 로스앤젤레스에 세운 가상 콘서트 제작·유통 플랫폼이다. VR 헤드셋을 착용하면 메타버스 콘서트장에서 가수가 열창하는 모습을 감상할 수 있다. 2022년 상반기 그래미 어워드 3회 수상자인 메건 더 스탤리언(Megan Thee Stallion)과 협업해 글로벌 영화관 체인인 AMC에서 VR 콘서트를 선보일 예정이다. 2022년 1월 180억원 규모 프리 시리즈B 투자 유치에 성공했다.

부동산 분야에서는 '피치솔루션'이 눈에 띈다. 가상 오피스에서 화상 회의, 채팅, 음성 통화 등의 실시간 소통 기능을 제공하는 '조이콜랩(Joycollab)'을 운영 중이다. 협업을 위한 할 일, 파일함, 게시판, 지식저장소, 캘린더 등의 다양한 공유 기능도 가능하다. 각 아바타를 통해 현재 상태나 업무 현황을 직관적으로 파악할 수 있다는 설명이다.

'스페이셜'은 동명의 VR · AR 회의 솔루션 앱을 운영한다. 페이스북의 오큘러스퀘스트나 MS 홀로렌즈를 비롯해 매직 리프, 엔리얼, PC용 VR 기기를 폭넓게 지원한다. VR 기기가 없어도 웹, 안드로이드, iOS를 통해 이용할 수 있어 범용성이 뛰어나다. 머신러닝 기술을 통해 사용자 사진으로 15초 만에 아바타를 생성하고, 가상 회의에 참여할 수 있다. 미국 뉴욕에 본사를 두고 현재 다양한 글로벌 기업과 협업하고 있다.

이 밖에도 '이씨엔터테인먼트(게임)' '주식회사두리번(NFT 캐릭터 투자)' '데이터킹(박물관)' '앤서(헬스케어)' '하트버스(HRD)' 등의 버티컬 플랫폼이 활약 중이다.

콘텐츠 · 솔루션
교육 '엑스알터치' 임장 '평행공간'

메타버스는 가상 세계 구현을 통해 현실에서는 접근하기 어려웠던 다양한 서비스를 가능하게 한다.

'뉴베이스'는 의료진을 위한 버츄얼 시뮬레이션 '뷰라보(Vulabo)'를 운영한다. 의학적으로 검증된 알고리즘을 활용해 3D 모델링, 애니메이션, 텍스처, 사운드와 같은 시청각 자료들을 의료 데이터와 자동으로 연결해준다. 이를 활용해 개발된 '가상 환자'는 하나의 캐릭터만으로 다양한 체형 변화, 손상 변화, 건강 변화, 스타일 변화를 구현할 수 있다. 예를 들면, 연령 데이터에 맞춰 노화되거나 젊어질 수 있고, 몸무게 값에 맞춰 뚱뚱해지거나 날씬해지기도 한다. 특정 신체 부위에 손상 유형과 중증도에 따른 손상을 적용할 수도 있다. 고도화된 실재감과 다양한 증상의 환자를 통해 의료진은 현실에서 경험하기 어려운 중증이나 희귀 질환 사례도 연구하고 숙달할 수 있다. 2022년 6월 40억원대 시리즈A 투자 유치에 성공했다.

2016년 설립된 EVR스튜디오는 실사와 구분이 어려울 만큼 실재감 있는 가상 인간 구현 기술을 자랑한다. 모공과 솜털이 보일 정도다. 3D 스캐닝을 통해 실시간 제어도 가능하다. 가상 공간 제작을 모듈 형태로 작업하는 공간 제작 자동화 기술 '시티 제너레이터'도 있다. 올 하반기 상장을 추진할 계획이다.

'엑스알터치'는 메타버스 기반 가상 교육장을 운영하는 에듀테크 기업이다. 지난해 축산 교육을 위한 '양돈 교육 프로그램'을 출시해 주목받았다. 오폐수, 악취 문제로 축사를 직접 운영하기 어려운 환경에서 축산 교육을 돕기 위한 용도로 활용된다. 가상 환경에서 가상의 돼지에게 사료 주기, 배설물 치우기, 영양 상태 점검 등 다양한 실습을 할 수 있으며 그에 따른 돼지의 성장과 상태 등을 종합적으로 분석해 제공한다. 조윤수 엑스알터치 실장은 "비대면 트렌드의 확산으로 직무 교육 실습 기회가 축

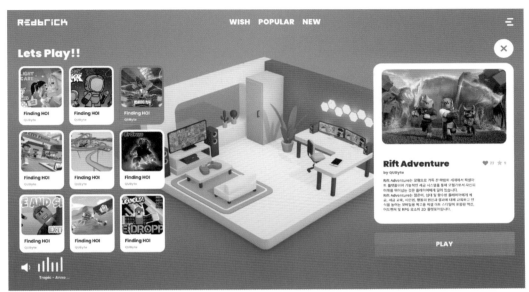

'레드브릭'의 메타버스 서비스 '마이룸'. (레드브릭 제공)

소됨에 따라 이를 극복할 수 있는 실무 교육 수요가 증가하고 있다. 메타버스 기술을 활용해 바리스타, 산업재 정비 등 직무 교육 프로그램을 확대하고 새로운 교육 플랫폼으로 진화해 나갈 계획"이라고 밝혔다.

콘텐츠 기업 '루씨드드림'은 VR·AR 기술의 다양한 활용이 돋보이는 기업이다. VR 노래방을 비롯해 국내 주요 관광지를 가상공간에 구현한 VR 투어, VR 뮤지엄 등 VR 기반 공간 서비스를 개발했다. 지난해에는 급증하는 반려견 수요에 발맞춰 AR 기술을 적용한 반려동물 소통 앱 '버찌'를 선보여 좋은 반응을 얻고 있다.

부동산 시장에서도 메타버스 관련 서비스가 주목받는다. '평행공간'은 사람이 머무르는 공간을 가상 세계에 그대로 옮겨 부동산의 메타버스를 구축한다. 라이다(LiDAR) 기술과 고해상도 파노라마 이미지를 활용해 부동산, 건물 등 오프라인의 정보를 3D 온라인으로 완벽히 구현하는 기술을 갖췄다. 3D 데이터를 활용해 공간 크기 비교, 시간에 따른 일조량과 채광의 변화 등 유용한 정보를 제공한다. 대면 임장의 경우 시공간의 제약이 있고, 한 번 방문으로는 완벽한 정보를 파악하기 어렵다는 점에서 평행공간 서비스를 찾는 수요가 늘고 있다. 촬영에서 웹까지 2시간 내 제작이 가능하며, CAD 호환 등 활용 범위가 넓은 것이 장점으로 꼽힌다.

'리콘랩스'는 AI 기반 AR 커머스 콘텐츠를 자동으로 생성하는 서비스를 제공한다. 스마트폰

메타버스 활성화에 실재감 필수
3D 가상공간 구현 스타트업 주목

'엔닷라이트' 네이버 · 카카오
최초 공동 투자 사례로 화제
'클레온' 자체 개발 영상 합성 서비스 '딥휴먼'
CES 2022에서 혁신상 수상

으로 상품을 촬영하면 자동으로 3D 모델을 생성하는 웹 AR 커머스 솔루션을 개발했다. 최근 다양한 쇼핑 경험에 대한 소비자 수요가 늘어남에 따라 AR 커머스를 도입한 쇼핑몰의 경우 구매전환율, 이용자 체류 시간 등 주요 지표가 크게 상승하는 추세다. 리콘랩스의 솔루션을 활용하면 별도 장비나 앱 없이 빠르고 저렴하게 AR 커머스를 도입할 수 있다. 현재 네이버 스마트스토어뿐 아니라 LX하우시스, 하이마트, 삼익가구 등에 활용되고 있다.

'클레온'은 딥러닝 기술을 활용한 영상 합성 서비스를 운영 중이다. 자체 개발한 '딥휴먼'은 사람의 얼굴과 음성을 합성하고 변환하는 기술이다. 무겁고 느린 기존 딥러닝 기술과 달리 사진 1장과 30초의 음성 데이터만으로 영상 속 인물의 얼굴과 목소리를 실시간에 가깝게 만들어낸다. 누구나 쉽게 가상 인간을 구현해낼

수 있다는 점을 높이 평가받아 CES 2022에서 혁신상을 수상했다.

소프트웨어
엔닷 '3D 콘텐츠', 알파서클 'VR 재생'

메타버스가 활성화되려면 생생한 실재감은 필수. 이를 위해서는 각종 소프트웨어부터 고도화돼야 한다. 3D 가상공간을 생생하게 구현하는 데 집중하는 스타트업이 주목받는 이유다. '엔닷라이트'는 자체 개발한 3D 엔진 기반으로 고품질 3D 콘텐츠를 제작할 수 있는 솔루션 '엔닷캐드'를 운영한다. 기존 전문가용 3D 디자인 소프트웨어와 달리, 뛰어난 사용자 경험(UX)으로 메타버스 서비스 주 사용자층인 Z세대가 쉽고 간편하게 고품질 콘텐츠를 만들 수 있다. 만들어진 창작물은 제페토와 로블록스 등 다양한 메타버스 플랫폼에서 활용할 수 있다. 박진영 엔닷라이트 대표는 다음커뮤니케이션과 삼성전자 등에서 UX 전략, 신규 서비스 기획을 리드한 경험을 보유하고 있고, 직접 3D 엔진을 개발했다.

네이버D2SF와 카카오인베스트먼트가 처음으로 공동 투자한 사례로 화제가 되기도 했다. 양상환 네이버D2SF 리더는 "메타버스 플랫폼에서 이용자 콘텐츠 창작 욕구가 높고 이에 대한 보상 시스템도 구축되고 있지만 3D 콘텐츠 제작 과정은 어려운 게 현실"이라며 "엔닷라이트는 메타버스 콘텐츠 제작 허들을 낮추는 기

나만의 물건 NFT로 만들어 거래…
마이데이터 활용 메타버스 도래

Q. 모핑아이는 어떤 서비스를 하고 있나.

A. AI · 블록체인 융합 플랫폼을 개발하고 관련 서비스를 제공한다. 2021년 11월 누구나 자신의 실물 자산을 NFT화해 거래할 수 있는 NFT 마켓플레이스 'EVE-I(이브아이)'를 오픈했다. 수묵화 거장 임농 하경철 화백의 '심추'를 100개의 NFT로 쪼개 각각 50만 원에 판매했는데 일주일 만에 '완판'하는 성과를 냈다. 사용자 빅데이터 분석을 통해 현실과 가상 세계를 연결시키는 '라이프로깅(일상의 디지털화)' 방식의 메타버스 서비스도 개발 중이다. 금융이나 신체 활동 등 실생활에서 일어나는 다양한 마이데이터를 반영해 자동으로 메타버스 내 아바타나 환경이 바뀌는 방식이다.

Q. 메타버스 시장은 이제 막 형성되기 시작한 단계다. 가장 역점을 두는 것은.

A. 서비스 공급자나 개발자가 아닌 사용자와 소비자 입장에서 생각하려고 노력한다. 메타버스나 NFT는 신기술 기반 사업인데, 새로운 기술이 인간의 삶을 행복하게 만들어야 한다는 생각을 갖고 있다. 기준이나 정답이 없다는 점에서 어려움이 있지만, 고객 친화적인 서비스 · 플랫폼이라면 지속 성장할 것이라 확신한다. 그래서 현재 플랫폼을 이용하는 고객들의 다양한 의견을 많이 듣고 서비스에 최대한 반영하기 위해 노력하고 있다.

Q. 최근 메타버스 거품론이 제기되기도 한다.

A. 메타버스는 거부할 수 없는 물결이다. 어떤 방향에서 어떤 높이로 올지는 모르지만 오고 있는 것은 명확하다. 이 새로운 변화의 흐름 속에서 우리가 잘할 수 있는 부분이 뭔지, 정부도 기업도 단기적인 성과가 아닌 중장기적인 안목에서 시도하고 준비해야 한다. 여기에 스타트업의 강점이 있다. 다양한 영역에서 많은 스타트업들이 도전하고 시도하다 보면 경쟁력이 생기고 길을 찾을 수 있을 것이라고 본다. 이를 위해서는 다양한 영역에서의 투자가 함께 이뤄져야 한다.

술 스타트업이다. 앞으로 엔닷라이트 솔루션을 활용해 다양한 크리에이터와 콘텐츠가 탄생할 것이라 기대한다"고 전했다.

'알파서클'은 VR 영상 솔루션 스타트업이다. 360도 VR 영상을 분할해 사용자의 시야에 들어오는 각도의 영상만 재생하는 방식으로 8K 화질의 3차원 영상을 효율적으로 구현하는 기술을 개발했다. 이 기술은 지니뮤직과 CJ ENM 등이 추진하는 다수의 상용 VR 콘텐츠에 적용됐다. 대한변리사회와 매일경제신문사가 공동 주최한 '대한민국 벤처·스타트업 특허 대상'에서 대상을 수상했다.

'쓰리디타다'는 큐브·레고 형태의 블록을 쌓거나 붙이는 간단한 방식으로 공간을 꾸미는 교육용 3D 디자인 모델링 프로그램 '타다크래프트(TADACRAFT)'를 운영한다. 결과물은 3D 프린터, 레이저 커팅기로 출력 가능하다. '마인크래프트' 게임의 창작물도 현실화할 수 있어 교육 현장에서 호응도가 높다.

'룩시드랩스'는 VR 헤드셋을 활용해 사용자 시선을 추적하고 뇌파를 수집, 인지와 감정 상태를 실시간으로 분석하는 다양한 솔루션을 개발한다. 2020년 3월 오큘러스 리프트S에서 구동 가능한 뇌파 기반 차세대 사용자 VR 인터페이스 '룩시드링크'를 선보였다. 채용욱 룩시드랩스 대표는 "치매 진단과 치료를 위한 과학적 장비가 많이 부족한 상황에서, 룩시드랩스의 뇌파 분석 VR 기기가 효과적인 치료 도구가 될

것으로 기대한다"고 밝혔다.

자이언트스텝은 2008년에 설립해 2021년 코스닥에 상장한 실감 콘텐츠 제작 전문 스타트업이다. 최근 가상 제작 환경인 'A.I-One 스튜디오'를 운영하며 실시간(Real-Time) 콘텐츠 제작에 집중하고 있다. 가상 인물 구현 시 인공지능 기반 자동화·최적화 기술을 활용해 기존 방식 대비 제작 시간을 약 40% 단축하는 등 우수한 기술력을 인정받고 있다. 과학기술정보통신부가 주최한 '2021 상반기 코리아 메타버스 어워드' 콘텐츠·솔루션 부문에서 장관상을 수상했다.

이 밖에도 '트라이폴리곤(3D 모델링)' '렛시(웹 기반 증강현실 기술)' 등이 가상공간 구현 도구를 개발 중이다. ■

'위기를 기회로' 재도약 노리는 K-바이오
신약 개발 '알지노믹스' 원격 의료 '굿닥'

불과 몇 년 전만 해도 바이오 · 헬스케어 산업은 우리나라를 먹여 살릴 신성장동력으로 꼽혔다. '바이오'라는 수식어만 붙으면 기업가치가 몇 배나 뛰고, 돈을 들고 찾아오는 투자자도 넘쳤다. 하지만 코로나19 팬데믹을 거치면서 시장이 꽁꽁 얼어붙었다. 진단키트 등 일부 분야를 제외하면 바이오 업계에 '돈줄'이 말랐다. 핵심 자금 조달 창구인 기업공개(IPO)와 벤처캐피털(VC) 투자, 전환사채(CB) 발행 등이 줄줄이 연기되거나 취소되면서다.

2022년 3월 '유니콘 특례상장 1호'로 기대를 모았던 보로노이는 저조한 수요예측으로 상장을 철회했고, K-OTC 대표 주자인 치매 신약 R&D 기업 아리바이오는 기술성 평가에서 탈락의 쓴맛을 봤다. 메지온의 폰탄 수술(심장 기형 수술) 치료제는 미국 FDA(식품의약국) 품목 허가를 받지 못하면서 주가가 고꾸라졌다.

이런 현상은 우리나라만의 일은 아니다. 팬데믹 이후 글로벌 바이오 · 헬스케어 섹터의 변동성은 계속 확대되는 추세다. 하지만 이런 변동성 확대가 바이오 · 헬스케어 산업의 펀더멘털과 성장성 훼손에서 비롯된 것은 아니라는 지적이 많다. 당장의 실적보다 파이프라인의 미래 가치가 기업가치의 대부분을 차지하는 바이오 기업 특성상 코로나19로 인한 임상시험 지연과 금리 인상, 지정학적 리스크로 인한 파이프라인의 가치 하락 등으로 인해 일시적으로 투자 심리가 악화된 결과라는 분석이다. 글로벌 신약 개발 시장은 2026년까지 연평균 7.5% 성장하며 3043억달러(약 386조원) 규모로 커질 전망이다. 미래에셋증권에 따르면 신약 개발 시장의 바로미터인 임상시험 개시 건수는 2021년 기준 역대 최대인 2만4914건(코로나19 임상 제외)을 기록했다. 미래 의료 시스

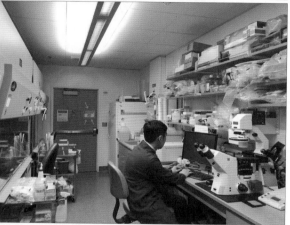

최근 글로벌 빅파마들이 새로운 파이프라인 수혈을 위해 내부 개발보다는 JV(조인트벤처)나 M&A(인수합병), 라이선싱, 공동 개발 등 오픈 이노베이션에 적극적으로 나서면서 신약 개발 스타트업에 더 많은 기회가 열리고 있다. 사진은 알지노믹스(위), 진에딧(아래) 실험실 모습. (매경DB)

템으로 떠오른 디지털 헬스케어 시장도 빠르게 확대되는 중이다. 한국무역협회에 따르면 글로벌 디지털 헬스케어 시장 규모는 2019년 1063억달러(약 135조원)에서 2026년 6394억달러(약 810조원)로 연평균 30% 가까이 성장할 것으로 예상된다.

다행히 윤석열정부가 바이오 · 헬스케어 산업의 적극적인 육성과 함께 신약 개발 등 생명공

학 분야 지원을 위한 인프라 구축 계획을 밝히면서 바이오 업계에 활기가 돌고 있다. 미국과 유럽 등 해외 시장 진출을 모색하며 두각을 나타내는 바이오 · 헬스케어 스타트업도 속속 등장하는 중이다. 눈여겨봐야 할 바이오 · 헬스케어 스타트업을 소개한다.

신약 개발
알지노믹스 · 진에딧 성과 가시화

신약 개발은 '바이오 산업의 꽃'이다. 쉽지 않은 일이지만, 일단 성공하기만 하면 막대한 이익을 안겨주기 때문이다. 특히 최근에는 글로벌 빅파마들이 새로운 파이프라인 수혈을 위해 내부 개발보다는 JV(조인트벤처)나 M&A(인수합병), 라이선싱, 공동 개발 등 오픈 이노베이션에 적극적으로 나서면서 신약 개발 스타트업에 더 많은 기회가 열리고 있다. 김충현 미래에셋증권 애널리스트는 "글로벌 상위 30개 의약품 중 현재 특허 만료가 됐거나 특허 만료인 의약품이 22개에 달한다. 새로운 파이프라인 수혈을 위해 신약 개발에 대한 투자는 필연적"이라며 "신약 개발 경쟁력을 갖춘 국내 바이오 기업들이 퀀텀점프할 수 있는 기회"라고 설명했다.

세포 · 유전자 치료제는 최근 신약 개발에서 가장 주목받는 분야다.

'알지노믹스'는 지난 2017년 이성욱 단국대 생명융합학과 교수가 설립한 RNA(리보핵산) 기

지난 4월 '비대면 진료 혁신 스타트업 간담회'에서 장지호 닥터나우 대표와 대통령직 인수위의 박수영 위원과 장예찬 청년소통TF 단장이 비대면 진료 체험과 참관을 하고 있다. (닥터나우 제공)

반 유전자 치료제 신약 개발 기업이다. RNA 치환효소를 활용해 질병을 유발하는 표적 RNA를 제거하고 그 자리에 치료 RNA를 생성시키는 기전이다. 간암, 교모세포종, 알츠하이머, 유전성 망막색소변성증 등을 대상으로 치료제를 개발 중이다. 2021년 4분기에 국내와 미국 IND(임상시험계획)를 신청해 2023년부터 임상에 진입한다는 계획이다. 2022년 6월 372억원의 시리즈C 투자 유치에 성공, 총 609억원의 누적 투자액을 달성했다.

'진에딧(GenEdit)'은 이근우 CEO와 박효민 CTO가 버클리대 생명공학 박사 과정을 마치고 2016년 창업한 유전자 치료제 개발 바이오 벤처다. 몸 안에서 유전 질환을 일으키는 변이 유전자를 치료할 수 있는 '크리스퍼 유전자 가위' 등을 둘러싸서 체내 원하는 곳에 안전하게 전달하는 물질인 나노폴리머 기술을 보유했다. 최근 미국 유전자 가위 업체인 사렙타테라퓨틱스와 손잡고 희귀 신경근육 질환 치료제 개발에 착수했다.

'세렌라이프'는 삼성서울병원 연구진이 개발한 SIS 배양 플랫폼 기술을 이전해 2018년 설립한 줄기세포 치료제 개발 기업이다. 혈모세포 생착증진제(HSC-EN), 간, 폐, 장, 관절 등 다양한 염증성 질환의 치료제를 개발 중이다. 일반 줄기세포 치료제가 유전자 발현이 미미해 치료 효능이 상대적으로 낮은 것과 달리 세렌라이프의 치료제는 유전자 발현을 극대화시키고 균질성을 유지하는 것이 특징이다. 줄기세포 치료제의 효능을 크게 높이는 한편 다양한 면역 질환으로의 확대 적용이 가능하다.

'입셀'은 유도만능줄기세포주를 이용해 연골세포와 골세포, 간세포 등으로의 다양한 분화 기술을 보유하고 있다. 연골세포 치료제의 본격적인 상업화를 위해 서울성모병원 세포치료사업단과의 공동 연구를 통해 임상 등급의 세포주를 만드는 데 주력해왔다. 최근 일본 CiRA의 자회사 ips아카데미아재팬(Academia Japan Inc.)과 유도만능줄기세포 상업화 라이선스 계약을 체결하는 등 성과를 내기 시작했다.

'스파크바이오파마'는 박승범 서울대 화학과 교수가 설립한 신약 개발 바이오 기업이다. 저분자 화합물 라이브러리인 'pDOS'를 구축했고 세포 내 생물학적 변화를 탐지하는 기술인 '서울플로어' 등 신약 개발 플랫폼을 보유했다. 올 상반기 식약처에 담도암, 뇌종양 등을 타깃으로 하는 면역항암제 개발을 위한 임상계획을 제출하고, 하반기부터 임상시험을 진행할 예정이다.

인터파크바이오에서 사명을 변경한 '테라펙스'는 항암제 중심의 신약 개발 전문 기업이다. 현재 전임상 개발 후기 단계인 면역항암제 IBC-1131과 후보물질 도출 단계인 표적항암제 TRX-221, 엘젠테라퓨틱스와 공동연구협약을 체결한 단백질 분해제 등 7개 항암 신약 파이프라인을 자랑한다.

디지털 헬스케어(원격 의료)
닥터나우 · 굿닥 · 레몬헬스케어 '약진'

코로나 팬데믹은 규제가 엄격한 의료 산업에도 디지털 전환을 불러왔다. 지난 2년간 비대면 진료와 처방을 받은 사례는 381만여건에 달한다. 이를 지원하는 디지털 헬스케어(원격 의료) 스타트업이 약진한 것은 당연지사다.

원격 의료 플랫폼 '닥터나우'가 대표 사례다. 국내 최초로 비대면 진료와 처방약 배송을 선보이며 경증 환자와 만성 질환자 등에게 편리한 의료 서비스를 제공하고 있다. 2021년 10월 소프트뱅크벤처스 등으로부터 100억원 규모 시리즈A 투자를 유치했다. 지난 4월에는 헬스케어 스타트업 '부스터즈컴퍼니'를 인수했다. 개인별 맞춤형 운동 콘텐츠를 제안하고 의료 전문가 상담 · 관리를 지원하는 '건강비서'와 '클리닉' '파인드' 등의 디지털 헬스케어 앱을 운영하는 회사다. 이를 통해 닥터나우는 비대면 진료와 처방약 배송 서비스를 고도화할 방침이다.

바이오 · 헬스케어 분야 주요 스타트업			
구분	기업명	제품 · 서비스	특징
신약 개발	알지노믹스	유전자 치료제	RNA(리보핵산) 기반 신약 개발
	진에딧	유전자 치료제	변이 유전자 치료용 나노폴리머 기술 보유
	세렌라이프	줄기세포 치료제	혈모세포 생착증진제(HSC-EN)와 염증성 질환 치료제 개발
	입셀	연골세포 치료제	유도만능줄기세포주 이용해 연골세포 등으로 분화 기술 보유
	스파크바이오파마	pDOS, 서울플로어	담도암, 뇌종양 등을 타깃으로 하는 면역항암제 개발
	테라펙스	항암제	7개 항암 신약 파이프라인 보유
디지털 헬스케어	닥터나우	닥터나우	비대면 진료 · 처방약 배송
	굿닥	굿닥	비대면 진료, PCR 영문 음성 확인서 발급 정보 제공 등
	레몬헬스케어	청구의신	실손보험 간편청구, 의료 정보 마이데이터
	타이로스코프	글랜디	갑상선 환자 대상 스마트 질환 관리 솔루션
	루먼랩	루먼랩	발달 지연 · 장애 가능성 조기 진단 개선
	지아이비타	로디	AI 기반 개인 맞춤형 건강관리 서비스
	위뉴	위뉴	의학적 근거에 기반한 헬스케어 콘텐츠 제공
의료기기 · 솔루션	프로이드	정밀의료 영상기기 솔루션	육안으로 구분 어려운 암과 정상 조직 경계 신속 정확히 파악
	큐에스택	QS체크 UIS4	소변 내 이상 징후 포착하는 스마트 소변 검사지 개발
	휴톰	AI 수술 플랫폼	수술 전 시뮬레이션, 수술 보조 내비게이션
	메디웨일	닥터눈	망막 AI 검사로 심뇌혈관 질환과 신부전 위험도 예측
	뉴아인	셀리나	눈 건강 관련 세포를 미세전류로 활성화시켜 각종 안질환 개선
	VNTC	스파이나믹	척추측만증 환자들을 위한 실시간 치료기기
	메디팔	애프터닥	병 · 의원 전용 고객 관리 솔루션
	에비드넷	피더넷	50개 대형병원 데이터를 표준화해 빅데이터 플랫폼 구축
	이지케어텍	엣지앤넥스트	모든 의료기관에서 서비스 가능한 클라우드 EMR

원격 의료 앱 '굿닥' 화면. (굿닥 앱 캡처)

'굿닥'도 '내 주변 병원 찾기', 비대면 진료 · 약처방 서비스를 제공한다. 2022년 2월 선보인 실시간 비대면 진료 서비스가 50일 만에 누적 사용자 수 40만명을 넘어서며 순항 중이다. 지난 3월에는 '재외국민 비대면 진료 · 상담 서비스'에 대한 규제 샌드박스에 선정, 임시허가를 획득하고 올 하반기에 상용화할 계획이다. 지난 4월에는 국내 최초로 해외여행에 필요한 PCR 영문 음성 확인서 발급 관련 정보 제공 서비스도 시작했다. 사용자 위치를 중심으로 PCR 검사가 가능한 병 · 의원 정보부터 음성

확인서 발급까지 모든 절차에 대한 정보를 제공한다.

'레몬헬스케어'는 헬스케어 데이터 양방향 플랫폼을 표방한다. 총 180여종의 표준화된 의료데이터 API로 구성된 환자용 앱을 통해 100여개 상급종합병원과 종합병원 EMR(전자의무기록)을 연결했다. 이를 통해 병원정보시스템과 손보사, 생보사를 직접 연계하는 실손보험 간편청구 앱 '청구의신'과 페이퍼리스(Paperless) 모바일 스마트병원 플랫폼 등을 운영하고 있다. 레몬헬스케어는 지난 2020년 12월 코스닥 등록을 위한 상장예비심사를 신청했으나, 심사 절차가 장기화되면서 2021년 7월 자진 철회했다. 최근 170억원 규모 시리즈 C 신규 투자 유치에 성공, 2023년 다시 상장에 나선다는 계획이다.

의료기기 · 지원 솔루션
휴톰, 세계 최초 AI 수술 플랫폼

진단과 수술의 정확도 제고를 위해서는 고정밀 의료기기와 솔루션이 매우 중요하다. 이를 지원하는 전문 스타트업이 각광받는 이유다. '프로이드'는 수술용 정밀의료 영상기기 솔루션을 개발하는 스타트업이다. 암 수술 집도의가 육안으로 구분하기 어려운 암과 정상조직의 경계를 정확하게 파악하고 빠르게 암 조직을 절제할 수 있도록 돕는다. 인공지능(AI) 기술을 활용해 조직검사 시간을 기존 대비 최대

바이오드론 플랫폼 기술로 신약 개발 파트너 노린다

Q. 엠디뮨은 어떤 회사인가.

A. 엠디뮨은 한마디로 말해 '차세대 약물전달 해결사(Solution Provider)'다. 신약 개발 기업들은 약물이 작용하는 조직으로만 선택적으로 약물을 전달해 부작용은 줄이면서 효능은 극대화하고 싶어 한다. 엠디뮨의 바이오드론 플랫폼 기술을 이용하면 이것이 가능하다. 신약 개발에 꼭 필요한 파트너가 되는 것이 목표다.

Q. '바이오드론' 기술의 차별화된 경쟁력은.

A. 기존 약물전달기술 중 대표적인 것이 mRNA 백신에 사용되는 LNP(Lipid Nano Particle) 기술이다. 합성 약물전달체인 LNP는 대량 생산의 장점이 있지만 생체친화성과 조직표적전달능력이 떨어지는 단점이 있다. 이를 대체할 약물전달 기술로 세포가 분비하는 엑소좀이 최근 주목받는다. 엑소좀에 원하는 약물을 탑재해 몸 안에 주입하면 정상 세포를 건드리지 않고 암세포만 정밀 타격할 수 있다. 다만 엑소좀은 자연적으로 이용할 수 있는 양이 적은데, 엠디뮨은 줄기세포를 압출해 엑소좀을 대량 생산할 수 있는 원천 기술을 보유하고 있다.

Q. 주목할 만한 성과는.

A. 국내외 여러 기업, 연구기관과 다양한 공동 연구 협업을 진행 중이다. 사업 성과로는 이연제약, 카이노스메드와 기술 라이선싱 아웃 계약을 체결했다. 또 글로벌 바이오의약품 생산 기업 론자가 엠디뮨의 원천 기술에 관심을 보여 공동 연구개발 계약을 체결했다.

Q. 최근 바이오 산업이 암흑기라고 할 만큼 침체돼 있다.

A. 달라진 시장 분위기를 체감하고 있다. 바이오 기업의 IPO가 어려워지면서 VC들이 투자를 주저하고 있다. 투자 유치만큼이나 심각한 문제는 연구 인력 확보의 어려움이다. 최근 바이오텍 창업이 급증하고, 대기업의 인력 수요도 늘어나면서 시장에서 필요한 바이오 연구 인력을 확보하지 못해 많은 바이오 스타트업이 어려움을 겪고 있다.

Q. 바이오 산업을 육성해야 하는 이유와 앞으로의 전망은.

A. 최근 몇 년 사이에 국내 바이오 기업들의 글로벌 기술 수출 성과가 가시화되면서 세계 시장에서 K-바이오의 위상이 많이 올라갔다. 국내 바이오 기업의 기술 스펙트럼도 다양해지고 있다. 혁신적인 신약을 개발하는 데 있어 글로벌 제약사와의 협업이 중요한 것이 현실이다. 관심을 갖고 지원이 이뤄지면 더욱 빠르게 성과가 나타날 것이라고 본다.

레몬헬스케어가 운영하는 실손보험 간편청구 앱 '청구의신' 이용 모습.
(윤관식 기자)

30분의 1로 줄이고 정확도도 기존 검사보다 높았다는 것이 회사 측 설명이다. 최근 카카오벤처스로부터 시드(초기) 투자를 유치하고 팁스(TIPS)에도 선정됐다.

'큐에스택'은 가정 내에서 소변 검사를 할 수 있는 스마트 소변 검사지 'QS체크 UIS4'와 전용 스마트폰 앱 'QS리더'를 개발했다. 특정 물질이 닿으면 색상이 변하는 비색 센서 기술을 적용, 소변 내 포도당, 단백질, 잠혈 등을 검사해 신장질환 · 요로질환 · 당뇨 · 과로 등 이상 징후를 포착할 수 있다. 2021년에는 강원도 영월군과 협력, 지역 내 임산부를 대상으로 스마트 소변 검사 키트를 제공했다.

'휴톰'은 세계 최초 AI 수술 플랫폼 개발 기업을 표방한다. 한 번밖에 못하는 수술을 미리 여러 번 해본 것처럼 숙련될 수 있도록 수술 전 환자에 대한 시뮬레이션, 수술 중에는 환자의 해부학적 구조를 알려주는 수술 보조 내비게이션을 개발했다. 2022년 2월 170억원 규모의 시리즈B 투자 유치에 성공하며 기업가치 1000억원 이상 기업인 예비 유니콘이 됐다. 기술특례방식으로 2023년 코스닥 상장을 추진 중이다.

'메디웨일(MediWhale)'은 2016년 설립된 망막 AI 검사 전문 스타트업이다. 간단한 망막 AI 검사로 심뇌혈관 질환과 신부전 위험도를 신속 정확하게 예측하는 AI 소프트웨어 의료기기 '닥터눈(DrNoon for CVD)'을 개발, 국내 8호 혁신의료기기로 지정됐다. 2021년 5월에는 유럽 의료기기 인증도 받았다.

'뉴아인(Nueyene)'은 2017년 설립된 국내 최초 '전자약' 의료기기 전문 스타트업이다. 전자약이란 뇌와 신경세포에서 발생하는 전기신호를 통해 질병을 치료하는 전자장치다. 기존의 약이나 의료 시술보다 안전하고 편하게 질병을 치료할 수 있는 것이 장점이다. 치매, 뇌전증 등의 뇌질환을 비롯해 안면신경마비, 비만, 항암 치료 등에도 활용할 수 있다. 뉴아인은 2021년 4월 안구 건강관리기기 '셀리나'를 선보였다. 눈 건강과 연관된 세포를 미세전류로 활성화시켜 노화로 인해 발생되는 각종 안질환을 개선할 수 있다는 설명이다. ■

'RNA 치환효소' 플랫폼 기술 독보적…시리즈C 투자 유치 성과

Q. 알지노믹스는 어떤 회사인가.

A. RNA 기반 유전자 치료제 신약 개발 기업이다. 질병을 유발하는 RNA를 제거하고 그 자리에 치료 RNA를 발현시키는 기전의 'RNA 치환효소' 플랫폼 기술을 활용해 미충족 의학 수요가 큰 희귀난치성 질환에 대한 혁신 바이오 신약을 개발한다. 현재 간암, 교모세포종, 알츠하이머, 유전성 망막 색소변성증 치료제를 개발하고 있으며, 레트증후근 등 다양한 질환으로의 적응증 확대를 진행 중이다.

Q. 최근 바이오 스타트업에 대한 투자가 크게 위축된 상황에서도 시리즈C 투자 유치에 성공했다. 알지노믹스의 차별화된 경쟁력은.

A. 알지노믹스의 RNA 치환효소 기반 플랫폼 기술은 하나의 물질로 질병 관련 유전자는 없애면서 원하는 유전자를 전달할 수 있다는 점이 독보적인 경쟁력이자 차별성이다. 영구적인 유전자 변경을 초래하는 유전체편집 기술과 달리 RNA 효소 자체 기전으로 작동함으로써 안전한 접근 방법이라 할 수 있다. 특히 RNA 치환 기술은 특정 표적 이후를 전부 교체, 교정하는 접근 방식이기 때문에 다양한 돌연변이를 갖고 있는 대부분의 유전 질환에 적용 가능하고, 유도하고자 하는 치료 유전자 발현 레벨을 일정 수준으로 조절할 수 있다.

Q. 신규 투자금 활용 계획은.

A. 알지노믹스의 신약 파이프라인 중 가장 진행이 앞선 원발성 간암 치료제 RZ-001이 최근 식약처로부터 임상 1/2a상 계획을 승인받았다. 신규 투자금은 올 하반기부터 예정돼 있는 RZ-001의 임상시험비를 비롯해 다른 파이프라인의 미국 FDA로의 IND 신청을 위한 전임상과 개발생산비에 활용할 계획이다.

Q. 국내 바이오 산업 전망은.

A. 인류의 고령화와 이에 따른 노인성 질환이나 만성 질환 증가, 삶의 질 향상의 필요성 등에 따라 헬스케어 관련 지출은 계속 증가할 전망이다. 나아가 난치성 희귀 질환 치료제 개발의 필요성, 코로나19와 같은 전염병의 확대 가능성 등 기존에 예상치 못했거나 지지부진했던 바이오 분야가 확대되고 있다. 바이오 산업은 경제적 측면뿐 아니라 사회적으로도 글로벌 경쟁력을 갖도록 적극 육성할 필요가 있다. 현재 전 세계적으로 바이오 투자 환경이 침체돼 있으나, 이는 오히려 옥석을 가리는 계기라고 본다.

국민 콜택시 '카카오T' 내 차 대신 '쏘카'
이동부터 물류 · 운송까지 모두 디지털화

" '사람 이동'에서 '공간 이동'으로 모빌리티 산업을 확장하겠다."
류긍선 카카오모빌리티 최고경영자(CEO)가 2022년 2월 10일 열린 모빌리티 기술 콘퍼런스 '넥스트 모빌리티: 네모(NEMO) 2022'에서 한 말이다. 상점에 가기 위해 사람이 택시를 부르는 것이 아닌, 소형 버스 크기의 모듈화된 차량 안에 상점을 꾸미고 자율주행으로 운행한다는 청사진이다.
이동, 물류, 운송을 아우르는 모빌리티 산업이 디지털화되며 대대적인 전환기를 맞고 있다. 자전거부터 공유 킥보드, 버스, 택시, 기차, 비행기까지 모든 대중교통 데이터와 결제 시스템을 통합하는 'MaaS(Mobility as a Service · 서비스형 모빌리티)'가 대표 사례다.
물류 업계에서는 소비자 접점인 라스트 마일은 물론, 생산자와 유통업자 간 이동도 디지

털 전환으로 최적화하는 '퍼스트 · 미들 마일(First · Middle Mile)' 기술이 각광받는다. '하늘을 나는 드론 택시' UAM, 진공 튜브 안에서 초고속으로 이동하는 '하이퍼루프' 등 꿈의 이동 수단도 하나둘 가시화되고 있다.
국내 모빌리티 산업 혁신을 주도하는 주요 스타트업을 정리해본다.

여객(콜택시)
카카오T 점유율 90%…'국민 콜택시'

현재 국내에서 디지털 전환이 가장 활성화된 모빌리티 분야는 콜택시, 카셰어링 등 여객 분야다. 스마트폰 앱에서 버튼 몇 번만 누르면 택시 호출은 물론, 예상 요금과 도착 시간, 최적 이동 경로, 기사 평점까지 한눈에 볼 수 있다.
업계 1위는 단연 카카오모빌리티다. 카카오T가 누적 가입자 약 3000만명, 누적 등록 기사

라이드플럭스 자율주행차. (매경DB)

약 25만명, 가맹택시(카카오T 블루) 약 3만대로 90% 넘는 시장점유율을 자랑한다. 카카오가 매각을 위한 절차를 밟고 있다는 설이 있지만 업계 1위 기업이라는 데는 이견이 없다. SK텔레콤 티맵택시와 우버가 합작한 '우티(UT)', 토스에 인수된 '타다'가 뒤를 쫓는다. 우티는 추가 운임 걱정이 없는 '사전확정요금제', 타다는 5년 무사고 경력의 전문 기사가 운행하는 5인용 대형 승합차 '타다 넥스트'를 무기로 내세운다.

중소 업체 간 물밑 경쟁도 치열하다. 카니발 등 대형 승합택시 전문 '아이엠(I.M)택시(운영사 진모빌리티)'와 예약 서비스로 차별화한 '마카롱택시(KST모빌리티)' '합승 서비스에 특화한 반반택시(코나투스)', 청각장애인이 운전하는 '고요한택시(코액터스)', 승차 거부

없는 착한 택시를 표방하는 '온다택시(티머니)' 등이 있다.

이들 중 일부는 택시 회사를 잇따라 인수하며 직영택시 확장에 힘을 쏟고 있다. 일례로 진모빌리티는 2022년 1월 서울 송파구, 마포구에 있는 각 100대가량 규모 택시 회사 두 곳을 인수하며 10여개 법인과 1000여개 택시 면허를 보유하게 됐다. 직영택시만 놓고 보면 카카오모빌리티와 비슷한 규모다. 2022년 초 기업가치 약 2300억원을 인정받으며 800억원 규모의 시리즈A 투자 유치에 성공했다.

코나투스는 ICT 규제 샌드박스의 모빌리티 분야 1호 스타트업이다. 출발지 간 거리 1㎞ 이하인 승객 중 이동 구간이 70% 이상 겹치는 승객을 자동 매칭해 30~50% 요금 할인 혜택을 제공한다. 승객은 택시 수요가 많은 밤 시

간대에 승차난을 해소하고, 기사는 추가 수익을 창출할 수 있어 상생 모델로 주목받는다. 2021년 7월 기준 전년 동기 대비 호출 수가 1200% 증가하는 등 성장세를 보이고 있다. 승객 안전을 위해 실명을 확인하고 본인 명의 신용카드 등록, 같은 성별끼리 탑승, 좌석 앞뒤 분리 지정 탑승, 동승 전용 보험 등 안전장치를 마련했다.

차량 공유 · 중고차
신차 대신 실속 있게…'쏘카' 상장 시동

자동차 시장에도 '가성비' 바람이 거세다. 새 차를 뽑는 대신 렌터카나 중고차를 찾는 소비자가 늘어나는 모습이 역력하다. 코로나19 팬데믹에 따른 자동차 반도체 수급난이 장기화되면서 신차 가격이 올랐고 신차 출고는 계속 지연되고 있기 때문이다. 신차 대신 차량 공유 · 중고차 관련 스타트업이 주목받는 이유다.

차량 공유 업계 1위 '쏘카'는 시장점유율 60%를 자랑한다. 일 단위로 계약을 맺는 기존 렌터카와 달리 10분 단위로 이용 시간을 정할 수 있는 것이 특장점. 2022년 4월 기준 쏘카 가입자 수는 약 750만명에 달한다. 국내 운전면허 보유자가 3000만명 정도임을 감안하면 전체 운전자 4명 중 1명이 고객인 셈. 누적 투자 유치액은 약 3040억원으로 모빌리티 업계에서 최초로 유니콘 반열에 등극했다. 상장도 준비 중이다. 2022년 4월 초 한국거래소로부터 상장예비심사 승인을 받았다. 추정 기업가치는 2조~3조원 수준이다.

쏘카 외에도 독특한 차량 공유 서비스를 제공하는 스타트업이 여럿이다.

'제이카'는 국내 유일 '친환경차 전문 카셰어링 플랫폼'을 표방한다. '넥쏘' '투싼IX FCEV' 등 수소전기차를 비롯해 '아이오닉5' 'EV6' 등 현대차 · 기아의 모든 전기차 모델 차량을 렌트할 수 있다. 2022년 상반기 기준 서울과 광주, 창원 등지에서 200여대의 차량으로 서비스를 운영하고 있다. 2019년 KDB산업은행 등으로부터 시리즈A 투자를 유치했으며 2021년 10월 기아, 한라홀딩스, 마그나인베스트먼트, 현대기술투자로부터 시리즈B 투자를 받았다. 투자금을 활용해 2023년까지 자동차 수를 1000대가량으로 늘리고 부산, 울산 등으로 서비스 지역을 넓힐 계획이다.

한국타이어 사내벤처에서 출발한 스타트업 '타운즈'가 운영하는 '타운카'는 아파트 이웃 간 P2P 차량 공유 서비스를 제공한다. 유휴 시간이 많은 차량을 이웃과 공유해 소유주와 대여자 모두 '윈윈'할 수 있는 구조를 설계했다. 소유주는 자주 사용하지 않는 차량을 공유해 수익을 얻고, 차량이 필요한 이웃은 저렴한 비용으로 차를 빌릴 수 있다. 단지 내 주차 공간 부족 현상도 다소간 해소될 수 있다는 장점도 있다. 2021년 10월 경기도 하남시에서 본격적으로 서비스를 시작했다.

렌터카 시장에서는 '팀오투'가 운영하는 '카모아'의 약진이 눈에 띈다. 카모아는 서로 다른 렌터카 업체 가격을 비교하고, 예약, 차량 배달 서비스까지 원스톱으로 제공한다. 2021년 말 기준 전국 56개 지역 547개 렌터카 업체와 제휴를 맺어 이용 가능한 차량만 4만2000여대에 달한다. 2021년 누적 거래대금은 약 580억 원으로 전년 대비 2배 이상 늘었다. 전국 56개 지역뿐 아니라 괌과 사이판에서도 서비스를 운영하고 있다. 향후 일본, 중국, 동남아 등 해외 서비스 확대를 위해 글로벌 사업망을 구축했다. 티맵에서 렌터카 예약 서비스를 제공할 수 있도록 티맵모빌리티와 제휴를 맺고 전기차 차량 정보, 구매 정보 등을 지원하기 위해 전기차 전문 온라인 판매 플랫폼 이브이모빌리티(EV Mobility)와 제휴를 맺는 등 사업 분야 확장에도 공들이고 있다.

중고차 거래 분야에서는 '온라인 내 차 팔기 서비스'를 주력으로 하는 '헤이딜러'가 돋보인다. 2022년 2월 누적 거래액 5조원을 넘어섰다. 누적 거래액 1조원을 달성한 2019년 7월부터 채 2년도 안 돼 5배나 성장했다. 헤이딜러는 이용자가 여러 딜러에게 본인 차량을 소개하고, 각 딜러가 판매자에게 가격을 제안해 거래가 이뤄지는 C2B의 형태로 운영된다. 2021년 말에는 헤이딜러 소속 전문평가사가 차량 진단부터 탁송까지 거래 전 과정을 고객 대신 해주는 비대면 판매 서비스 '헤이딜러 제로(Zero)'를 선보이며 중고차 거래 생태계를 더욱 넓혀가는 중이다.

차량 공유 서비스 '쏘카'를 이용하는 모습. (쏘카 제공)

모빌리티 분야 K스타트업

구분	기업	서비스(제품)	특징
여객 (콜택시)	카카오모빌리티	카카오T	가입자 3000만명, 가맹택시 약 3만대
	진모빌리티	아이엠택시	카니발 등 대형 승합택시 전문
	코나투스	반반택시	합승 서비스에 특화
	KST모빌리티	마카롱택시	예약 서비스 모델 구축
	코액터스	고요한택시	청각 장애인 기사 운전
	티머니	온다택시	승차 거부 없음
차량 공유 (렌털)	쏘카	쏘카	10분 단위 실시간 차량 공유 서비스 2022년 4월 기준 가입자 약 750만명 보유
	제이카	제이카	수소차 등 친환경차 차량 공유 플랫폼
	타운즈	타운카	동네 이웃 P2P 차량 공유 플랫폼
	팀오투	카모아	2021년 말 기준 전국 56개 지역 547개 렌터카 업체와 제휴
중고차	피알앤디컴퍼니	헤이딜러	온라인 내 차 팔기, 견적 비교 2022년 2월 누적 거래액 5조원 돌파
	더트라이브	트라이브	중고차 정기 구독 서비스
물류	메쉬코리아	부릉	이륜차에 사륜 트럭까지 운영 기업 고객 350곳 이상, 배송 기사 7만6000명 보유
	바로고	바로고	전기바이크, 퀵커머스 신사업 추진
	생각대로	로지올	모회사 인성데이타, 퀵서비스 기업
	콜로세움코퍼레이션	콜로세움	중소형 창고를 물류센터로 활용
	블루웨일컴퍼니	럭스테이	상점 유휴 공간을 소형 물류센터로
친환경 모빌리티	소프트베리	EV infra	전기차 충전소 현황 파악, 결제
	스타코프	차지콘	220V 완속 충전기로 전기차 대중화
	빈센	수소전기배	수소·전기 친환경 선박 스타트업

중고차도 구독경제 시대다. '더트라이브'가 2019년 중고차 정기 구독 서비스 '트라이브'를 선보였다. 매달 구독료만 내면 1년 단위로 목돈 들일 필요 없이 중고차를 바꿔 타고 다닐 수 있다. 국산차 외에도 벤츠, BMW, 심지어 페라리나 롤스로이스 같은 고성능 수입차도 구독 가능하다. 가장 큰 경쟁력은 역시 가성비다. 예를 들어 벤츠 e220d 4matic 2019년식은 12개월 기준 월 100만원이면 탈 수 있다. A급 중고차를 기준으로 할 경우 5000만원 넘게 줘야 구입할 수 있는 모델이다. 전민수 더트라이브 대표는 "인공지능(AI)을 활용해 중고차의 감가상각을 예측하고 가장 적정한 월 구독료를 맞추는 방식이다. 6개월 이상만 이용하면 위약금 없이 해지할 수 있기 때문에 저렴한 가격으로 다양한 차량을 경험하고 싶은 이들 사이에서 인기가 많다"고 설명했다.

물류
배달서 퀵커머스로…'메쉬' '바로고'

코로나19 사태로 비대면 쇼핑이 뉴노멀이 되며 퀵커머스 스타트업도 약진하고 있다. '메쉬코리아(서비스명 부릉)' '바로고' '생각대로(로지올)' '만나코퍼레이션(만나플러스)' 등이 격전을 벌이는 중이다. 음식 배달대행을 주업으로 성장한 이들은 이제 새벽 배송, 공산품 배송으로 사업 영역을 확장하며 종합 물류 기업으로 성장하고 있다.

메쉬코리아는 기업 고객 수 350곳 이상, 상점 6만7000여곳 이상, 배송 기사 7만6000명(등록 기준) 이상을 보유했다. 이륜차(오토바이) 중심인 경쟁사와 달리 사륜 트럭도 500여대 운영하며 종합 물류 기업으로 성장하는 분위기다. 수도권에 풀필먼트센터(FC) 3곳, 강남에 도심형물류센터 MFC 3곳을 포함해 전국에 450여 물류 거점을 운영 중이다. 2021년 일평균 새벽 배송 물동량이 1만건을 넘어서는 등 특히 새벽 배송에서 눈에 띄는 성과를 내고 있다. 사업 확장을 위해 2022년 내 부릉&오아시스마켓 합작 퀵커머스 플랫폼 'V마트', 식자재 플랫폼 '부릉마켓' 등을 선보인다는 계획이다. 이 밖에도 2022년 3월 곤지암 풀필먼트센터를 오픈하고 2022년 4월 카카오엔터프라이즈와 AI·빅데이터를 활용한 유통 물류 생태계 구축을 위해 업무협약을 맺는 등 서비스 개선을 위해 다방면으로 힘쓰고 있다.

바로고는 배달대행 외에도 전기 이륜차 공유 플랫폼을 운영하는 자회사 '무빙'과 공유 주방 '도시주방'을 함께 운영하며 틈새시장을 노린다. 생각대로는 퀵서비스 전문 기업인 모회사 '인성데이타'의 공유망을 활용해 퀵커머스에 집중한다는 계획이다.

단, 퀵커머스의 단점은 비용 상승을 야기한다는 것. 물류 속도와 접근성, 편의성을 높여주는 대신, 임대료가 비싼 도심 내 물류센터를 운영하고 '단건 배달' 등 라이더 투입을 크게 늘려 물류비 인상의 원인이 된다. 이에 산업 후방에서는 물류비를 낮추기 위한 풀필먼트(Fulfillment·물류 일괄 대행) 스타트업이 주목받는다. 방법은 창고 유휴 공간 활용 최적화를 통해서다.

일례로 '콜로세움코퍼레이션'은 전국의 중소형 창고주와 연계, 물류센터로 활용함으로써 창고 운영 자동화와 공실률 최소화에 기여한다. 1인·중소형 온라인 셀러들에게 업계 최저 수준(건당 2700원~)의 택배 처리비로 물품 보관부터 출고 요청, 송장 전송, 재고 현황, 입출고 내역, 반품 처리까지 실시간으로 제공한다.

'블루웨일컴퍼니'는 상점 유휴 공간을 소규모 물류센터로 활용하는 '럭스테이' 플랫폼을 운영한다. 여러 지역 창고를 거치며 동선 비효율이 발생하던 기존 방식 대신, 동네 곳곳의 상점 유휴 공간에 거점이 되는 소형 물류센터

를 구축했다. 이용자는 최적의 경로로 빠른 배송 서비스를 받을 수 있고, 상점주는 유휴 공간 활용을 통한 추가 수익과 매장 홍보 효과를 누릴 수 있다. 출시 1년 만에 3000여개 상점이 럭스테이에 유휴 공간을 등록했다. 2022년 1월 프리 시리즈A 투자를 유치했다. 2022년 4월에는 제주국제자유도시개발센터(JDC)가 운영하는 ICT 분야 창업 기업 육성 프로그램 'Route330 ICT' 2기에 선정됐다.

자율주행
라이드플럭스·씨드로닉스 '주목'

스마트 모빌리티의 끝판왕은 '자율주행'이다. 육상은 물론, 해상에서도 각종 모빌리티의 자율주행 기술 개발이 한창이다.

2018년 설립한 '라이드플럭스'는 완전자율주행에 필요한 소프트웨어를 개발하고 있다.

빈센 수소전기보트 하이드로제니아. (빈센 제공)

2020년 5월부터 쏘카와 함께 제주공항과 쏘카 스테이션 제주를 왕복 운행하는 자율주행 셔틀 서비스를 운영한다. 향후 제주 전역 주요 도로, 세종시 등으로 운영 지역을 확대할 예정이다. 에이티넘인베스트먼트와 쏘카, SBI인베스트먼트, 캡스톤파트너스, 현대투자파트너스 등으로부터 투자를 받았다.

'씨드로닉스'는 AI 기반의 자율운항 시스템과 스마트항만(접안 보조) 시스템을 개발 중이다. 차가 안전한 주차를 위해 차 안에서도 사방을 볼 수 있는 '어라운드뷰 시스템'을 갖추고 있듯, 선박에도 그런 시스템을 도입하려는 것. 해양수산부에서 신기술 인증을 획득하고 울산항만공사, SK텔레콤과 5G 기반 스마트항만 구축 시범 사업 MOU를 체결하는 등 성과를 내고 있다. 2022년 5월 소프트뱅크벤처스로부터 투자 45억원을 유치하며 화제가 됐다.

친환경 모빌리티
전기차 '소프트베리' 전기배 '빈센'

'소프트베리'는 전기차 충전 정보 앱 'EV Infra'를 운영한다. 전국 전기차 충전소 위치와 상태 실시간 확인은 물론, 충전 요금 결제도 원스톱으로 할 수 있다. 2022년 내에 환경부 시스템 연동이 완료되면 국내 급속 충전기의 80%를 단일 앱으로 충전하고 균일가로 결제할 수 있는 국내 유일 EV 충전 앱이 될 전망이다(현재 커버율은 38%). 2021년 월평균 이용자 수(MAU)는 6만명으로 전체 전기차 이용자(약 20만명)의 30%에 달한다. 누적 회원 수와 다운로드 수는 각각 10만명, 30만건 수준. 2021년 SK, 현대차 등 5개사로부터 80억원 규모 시리즈A 투자 유치에 성공했다.

'스타코프'는 전기차 충전기 '차지콘'으로 전기차 대중화에 앞장서고 있다. 차지콘은 충전 시간이 느린 완속 충전기지만, 가정에서 쓰는 일반 220V 콘센트로 전기차 충전이 가능한 것이 차별화된 강점이다. 전기차 전용 주차구역을 따로 설정할 필요가 없어 주민들 간 주차 분쟁을 줄일 수 있다는 평가다.

'빈센'은 수소·전기 선박 스타트업이다. "테슬라가 전기차로 자동차 시장 판도를 바꿨듯, 선박도 대변혁의 시기를 맞았다"는 것이 이칠환 빈센 대표의 인식이다. 국제 환경 규제가 강해지며 배터리와 수소를 활용한 친환경 선박 시장이 새롭게 대두되고 있다는 것. 이에 빈센은 화석연료와 엔진 대신, 전기와 모터로 움직이는 전기배, 수소배 개발에 몰두하고 있다. 2021년 10월 영암 공장을 준공하고 친환경 소형 선박 건조와 국내 최초 수소연료전지 모듈 양산에 본격 나섰다. 2022년에는 4300㎡(1300평) 부지에 R&D센터를 건립, 선박용 0.5MW급 수소연료전지모듈 개발과 실증에 들어갈 예정이다. 미국 샌프란시스코 금문교 인근에서 우버와 연계한 수상택시 플랫폼도 논의 중이다. ■

수학부터 토익까지 비대면·AI 학습
자란다·콴다·산타·엘리스 폭풍 성장

"19세기 교실에서 20세기 교사가 21세기 학생을 가르친다."

시대 흐름에 뒤처진 국내 교육 현장을 꼬집는 말이다. 학령인구 감소로 공교육은 물론, 사교육 시장도 비상이 걸린 지 오래다. 여기에 코로나19 사태로 비대면, 온라인 수업도 일상이 됐다. 그러는 한편, 4차 산업혁명 시대 새로운 지식을 습득하기 위한 직장인 대상 성인 교육 시장도 급팽창하고 있다.

발등에 불이 떨어진 교육 업계는 에듀테크(Edutech) 활성화에 사활을 거는 분위기다. 인공지능(AI), 로봇, 가상·증강현실(VR·AR) 등 IT 기술을 총동원해 교육의 질을 끌어올리는 데 주력하고 있다. 잘만 활용하면 지역 간, 계층 간 교육 격차도 줄일 수 있어 교육 당국도 적극 지원하는 모습이다.

교육부는 2006년부터 진행해온 교육 박람회 명칭을 '이러닝(E-learning) 코리아'에서 지난 2020년부터 '에듀테크 코리아'로 바꾸고 미래 교육 시스템 마련에 발 벗고 나섰다. 서울시도 2022년 2월 에듀테크 활성화 방안을 발표했다. 민관 전문가 14인이 참여하는 '서울 에듀테크 네트워크'를 구성, 정책 과제를 발굴하고 노원구에 있는 창업보육기관 '창업디딤터'를 에듀테크 스타트업 육성 거점으로 운영한다는 계획이다.

'100년 대계' 교육의 미래를 이끌어갈 국내 주요 에듀테크 스타트업으로 어떤 기업이 있을까.

유·초등
돌봄 매칭 '자란다', 100억 투자 돌파

학령인구가 가파르게 줄고 있지만 사교육비는 오히려 치솟고 있다. 교육부와 통계청이 발표한 사교육비 통계에 따르면 2021년 사교육비 총액은 23조4000억원으로 전년 대비 21% 급증, 2007년 조사 시작 이래 역대 최대치를 경신했다. 코로나19 사태에 학교는 안 가도 학원은 더 열심히 간 셈이다. 특히 초등학생 월평균 사교육비는 한 해 만에 39.4%나 늘었다. 문제는 가구 소득수준별 사교육비 지출 격차가 최대 5배까지 차이 난다는 것. 유·초등 에듀테크 스타트업이 더욱 각광받는 이유다.

'에누마'는 만 3~8세 아동을 대상으로 국어·수학·영어 등 기초과목 중심 학습 서비스가 주력이다. 8개 언어로 다양한 모드별·레벨별 맞춤형 학습이 가능한 '토도수학', 게임을 하듯 영어를 재미있게 배울 수 있는 '토도영어', 한글 문해력 학습 서비스 '토도한글' 등을 제공한다. LG유플러스의 초등학생 전용 학습 서비스 'U+초등나라'에 토도수학을 제공하며 최근 25억원 투자도 유치했다.

'자란다'는 유아동 교육·돌봄 매칭 플랫폼이다. 4~13세 아이들의 교육, 돌봄 관련 데이터를 축적해 아이와 가장 잘 맞는 교사, 교육 프로그램을 자동 추천(매칭)한다. '돌봄 추천'을 넘어서, 교사와 다양한 브랜드의 프로그램·교구재·완구·콘텐츠·F&B 등을 유기

유아동 교육·돌봄 매칭 플랫폼 자란다는 4~13세 아이와 가장 잘 맞는 교사, 교육 프로그램을 자동 추천(매칭)한다. (자란다 제공)

적으로 연결하는 '키즈 슈퍼앱'으로 거듭나겠다는 목표를 갖고 있다. 2021년 누적 매출은 100억원을 넘겼다. 2022년 4월에는 310억원 규모의 시리즈B 투자도 유치했다. 누적 투자액은 448억원으로, 업계 최대 규모다.

'아이포트폴리오'는 유초등 디지털 영어 읽기 프로그램 '리딩앤(READING &)'을 개발해 대박을 터뜨렸다. 리딩앤은 옥스퍼드 대학출판부, 콜린스, 펭귄랜덤하우스 등 글로벌 출판사의 프리미엄 콘텐츠 2000여권의 디지털 구독 서비스를 제공한다. 단어 게임, AI 발음 평가 기능 등이 탑재돼 있어 가정에서 학습이 용이하다. 광고를 하지 않아도 학부모 입소문 덕분에 매년 200% 이상 성장하고 있다.

'아이스크림에듀'는 디지털 멀티미디어 콘텐츠와 전용 학습기를 통한 가정용 자기주도학습 프로그램 '아이스크림 홈런(Home-Learn)'을 제공한다. 정답률과 문제 풀이 패턴 등 학습 데이터 1500만건 이상을 분석하며 개인별 맞춤 학습 지도를 자랑한다. 2021년 10월에는 AI 가정교사 '아이뚜루'를 개발, 학습을 실시간 모니터링한다.

중등(중 · 고교)
AI 수학 공부 앱 '콴다' 3명 중 2명 쓴다

중 · 고등 시기는 대입을 앞두고 본격적으로 사교육과 공부에 들어가는 시기다. IT 기술이 발달하면서 이들 대상으로 과외 선생님 뺏치는 'AI 선생님'이 등장했다. 휴대폰 카메라로 모르는 문제를 촬영하면 AI가 해당 문제 풀이를 찾아주거나, 개인별로 자주 틀리는 취약한 부분을 선별해 '집중 공략'하는 식이다. 덕분에 교육 접근성이 낮은 지역에 사는 학생도 스마트폰 하나만 있으면 양질의 교육을 받을 수 있다. 이처럼 중 · 고등학생 학습을 돕는 에듀테크 스타트업은 주로 학생들이 어려워해 '포기자'가 속출하는 수학을 공략한다.

인공지능 수학 공부 앱 '콴다'를 운영하는 '매스프레소'가 대표적이다. 모르는 문제를 촬영하면 5초 안에 문제 풀이, 유사한 문제 등을 제공받을 수 있다. 검색 결과만으로 충분히 이해되지 않는다면, 유명 대학교에 재학 중인 9만여명의 선생님에게 1:1 질문할 수 있다. 대부분 질문은 평균 5분 이내에 답이 돌아온다. 쉽고 편리한 '내 손안의 수학 선생님'에, 학생들은 열광했다. 2016년 첫선을 보인 콴다는 국내 초 · 중 · 고 학생 3명 중 2명이 이용 중이다. 해외에서도 괄목할 만한 성과를 내고 있다. 2022년 2월 기준 50개 이상의 국가에서 5500만여명의 누적 가입자를 보유했다. 월간 활성 사용자 수(MAU)도 1300만명 수준이다. 콴다를 성공시킨 경험을 바탕으로, 과외 선생님을 매칭해주는 비대면 과외 서비스 '콴다과외'를 2021년 말부터 운영 중이다.

공대생 두 명이 의기투합해 창업한 매스프레소는 7년 만에 300여명의 직원을 두고 일본,

에듀테크 스타트업

구분	기업	서비스명	특징
유·초등	에누마	토도영어·수학·한글	8개 언어로 다양한 맞춤형 학습 '토도수학' 게임하듯 영어 배우는 '토도영어' 한글 문해력 학습 서비스 '토도한글'
	자란다	자란다	유아동 교육·돌봄 매칭 플랫폼 4~13세 아이들의 교육, 돌봄 데이터 축적해 아이와 가장 잘 맞는 교사, 교육 프로그램 자동 추천
	아이포트폴리오	리딩앤	유초등 디지털 영어 읽기 프로그램 글로벌 출판사의 프리미엄 콘텐츠 2000여권의 디지털 구독 서비스 제공
	아이스크림에듀	아이스크림홈런	디지털 콘텐츠 통한 가정용 자기주도학습 정답률과 문제 풀이 패턴 등 학습 데이터 1500만건 이상 분석
중·고교	매스프레소	콴다	문제 촬영하면 검색해 풀이, 유사한 문제 제공 검색 결과만으로 이해되지 않으면, 유명 대학교 재학 중인 9만명 선생님에게 1:1 질문 가능
	프리윌린	매쓰플랫	AI 기반 수학 문제은행 서비스
	오누이	설탭	태블릿 활용한 1:1 온라인 과외 서비스 선생님과 학생이 함께 필기와 음성을 공유하며 수업 진행
	제제듀	체리팟	매일 맞춤형 3문제 주고 풀이·첨삭 제공
	비트루브	AI마타수학	학생별 취약 문제 등 제공하는 학습 도구
평생교육	뤼이드	산타	토익 점수 예측, 맞춤형 문제 제공하는 AI 튜터 점수 예측 적중률 90% 이상
	클라썸	클라썸	강의별 소통 플랫폼
	데이원컴퍼니	패스트캠퍼스	성인 대상 온라인 실무교육 플랫폼
	클래스101	클래스101	준비물 챙겨주는 온라인 클래스 플랫폼
코딩	엘리스	엘리스	현업 개발자와 피드백 주고받는 코딩 교육 서비스
	코드스테이츠	코드스테이츠	코딩 부트캠프, 채용 연계 프로그램 운영
	그렙	프로그래머스	코딩 시험·교육·채용 플랫폼

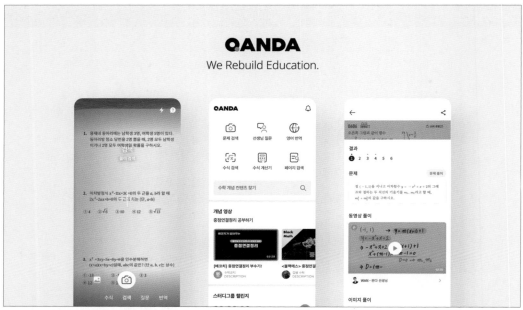

매스프레소가 운영하는 인공지능 수학 공부 앱 '콴다'는 모르는 문제를 촬영하면 5초 안에 풀이와 유사한 문제를 제공한다. 매스프레소는 구글 등으로부터 누적 1200억원을 투자받았다. (매스프레소 제공)

베트남, 인도네시아, 태국 등 4개국에 해외 지사를 두는 기업으로 성장했다. 소프트뱅크 벤처스, 구글, 삼성벤처스 등이 주요 투자자로, 누적 투자액은 1200억원 규모다.

스타트업 '오누이'는 중·고등학생 대상 1:1 온라인 과외 서비스 '설탭'을 운영한다. '아이패드 SKY 과외'로 잘 알려진 설탭은 태블릿 화면 위에 교재 이미지를 띄우고 과외 선생님과 학생이 함께 필기와 음성을 공유하며 수업을 진행한다. 자체 제작 콘텐츠와 스마트 툴 등을 제공해 학습 전반이 관리되는 것이 특징이다. 설탭은 2022년 2월 기준 2만명의 수강생을 확보하고 있다. 수강생 평균 수강 지속 기간은 10개월 이상이고, 가입 회원 증가율은 월평균 15% 수준이다. 2021년 11월 140억원 규모의 시리즈A 투자를 유치하기도 했다.

'제제듀'는 개인화된 모바일 수학 학습 서비스 '체리팟'을 운영하는 스타트업이다. 체리팟은 AI를 통해 학생에게 딱 맞는 3개의 수학 문제를 매일 제공하고, 풀이 전개를 확인해 첨삭까지 제공한다. 현재 130개 이상 학교에 서비스를 공급한다. 2020년 네이버의 기업형 액셀러레이터 D2SF로부터 투자도 받았다.

대치동 수학 강사였던 오태형 대표가 창업한

스타트업 '비트루브'는 중·고등학교 수학 학습 서비스 'AI마타수학'을 전국 학원과 학교 등에 제공한다. 학생이 푼 모의고사 결과를 알고리즘으로 분석해 취약한 부분을 알아내고, 이에 맞는 개인별 맞춤 '치료 문제'까지 원스톱 서비스다. 학생보다는 선생님이 가르칠 때 사용하는 학습 도구에 가깝다. 강남대성학원, 파고다교육 등 주요 교육 업체와 서비스 공급 계약을 체결했다.

평생교육(성인)
산타토익 '뤼이드', 소뱅 투자 유치

교육은 더 이상 10대 학생만의 이야기가 아니다. 전통적인 교육 시장 수요인 20세 이하는 줄고 있지만, 25~50세 인구는 2000만명에 달한다. '평생교육' 플랫폼에 주목하는 에듀테크 스타트업이 늘고 있는 이유다.

장영준 대표가 2014년 창업한 '뤼이드'는 토익 학습 앱 '산타'로 잘 알려진 AI 학습 솔루션 스타트업이다. 산타는 세계 최초로 AI 튜터를 영어 시험 토익(TOEIC)에 접목했다. 사용자의 모의 시험 풀이를 바탕으로 점수를 예측하고, 점수를 극대화하기 위한 문제와 강의를 실시간으로 제공한다. 점수 예측 적중률이 90% 이상일 정도로 탄탄한 기술력이 돋보인다. 2017년 세상에 나온 산타의 누적 다운로드 수는 국내외 400만건 이상, 생성된 학습 행동 데이터는 3억건에 이른다. 2021년에는 손

정의 소프트뱅크 회장이 이끄는 비전펀드2로부터 2000억원 규모의 시리즈D 투자를 유치하며 주목을 받기도 했다.

'클라썸'은 2018년 카이스트 출신 이채린 대표와 최유진 부대표가 설립한 강의별 소통 플랫폼이다. 수업에 대해 궁금한 점이 생기면 자유롭게 질문, 답변할 수 있다. 수강생의 영상 확인율, 실시간 강의 출석 현황 파악, 구성원 활동 통계 등의 기능도 제공한다. 현재 25개국 5000여개 기업과 기관이 클라썸을 활용 중이다. 2021년 포브스 아시아 '100대 유망 기업'에 선정됐다.

데이원컴퍼니가 운영하는 '패스트캠퍼스'는 성인 실무 교육 온라인 플랫폼이다. 데이터 사이언스부터 마케팅, 비즈니스, 프로그래밍까지, '일 욕심'이 있는 직장인 수요에 초점을 두고 직종을 망라한 온라인 강의를 제공한다. 2014년 처음 문을 열어, 현재 업계 최대 규모인 누적 48만명 이상 성인 고객을 확보했다. 개인 고객을 대상으로 강의를 제공하는 것은 물론, LG전자, 아모레퍼시픽 등 기업에 사내 교육도 담당한다. 설립 이후 매년 평균 100% 성장해 2020년 연매출 420억원을 달성했다. 데이원컴퍼니는 패스트캠퍼스 외에도 외국어 학습 기업 레모네이드, 최고 전문가 강의에 초점을 두는 콜로소 등의 CIC(사내독립기업)를 운영한다. 총 4개 CIC를 모두 합친 누적 매출은 2022년 초 1000억원을 돌파했다. 데이

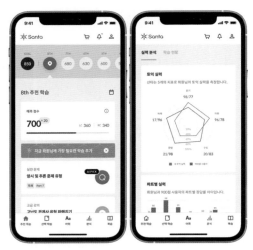

AI 학습 솔루션 기업 뤼이드는 토익 공부 앱 '산타' 등을 운영한다. 세계 최초로 AI 튜터를 토익에 접목했다. 누적 다운로드 수는 국내외 400만건에 이른다. (뤼이드 제공)

원컴퍼니는 2022년 4월 350억원 규모의 시리즈D 투자를 유치하기도 했다.

클래스101은 '준비물까지 챙겨주는 온라인 클래스 플랫폼'을 표방한다. 취미, 재테크, 커리어 등 성인 대상 클래스를 분야별로 제공한다. 클래스101에서는 온라인 강의뿐 아니라, 학습에 필요한 도구까지 한 번에 구입할 수 있다는 것을 차별화 지점으로 삼고 있다. 실과 바늘부터 오븐, 피아노, 가야금까지 구입할 수 있는 도구의 종류도 다양하다. 클래스101의 누적 클래스 수는 2900여개, 클래스를 운영하는 크리에이터의 누적 정산액은 700억원이 넘는다.

코딩
'개발자 구인난'에 新시장 개척

IT 업계 개발자 구인난이 계속되는 한편, '코딩 조기 교육'에 대한 수요도 크게 늘어나는 추세다. 이에 부합한 코딩 교육 스타트업도 최근 눈에 띄게 성장하고 있다.

엘리스가 대표적이다. 2015년 설립된 엘리스는 카이스트 전산학과 AI 연구실에서 김재원 대표 등 대학원생 3명이 의기투합해 창업했다. PC, 모바일 등에서 자유롭게 수강하면서 현업 개발자와 1:1 피드백을 주고받을 수 있는 코딩 교육 서비스를 제공한다. 기업 대상 B2B 교육 솔루션, 초·중·고 학생 대상 프로그램 '엘리스 스쿨'도 주 서비스다. 2021년에는 100억원이 넘는 매출을 기록해 눈길을 끌었다.

코드스테이츠 역시 성장 중인 코딩 교육 스타트업이다. 실리콘밸리식 교육 방식을 현지화한 프로그래밍 실전 교육 '부트캠프'를 2016년 국내에서는 처음으로 선보였다. 이런 프로그램으로 개발자를 길러내는 동시에, 국내 200여개 기업과 채용 연계 프로그램을 함께 진행한다. 코드스테이츠는 2020년 상반기 수강생 수가 전년 동기 대비 7.5배 증가하기도 했다.

카카오 CTO(최고기술경영자) 출신 이확영 대표가 공동 창업한 그렙의 코딩 테스트 플랫폼 '프로그래머스'도 눈에 띈다. 산업 불문 기업의 개발자 채용이 폭발적으로 늘고 지원자

대치동 학원 4곳 중 1곳 쓰는 'AI 수학 선생님'

프리윌린은 수학 선생님을 위한 문제 풀이 프로그램 '매쓰플랫'을 개발, 운영하는 에듀테크 스타트업이다. 수학 학원을 운영하던 권기성 대표가 효율적인 문제 풀이를 위해 직접 앱을 개발한 것이 창업으로 이어졌다.

Q. '매쓰플랫' 서비스를 소개해달라.

A. 프리윌린은 '매쓰플랫'을 AI에 기반해 학생 맞춤형 문제 출제와 오답 풀이를 제공한다. 학생이 문제를 풀다 틀리면, AI가 문제은행에서 비슷한 문제를 계속 찾아줘 해당 유형 문제를 완전히 이해할 수 있도록 돕는다. 학생의 취약 유형 등 학습 현황을 보고서로 보여주니 학부모 만족도도 높다. 학부모가 선호하니, 매쓰플랫을 사용한 학원은 1년 동안 원생이 3배 가까이 증가했다.

Q. 최근 학원가 트렌드는 무엇인가.

A. 선생님이 좋은 교재와 강의력으로 승부하는 시대는 지났다. 요즘 학부모들은 대중형 강의보다는 학생 맞춤형 개별화 교육을 선호한다. 반 정원도 5~6명을 넘지 않는 쪽으로 바뀌고 있다. 이는 선생님의 업무 부하로 이어질 수 있다. 오답 관리를 돕는 프로그램이 필요한 이유다. 매쓰플랫은 월 20만원에 30명까지 맞춤형 문제 풀이를 제공한다. 1명 추가될 때마다 5500원이 더 과금된다. 1인당 1만5000원 수준인 프랜차이즈 학원에 비하면 3분의 1 정도 저렴하다.

Q. 향후 목표는.

A. 현재 전국 수학 학원 약 10%(약 3500개)가 매쓰플랫을 이용 중이다. 대치동에서는 4곳 중 1곳이 이용한다. 전국 학원 도입률을 3년 내 30%까지 끌어올리는 것이 목표다.

의 실력을 정확히 확인해야 할 필요성이 커지면서, 코딩 테스트 전문 서비스가 탄생했다. 프로그래머스는 이와 함께 개발자가 스스로의 실력을 체크할 수 있는 평가 서비스, 현업 전문가와 함께하는 교육 서비스도 제공한다. 개발자 평가와 교육, 채용까지 '올인원'인 셈이다. 그렙은 현재 카카오, 네이버를 비롯한 5000여개 기업에 서비스를 제공하고 있다. ■

부동산도 '발품' 아닌 '손품' 파는 시대
매물 정보 '직방' 시세 산정 '빅밸류'

70%.

우리나라 가계 자산 중 부동산이 차지하는 비중이다. 가히 '부동산 공화국'이라 할 만하다. 부동산은 전통적인 아날로그 산업으로 여겨져왔다. 정부 정책에 따른 엄격한 대출 규제와 개발 호재 등 '매크로 변수'가 절대적이었다. 좋은 물건을 찾으려면 골목마다 늘어선 공인중개사를 만나 발품을 팔고 임장을 해야 했다. 최근 수요가 급증한 인테리어도 그저 좋은 '업자'를 소개받으면 다행일 만큼 정보의 비대칭성이 심각했다.

요즘은 달라졌다. 스마트폰 앱 하나로 모든 정책과 물건 정보를 실시간 탐색, 비교할 수 있어 발품 대신 '손품'이 더 중요하다. 투자도 한 채 대신 '한 평' 단위로 할 수 있을 만큼 상품이 다양해졌다. '부동산(Property)'에 '기술(Technology)'을 접목, 부동산의 디지털 전환

을 돕는 '프롭테크(Proptech)'가 활성화된 덕분이다. 국토교통부에 따르면 프롭테크 사업체 수는 2019년 114곳에서 2021년 말 약 300곳으로 2년 만에 3배 가까이 급증했다(프롭테크포럼 가입사 기준). 2022년 예상 매출이 전년 대비 증가할 것으로 예측한 프롭테크포럼 회원사는 91.4%에 달했다.

'부린이' 탈출을 돕는 국내 주요 프롭테크 스타트업은 어떤 곳이 있을까.

부동산 정보 플랫폼
유니콘 '직방', 아파트 '호갱노노'

부동산의 시작과 끝은 '공인중개사 사무소'에서 이뤄진다. 물건 정보부터 비교, 추천, 임장, 그리고 가장 중요한 계약과 송금까지 전부 공인중개사를 거쳐 진행된다. 상황이 이렇자 공인중개사 자격증 소지자는 한국인의 1%

인 50만명에 달한다.

그러나 계약 건당 수백만~수천만원에 달하는 비싼 수수료와 허위 매물 탓에 부동산 중개 서비스에 대한 소비자 만족도는 높지 않았다. 이런 문제점을 해결하고자 등장한 것이 '직방' '다방' 같은 부동산 정보 플랫폼 앱이다. 국내 1세대 프롭테크 스타트업인 이들은 중개 매물로 시작해 메타버스 모델하우스, 블록체인 전자계약 등으로 사업 영토를 확장하고 있다. 특히 직방은 기업가치 1조원이 넘는 유니콘 스타트업으로 성장했다.

후발 주자들은 특정 분야에 특화한 '버티컬' 전략을 편다.

'집토스'는 서울을 중심으로 원·투룸 소형 부동산 중개 서비스를 제공한다. 2021년 총 거래액 8700억원대를 기록, 전년 대비 2배 이상 급성장했다. '호갱노노'와 '아실(아파트실거래가)'은 전국 아파트 시세 정보에 특화했다. 호갱노노는 최근 인구 이동, 공급 정보, 학군, 등기 알림 서비스도 제공한다. 아실은 지난해 경매 정보 제공 서비스를 선보였다.

가구 시장도 프롭테크가 접수
인테리어 플랫폼 '오늘의집' '집닥'

인테리어 산업 역시 프롭테크 스타트업들이 활발하게 진출하는 분야다. 코로나19 유행 이

오늘의집은 '집들이' 콘텐츠로 소비자의 마음을 사로잡았다. 인테리어 사진을 서로 공유하며 즐기는 20대에게 큰 인기를 끌었다. (오늘의집 화면 갈무리)

직방은 3D 단지 분석 시스템을 선보였다. 누구나 쉽게 스마트폰으로 주요 단지 정보를 확인 가능하다. (직방 화면 갈무리)

후 인테리어 사업에 뛰어드는 스타트업 숫자가 급격히 늘었다. 집에서 보내는 시간이 많아지면서 '집 꾸미기'에 관심이 많은 소비자가 증가한 덕분이다. 많은 스타트업 중 두각을 드러내는 회사는 두 곳이다. 인테리어 용품 쇼핑 플랫폼 '오늘의집'을 운영하는 버킷플레이스와 인테리어 견적 서비스를 제공하는 '집닥'이다.

버킷플레이스가 만든 '오늘의집'은 20대 소비자 공략에 성공하며 사세를 키웠다. 제품보다 '콘텐츠'를 앞세운 게 유효했다. 자신이 꾸민 인테리어 사진과 정보를 자유롭게 공유하는 '집들이' 서비스로 인기를 끌었다. 자연스레 소비자들이 앱에 몰렸고, 가구 판매량은 급증했다. 2021년 한 해 동안 오늘의집에서 가구를 구매한 고객만 240만명에 달한다. 2021년 8월 기준 월간 순사용자 수(MAU)는 540만명이다. 기업가치도 급상승했다. 2022년 상반기 기준 기업가치가 2조원을 넘어서며 유니콘 대열에 합류했다.

오늘의집이 '가구 판매'를 주력으로 한다면 집닥은 시공 중개에 집중한다. 인테리어 시공 회사와 소비자 사이를 중개한다. 주거하는 공간 일부만 변경을 원하는 고객을 위해 주방, 욕실, 타일, 도배, 장판, 마루 등 항목별 부분 시공 서비스를 제공한다. 소비자가 공간 면적, 원하는 공사 등을 입력하면 시공 전문가들이 견적을 내준다. 2021년 누적 고객 견적이 30만건을 돌파했다.

공간 대여 · 공유 서비스
오피스, 창고, 팝업스토어 '함께 써요'

오피스로 대표되는 상업용 부동산 시장은 코로나19 사태로 격변이 일었다. 재택근무가 일상화되며 기업들이 본사 사무실을 대폭 축소하고, 공유 오피스나 거점 오피스를 늘린 것. 덕분에 공유 오피스 스타트업도 크게 약진했다. 김대일 패스트파이브 대표는 "공유 오피스 시장은 2017~2018년에 대기업들이 앞다퉈 뛰어들며 30~40개까지 업체가 난립했다. 현재는 패스트파이브와 위워크, 스파크플러스 세 곳 정도만 남았다. 주요 대기업에서 입점 문의가 쇄도할 만큼 코로나19 수혜를 입었다"고 말했다.

오피스 외에도 다양한 공간을 공유하도록 연결해주는 스타트업이 각광받는다.

'스페이스클라우드'는 시간 단위로 공간을 대여하는 공간 공유 서비스를 제공한다. 회의실, 파티룸, 연습실, 촬영 장소, 커뮤니티 공유 공간, 복합 문화 공간, 코워킹스페이스 등 25개 공간 유형의 유휴 시간대를 필요한 사람들에게 효율적으로 연결해준다. 회원 100만 명, 누적 거래액 710억원을 돌파했다.

'세컨신드롬'은 도심형 공유 창고 서비스 '미니창고 다락'을 운영한다. 이용자가 원하는 기간에 필요한 규모만큼 창고 공간을 임대해 쓸

매물 검색, 계약 인테리어까지 프롭테크 하나면 모두 OK

프롭테크가 만든 '손품' 시대
직방 · 다방서 매물 찾고
오늘의집 · 집닥으로 인테리어
가치 측정은 '빅밸류'로

수 있다. 임대주는 유휴 부지를 활용해 부가 수익을 얻을 수 있고 이용자는 당장 쓰지 않는 취미 · 계절 용품을 보관할 수 있어 윈윈이라는 평가다.

'가치공간'은 팝업스토어 공간 매칭 플랫폼이다. 전국의 백화점, 복합쇼핑몰 등 대형 상권부터 복합 문화 공간, 오피스 내 공실 등에 이르는 다양한 유휴 공간에 새로운 테마의 팝업 마켓을 열도록 연결해준다. 신세계 센트럴시티 호남선 1층 광장을 비롯해 고정 팝업 공간인 'V링커'를 운영하며 사업 확장에 나서고 있다.

AI로 부동산 가치 측정
'밸류맵' '빅밸류' '리치고' 각축

'전문가' 영역으로 여겨졌던 부동산 가치 측정에 도전하는 프롭테크 기업도 눈에 띈다. 그동안 부동산 가격 평가는 '감정평가사'만 다룰

시세 산정 · 블록체인 등으로 영역 확장 나선 프롭테크 기업

**가치 산정하는 '빅밸류' '리치고'
새로운 서비스로 각광
부동산과 블록체인의 결합
'카사' '루센트블록' 눈길**

수 있는 영역이었다. 그러나 스타트업들이 연달아 도전에 나서면서 시장 분위기가 급변하는 모양새다.

'빅밸류'는 빅데이터 · AI 기술을 기반으로 부동산 시세를 산정하는 AVM(Automated Valuation Model) 서비스가 주력이다. 2019년부터 연립 · 다세대 등 비정형 주택에 대한 자동시세 산정 서비스를 주요 은행을 비롯한 금융사에 제공해왔다. 빅밸류가 만든 '빅데이터 부동산 자동시세 서비스'는 금융위원회 지정 대리인제도에 네 차례 뽑혔고 혁신금융서비스 규제샌드박스에도 선정됐다.

'밸류맵'은 토지 · 건물 실거래가 정보 서비스가 핵심이다. 토지 · 건물 실거래 데이터를 그대로 지도상에 보여준다. 누구나 원하는 곳의 거래 정보를 손쉽게 확인할 수 있도록 만들었다. 중개 성공 사례, 실거래가 정보 등을 정확

하게 제공해 인기를 끈다. 2022년 1월에는 62억5000만원 규모의 시리즈A 투자 유치에도 성공했다. 투자 자금을 기반으로 사업 확장에 나선다. 2022년 중소형 상업용 부동산을 타깃으로 하는 한국형 아이바잉 서비스, 고도화된 AI가 설계, B2B 전용 데이터 서비스 등을 선보일 예정이다.

'데이터노우즈'는 AI 부동산 예측 시스템 '리치고'로 눈길을 끈다. 단순 데이터 제시를 넘어, 인공지능이 학습한 데이터를 통해 부동산의 미래 가치까지 분석한다. 실수요자에게는 거주 적합도를 알려주는 '거주 점수'를, 투자자에게는 해당 부동산의 투자 정보를 종합한 '투자 점수'를 알려준다.

부동산과 블록체인의 결합
블록체인 조각 투자 '카사' '루센트'

가상자산 업계 핵심 기술인 '블록체인'을 도입하는 프롭테크 기업도 속속 등장하고 있다. 대표적인 활용 분야는 '조각 투자'다. 증권사 등 기존 금융 회사가 보증하는 리츠와 달리, 조각 투자 스타트업의 상품은 블록체인으로 투자자의 권리를 보호한다. 현재 블록체인 조각 투자를 선도하는 기업은 '카사코리아'와 '루센트블록'이다.

카사코리아는 블록체인 조각 투자 분야 선두 기업이다. 소액으로 상업용 빌딩에 투자할 수 있는 블록체인 기반 디지털 부동산 수익증권

주요 프롭테크 스타트업			
분야	회사	서비스	특징
부동산 정보	직방	직방	기업가치 1조원 넘는 유니콘, 1세대 부동산 중개 플랫폼
	다방	다방	오픈형 부동산 중개 플랫폼, 비대면 계약 지원
	집토스	집토스	매물 검증한 직영 부동산 중개소 운영으로 눈길
	호갱노노	호갱노노	아파트 시세 가격 정보 전달, 직방이 인수
	아실	아실	아파트 실거래가, 분양 정보, 매물 등 정보 제공
인테리어	버킷플레이스	오늘의집	인테리어용 가구 쇼핑몰, 20대에게 인기 많아
	집닥	집닥	집 안 인테리어 시공 수요 위한 견적 서비스 인기
공간 대여	패스트파이브	패스트파이브	기업을 위한 업무용 '공유 오피스' 서비스 제공
	스페이스클라우드	스페이스클라우드	시간 단위로 공간 대여하는 공간 공유 서비스
	세컨신드롬	미니창고 다락	유휴 부지에 도심형 창고 공간 임대하는 공유 창고
	가치공간	가치공간	팝업스토어 공간 매칭 플랫폼으로 인기
가치 측정	빅밸류	빅밸류	빅데이터, AI 기술을 기반으로 부동산 시세 산정하는 AVM
	밸류맵	밸류맵	토지, 건물, 실거래가 정보 서비스를 지도 위에 표시
	데이터노우즈	리치고	인공지능이 학습한 데이터를 통해 부동산 미래 가치 분석
블록체인	카사코리아	DABS	블록체인 기반 디지털 부동산 수익증권 거래 플랫폼이 주력
	루센트블록	소유	소액 증권으로 유동화한 꼬마빌딩에 투자하는 플랫폼 '소유' 운영

(댑스 · Digital Asset-Backed Securities · DABS) 거래 플랫폼이 주력이다. 5000원을 투자하면 댑스를 1주 가질 수 있으며, 투자자는 댑스 보유량에 따라 분기별 배당수익을 받고, 매각 시 시세차익 효과를 얻을 수 있다. 2019년부터 '런던빌' '지웰타워' '한국기술센터' '여의도 익스콘벤처타워' 건물의 DABS를 공모해 모두 완판했다. 현재 총 200억원 규모 투자를 받았다.

루센트블록은 카사의 뒤를 잇는 후발 주자다. 2022년 4월 부동산 수익증권 거래소 '소유'를 선보인다. 소액 증권으로 유동화한 꼬마빌딩 등 부동산에 간접 투자하는 구조다. 자신이 투자하고 싶은 건물을 주식 종목처럼 선택해 투자할 수 있는 게 특징이다. ■

인터뷰 | **김대일** 패스트파이브 대표

공실률 2%대…10배 더 확장 가능

Q. 패스트파이브 사업 현황은.

A. 2022년 4월 기준 지점 40개가 넘는다. 매달 1~2개씩, 연간 10~15개씩 지점을 확장하고 있다. 지점 공실률이 2~3%밖에 안 될 만큼 입주 수요가 많다. 최근 오픈한 신논현역점도 사전에 입주가 다 됐다.

Q. 향후 경영 계획과 비전은.

A. 전통적인 오피스 시장 규모를 100이라 할 때 공유 오피스 시장은 현재 2% 정도다. 앞으로 20%까지 확대될 것으로 본다. 패스트파이브도 앞으로 10배 더 지점을 확장할 수 있다고 본다.

Q. 상장을 추진했다 철회한 바 있다. 2022년에는 상장하나.

A. 아직 구체적인 계획은 없고 이사회에서 논의는 하고 있다. 상장을 추진했던 이전보다 외형은 물론, 기업 스토리도 좋아져서 타이밍을 노리는 중이다.

Q. 단순 임대업 아니냐는 지적도 있는데.

A. 공유 오피스, 파이브스팟 등 재임대 기반 부동산업이 현재 전체 매출의 80%기는 하다. 그런데 입주사 대상 소프트웨어를 총판 식으로 공급하는 '파이브클라우드'와 기업들의 오피스 컨설팅업 '모버스' 등 신사업이 급성장하고 있다. 현재 입주사 대상 광고 매출만 월 1억원 수준이다. 연말에는 신사업 비중이 30%로 확대될 전망이다.

Q. 향후 경영 계획과 비전은.

A. 부동산 관련 다양한 사업으로 확장할 계획이다. 오피스 내부 인테리어나 건물 리모델링은 지금도 직간접적으로 경험을 쌓고 있다. 중장기적으로 건축의 영역으로도 갈 듯하다. 시행사에서 개발 전 패스트파이브 입점 제의를 해와 지분 투자 등 협업도 많이 하고 있다. 이를 바탕으로 향후 자산 운용, 리츠, 시행·개발 등으로 사업 확장도 생각 중이다.

부동산 수급 데이터 AI로 분석해 미래 가격 제시

Q. **리치고 서비스를 만들게 된 계기는.**

A. 창업 계기는 '부동산 투자'다. 부동산 투자를 위해 공부를 하는데 데이터를 기반으로 부동산 정보를 알려주는 곳이 없었다. 큰돈이 오가는 부동산 구매는 한 개인의 삶에서 가장 큰 의사결정 과정 중 하나다. 삶이 달린 문제인데 정확한 분석보다는 주먹구구식 투자법만 알려주는 곳이 많았다. 사람들이 정확하게 '의사결정'을 하도록 돕는 앱을 만들어보자 해서 리치고를 만들었다.

Q. **부동산 미래 가치를 전망하는 서비스의 원리는 무엇인가.**

A. 부동산 가격은 네 가지가 핵심이다. 집을 사려는 수요, 부동산 시장에 나온 공급량, 신축 건물의 수급량, 그리고 학군·교통 등 평가 요소다. 문제는 '평가 요소'다. 수요·공급·수급은 데이터가 정확히 나온다. 반면 입지 조건, 학군, 교통 등은 정확한 데이터 산출이 불가능하다. 리치고는 주관적인 요소를 데이터화했다. 주식 시장으로 따지면 PER, PBR 같은 인덱스를 만들어냈다. 앞서 말한 수요·공급·수급 데이터와 인덱스 자료를 AI가 분석, 미래 가격을 전망한다.

Q. **주 고객층은 누구인가.**

A. 현재는 거주 정보를 원하는 실수요자보다는 투자를 위해 정보를 찾는 투자자 고객이 많다. 아직까지는 투자를 목적으로 리치고를 활용하는 이용자가 다수다. 추후 여러 업데이트를 진행할 것이다. 거주 정보를 알려주는 서비스를 대폭 늘릴 것이다.

Q. **향후 목표는.**

A. 지금 부동산 정보 서비스를 아파트 위주로만 제공한다. 추후에는 상업용 부동산 쪽으로 영역을 확장해나가려고 한다. 부동산 말고 다른 금융 시장 진출도 계획 중이다. 로보어드바이저 시장 등에 진출해 다양한 투자 정보를 알려주는 회사로 성장하는 게 목표다.

시장 쪼개고 또 쪼개는 '버티컬 커머스'
초신선 '정육각' 리셀 시장 정조준 '크림'

유통은 스타트업에 의해 산업 지형이 가장 크게 바뀐 분야 중 하나다. 백화점, 대형마트, 편의점 등 대기업이 주름잡던 오프라인 위주 시장에서, 익일·새벽 배송을 하는 이커머스에 이어 30분 내로 배송하는 퀵커머스 시장으로 무게 추가 옮겨 가고 있다.

구매 채널뿐 아니라 아이템도 갈수록 세분화, 전문화되는 양상이다. 초기에는 쿠팡, 티몬, 위메프 등 거의 전 상품을 취급하는 종합몰이 대세였다. 요즘은 신선식품, 중고용품, 명품, 전자기기 등 특정 분야로 좁혀지고, 그 안에서도 정육, 회, 유기농 등으로 또다시 시장이 쪼개진다. 한 가지 아이템에 특화해 '카테고리 킬러' 전략을 구사하는 '버티컬 커머스'가 군웅할거하는 모양새다.

국내 유통 산업에 지각 변동을 몰고 온 커머스 스타트업 지도를 그려본다.

신선식품 새벽 배송 개척
상장 도전 '컬리', 초신선 '정육각'

신선식품 분야는 스타트업이 '초강세'를 보이는 사업이다. 기존 유통 대기업 입지를 위협할 정도다.

가장 대표적인 곳이 '마켓컬리'를 운영하는 '컬리'다. 국내 최초로 '신선식품 새벽 배송' 개념을 도입하며 치고 나갔다. 전날 주문하면 다음 날 새벽에 바로 주문한 식품을 받아볼 수 있는 새벽 배송은 유통 시장 일대에 혁신을 불러일으켰다. 컬리는 2022년 하반기에 대망의 기업공개(IPO)에 도전한다. 다만, 김슬아 컬리 대표의 낮은 지분율, 기업가치 과대평가 논란은 풀어야 할 숙제로 지적된다. 게다가 스타트업 거품론이 이는 등 공모 시장, 창업 시장이 얼어붙고 있다. 컬리에는 여러모로 도전이 필요한 시기다.

명품 플랫폼은 유명 연예인을 모델로 내세우며 시선몰이에 나선다(좌). 마켓컬리는 국내 시장에 '새벽 배송'이라는 개념을 처음 선보이며 인기를 끌었다 (우). (캐치패션, 마켓컬리 제공)

신선식품이 아닌 여러 가지 '특정' 제품 위주로 파는 스타트업도 인기다. '정육각' '오늘회' '인 어교주해적단' 등이 있다.

정육각은 축산물 유통 스타트업이다. '초신선'이 라는 키워드를 내세워 다른 축산 기업과 차별화 를 꾀한다. 도축 4일 이내 돼지고기, 산란 당일 달걀 등 '신선함'을 강조한 제품을 온라인으로 판매한다. 신선하고 안전한 육류를 합리적인 가 격에 받아볼 수 있다는 점에 인기를 끌었다. 2022년에는 대상홀딩스의 유기농 식품 유통 회 사 '초록마을'을 인수하며 화제를 모았다.

'오늘회'와 '인어교주해적단'은 수산물에 초점 을 맞춘 스타트업이다. 신선도가 핵심인 수산 물을 빠르게 배송한다.

오늘회는 '오늘식탁'이 운영하는 수산물 유통 플랫폼이다. 새벽 배송보다 시간을 더 앞당긴

'당일 배송'을 내세운 게 특징이다. 당일 아침에 손질한 수산물을 마감 시간에 맞춰 주문하면 저녁 7시에 배송해준다. 수산물을 넘어 정육 등으로 카테고리를 늘리고 있다.

인어교주해적단은 수산 시장과 소비자를 연결 해주는 O2O 서비스를 주력으로 한다. 매일 전 국 500여 횟집의 수산물 시세 정보를 고객에게 제공한다. 정확한 가격을 알려줘 소비자들이 '바가지'를 당하지 않도록 도와줘 인기를 끈다. 월평균 이용자 수가 150만명에 달한다. 여기에 더해 회를 주문하면 바로 받아볼 수 있는 회 배 송 서비스도 시행하고 있다.

중고 거래 · 리셀 시장 활황
당근마켓, 年 1억5천만건 거래

소비자는 '신상'만 사지 않는다. 중고품을 합리

중고품 거래 '애프터 마켓' 겨냥 패션으로 카테고리 '버티컬'화

중고·리셀 시장 점령한 커머스 기업
당근마켓·크림·솔드아웃 활약
패션 '한 우물'만 판다…
무신사·지그재그·에이블리

적 가격에 되파는 '애프터 마켓(제품 판매 후 추가로 발생하는 수요에 의해 형성된 시장)'도 커머스 시장의 새 조류로 자리 잡았다.

중고 거래 커머스 3대장은 '당근마켓' '번개장터' '중고나라'다.

당근마켓은 '동네 기반 직거래'를 중심으로 한 하이퍼 로컬 전략으로 급성장했다. 2021년 한 해에만 1억5500만건의 중고 거래를 달성, 단숨에 업계 1위로 자리 잡으며 유니콘 반열에 올라섰다. 요즘은 중고 거래뿐 아니라, 지역 주민 간 연결을 지원하는 커뮤니티 기능이 주목받는다. 다만, '국민 앱' 수준 이용량에도 수익 모델을 증명해야 하는 점은 숙제로 지적된다. 2021년 매출액 257억원, 영업손실 352억원으로 매출보다 적자가 더 크다.

번개장터는 2021년 앱을 제품군에서 브랜드 중심으로 개편했다. 팔로우하거나 많이 검색한 브랜드를 앱 메인화면 메뉴에 자동 배치, 개인화 서비스를 제공한다. MZ세대 소비자는 확고한 취향에 따라 선호하는 브랜드 위주로 쇼핑한다는 판단에서다. 예상은 적중했다. 앱 개편 6개월 만인 2022년 3월 전체 브랜드 팔로우 수가 100만건을 돌파하며 성황이다.

스니커즈 등 한정판 아이템을 되파는 '리셀' 시장도 활황이다. 네이버가 운영하는 '크림', 무신사의 '솔드아웃'이 맞붙고 있다.

크림은 지난해 나이키의 네이버 커뮤니티 '나이키매니아'에 이어 국내 최대 명품 커뮤니티로 꼽히는 '시크먼트'와 중고 패션 거래 플랫폼 '콜렉티브'에 잇따라 투자하며 업계를 선도하고 있다. 솔드아웃은 스니커즈와 의류 외에 럭셔리, 라이프스타일, 테크 등의 영역에서 취급 품목을 늘리고 검수 역량과 서비스 강화에 주력하고 있다. 올 상반기 중 서울에 '제2검수센터'를 개장할 예정이다.

패션으로 버티컬화
무신사 · 지그재그 · 에이블리 '훨훨'

"패션 브랜드의 성패는 패션 플랫폼 입점 여부에 따라 갈린다."

2019년 이후 패션 브랜드 업계에서 내놓는 분석이다. 패션 커머스 스타트업은 패션 업계의 성공 방식을 바꿨다. 과거에는 '백화점' 입점이 우선이었다. 백화점에 들어가야만 브랜드 가치가 오르고 매출이 상승하는 구조였기 때문이다. '무신사'를 비롯한 플랫폼 스타트업 등장은 이런 양상을 180도 바꿔버렸다. 오프라인 매장 대신 온라인 패션 플랫폼에 입점하는 게 필수가 됐다.

패션 커머스 전성시대를 연 기업을 꼽으라면 단연 '무신사'다. 조만호 대표가 신발 사진을 전시하는 사이트로 시작한 무신사는 연 거래액만 2조원이 넘는 거대 플랫폼으로 성장했다. 적자를 내는 대부분 스타트업과 달리 흑자를 꾸준히 낸다. 패션 업계에 미치는 영향력도 거대하다. 무신사 입점 여부가 브랜드 성패로 직결된다는 게 업계 중론이다. 한 아웃도어 업계 관계자는 "과거에는 백화점에 매장을 내는 게 필수였다면, 최근 아웃도어 업체들은 무신사에 입점하는 것을 최우선 목표로 두고 있다"고 설명했다.

'지그재그'와 '에이블리'는 특정 연령대를 타깃으로 파고들며 급성장했다. 크로키닷컴이 운영하는 '지그재그'는 사회 초년생 2030 여성이 주요 고객이다. 이용자들이 자신의 스타일에 맞는 상품을 쉽게 찾을 수 있도록 인기순·연령별·스타일별로 여성 쇼핑몰을 분류해서 보여준다. 연 거래액은 1조원 규모다. 성장성을 눈여겨본 카카오가 지난해 인수했다.

에이블리는 1020 여성을 집중 공략한다. 주요 서비스는 초개인화 알고리즘을 활용한 1:1 추천 서비스다. 인공지능(AI) 기술을 활용, 사용자 취향을 분석해 '좋아할 만한 상품'을 추천한

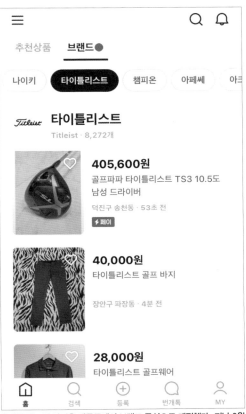

번개장터는 앱 화면을 제품군에서 브랜드 중심으로 개편했다. 지난 3월 전체 브랜드 팔로우 수가 100만건을 돌파했다. (번개장터 화면 갈무리)

다. 자신만의 취향이 확고한 MZ세대 여성들의 전폭적인 지지를 받는다. 월간 활성 사용자 수(MAU)가 670만명에 달할 정도로 인기다.

'오픈런' 대신 '오픈 앱'
머스트잇, 누적 거래액 1조 '기염'

그동안 유통 업계에서 명품은 백화점과 면세점의 전유물이었다. 수백만~수천만원을 호가하

업종	회사	서비스명	특징
커머스 업계 뒤흔드는 K스타트업			
신선식품	컬리	마켓컬리	새벽 배송 선구자, 코스피 상장 대기 중, 몸값만 5조원 육박
	정육각	정육각	갓 도축한 고기 직배송하는 '초신선' 서비스, '초록마을' 인수
	오늘식탁	오늘회	당일 손질한 수산물을 저녁에 바로 가져다주는 당일 배송 운영
	인어교주해적단	인어교주해적단	수산 시장과 소비자를 바로 연결해주는 O2O 플랫폼
중고거래	당근마켓	당근마켓	동네 기반 직거래 앞세운 중고 거래 앱, 2021년 급성장
	번개장터	번개장터	카테고리 분류를 '제품군'이 아닌 '브랜드'로 나눈 전략으로 성장
	네이버	크림	스니커즈, 명품 등 한정판 아이템 '되파는' 플랫폼
패션	크로키닷컴	지그재그	사회 초년생 2030 여성이 주요 고객, 연 거래액 1조원 규모
	무신사	무신사닷컴	연 거래액만 2조원 넘는 거대 패션 플랫폼, 10~30대로부터 지지
	에이블리	에이블리	1020 여성 집중 타깃, 1:1 맞춤 패션 추천하는 초개인화 플랫폼
명품	머스트잇	머스트잇	명품 플랫폼 중 거래액 규모 가장 커, 1300여개 명품 브랜드 180만개 판매
	트렌비	트렌비	명품 리세일 서비스 강점, 중고 명품에 대한 꼼꼼한 검수, 가격 정보 제공
	스마일벤처스	캐치패션	글로벌 브랜드 공식 판매처 40여곳의 채널을 한곳에 연동
	발란	발란	배달대행 회사 '부릉'과 손잡고 명품을 바로 배달해주는 '당일 배송'
기타 상품	틴고랜드	띵고	100여만종의 캐릭터, 키덜트 제품, 영화 굿즈를 한 번에 비교 후 구매
	비엘큐	테스트밸리	전자제품을 한 달간 체험하고 다시 반납할 수 있는 '체험 서비스'
	링크샵스	링크샵스	동대문 도매상과 소매상 사이 '의류 사입 시장' 공략

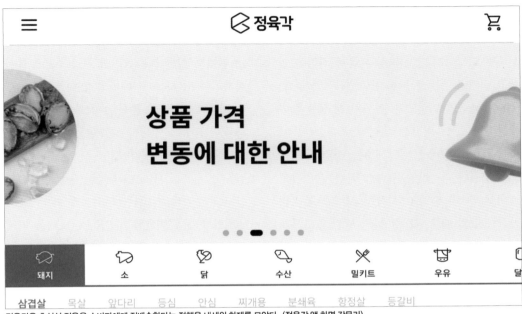

정육각은 초신선 정육을 소비자에게 직배송한다는 정책을 내세워 화제를 모았다. (정육각 앱 화면 갈무리)

는 제품을 '직접 보고' 살 수 있는 곳은 백화점과 면세점이 '유이'했기 때문이다.

뿌리 깊은 '명품=백화점·면세점' 공식은 지난해부터 급속도로 흔들리기 시작했다. 명품을 믿고 살 수 있는 온라인 커머스 스타트업이 연달아 등장한 덕분이다. 머스트잇·트렌비·캐치패션·발란 등이 '믿고 살 수 있는 명품 플랫폼'을 내세우며 빠른 성장세를 보이고 있다.

머스트잇은 명품 플랫폼 중 거래액 규모가 가장 크다. 지난해 거래액만 3500억원이다. 누적 거래액은 1조원 규모다. 1300여개의 명품 브랜드 상품 180만개를 판매한다. 무기로는 '가격'을 내세운다. 같은 상표의 상품을 여러 업자가

수입해 판매할 수 있는 '병행 수입' 제도를 활용해 가격이 싸다. 일반적으로 백화점과 비교해 20~25%가량 저렴하다.

트렌비는 '명품 리세일' 서비스에서 강점을 보인다. 중고 명품에 대한 가격 정보·검수 정보를 제대로 제공하는 곳이 없다는 점을 착안해 설립됐다. 2021년 1월 처음 선보인 트렌비의 리세일 시장 거래액은 1년 만에 1130% 성장한 43억원을 기록했다.

캐치패션은 글로벌 브랜드·공식 판매처 40여곳의 온라인 공식 상품 채널을 한곳에 연동한 플랫폼이다. 실시간으로 검색·비교하고 추가 혜택을 통해 직구보다 싼 쇼핑이 가능하

다. 병행 수입 · 구매 대행 · 상품 매입 방식이 아닌, 글로벌 파트너사가 상품을 직접 배송하는 구조다. 여러 단계의 상품 유통 과정을 없애고 정가품 논란을 원천 차단했다. 현재 1만 5000여 글로벌 브랜드와 총 350만개 상품을 판매한다.

발란은 명품을 바로 배달해주는 '당일 배송'으로 눈길을 끈다. 배송 서비스 '부릉' 운영사인 메쉬코리아와 손잡고 시작한 서비스다. 4월 안으로 당일 배송 규모를 늘린 '발란 익스프레스'를 출범, 점유율 확장에 박차를 가할 예정이다. 현재 최대 1000억원 규모의 시리즈C 투자 유치를 진행하고 있다. 투자가 마무리되면 기업가치는 8000억원에 육박한다. 사실상 명품 앱 업계 최초의 '유니콘' 반열에 올라서는 것이다. 2021년 10월 발란 기업가치는 2000억원 수준이었다. 반년 새 몸값이 4배 급등했다.

다만, 명품 업계 시장 점령을 위해 과도한 출혈 경쟁을 벌이고 있다는 점은 '마이너스' 요소로 지목된다. 명품 이커머스 기업 실적이 모두 고꾸라졌다. 업계 관계자들은 출혈 경쟁을 멈추고 '지속 가능한' 기업을 만드는 게 우선이라고 입을 모은다.

'하나만 판다' 특화 커머스
틴고랜드 '키덜트', 비엘큐 '전자' 한 분야 집중

키덜트 · 전자제품 등 상대적으로 '마니아'층이 두드러지는 분야에 도전하는 커머스 기업을 눈여겨볼 만하다.

'틴고랜드'는 키덜트 쇼핑몰 '띵고'를 운영한다. 100만여종의 캐릭터 · 키덜트 · 영화 굿즈 등을 한자리에 모아보고 구매할 수 있다. 소비자 구매 패턴과 데이터를 분석, 1대1로 취향 저격 상품을 추천해주는 '큐레이션' 기능이 특징이다. 2021년 2월 스톤브릿지벤처스 등으로부터 20억원 규모의 프리 시리즈A 투자를 유치하며 사세를 급격히 키우고 있다.

테스트밸리는 '비엘큐'가 만든 전자제품 거래 플랫폼이다. 전자제품을 한 달간 체험하고 다시 반납할 수 있는 '한 달 체험' 서비스로 인기가 많다. 또 전자제품을 구매 후 검증한 뒤 판매하는 중고 판매 사업을 병행한다. 현재 72억원 규모의 시리즈A 라운드 투자를 유치했다.

소비자에게 물건을 직접 판매하는 B2C를 넘어 대신 법인 고객을 대상으로 물건을 파는 B2B 플랫폼 성장세도 가파르다.

링크샵스는 동대문 '의류 사업' 시장을 겨냥했다. 동대문 의류 시장은 도매상과 소매상 사이 '사입'이라는 과정이 있다. 동대문 시장 도매상으로부터 사입 삼촌이라 불리는 중간 상인들이 물건을 받고 전국의 의류 소매상들에게 물건을 보내는 작업이다. 링크샵스는 '사입 삼촌'의 역할을 온라인으로 옮겨 왔다. 국내외 소매상들이 직접 동대문시장을 방문하지 않아도 웹사이트나 앱을 통해 사입부터 당일 배송까지 대행해준다. ■

제조사 · 소비자 직거래 D2C 선두…해외 매출 40%

'에이피알(APR)'은 Advance People's Real life(고 객의 성공이 회사의 성공)라는 슬로건의 약자다. 김병 훈 에이피알 대표는 지난 2014년 국내에서 처음으로 D2C(Direct to Consumer) 비즈니스를 시작했다. 농산물을 '산지 직송'하듯, 중간 유통 채널 없이 생산자 가 소비자에게 직접 물건을 파는 방식이다. 중간 마진 없이 합리적 가격에 구매할 수 있어 최근 업계 전반으 로 확산되고 있다.

Q. 최근 D2C가 확산되는 이유는.

A. 몇 년 전부터 특정 플랫폼에 입점하지 않은 특정 소 비자층을 겨냥한 제품들이 온라인상에 등장하면서 그 에 따른 소비자의 '자발적 선택'이 가능해졌다. 시공간 제한이 없는 온라인 환경에서 수많은 브랜드와 제품군 이 세상에 나왔다. 소비자는 각 브랜드 온라인몰을 통 해 구매 · 품평을 하고, 판매자는 그에 맞게 제품을 개 선하고 브랜딩을 하기 시작한 것이 D2C 비즈니스의 탄생 배경이다. 나이키도 이 대열에 빠르게 합류, 아마 존을 거치지 않고 온라인 자사몰을 통한 D2C 비즈니 스로 전환하며 상당한 실적 향상을 일궈냈다. 최근에 는 D2C를 주력 비즈니스로 하는 많은 회사가 생겨났 고, 에이피알은 그중 가장 많은 매출을 기록하고 있다.

Q. 에이피알이 다른 미디어 커머스 기업과 차별화되 는 점은 무엇인가.

A. 에이피알은 D2C와 함께 브랜딩에도 집중했다. 그 결과 현재 뷰티의 '메디큐브', 패션의 '널디'라는 메가 브랜드가 탄생했고, 안정적인 구조 아래 꾸준한 성장 세를 보이고 있다.

국내에서만의 '골목대장'이 아닌, 글로벌 시장으로의 적극적인 진출 역시 에이피알의 강점이자 미래 전략이 다. 2019년부터 해외 진출을 시작했다. 코로나 팬데 믹에도 해외 매출이 전체의 40%에 달한다.

에이피알은 모바일 판매가 90%에 달할 정도로 모바일 중심 D2C 비즈니스를 전개하고 있다.

Q. 유통의 미래는 어떤 모습일까.

A. 유통의 미래를 함부로 확신할 수는 없겠지만, 점차 빠르고 정확해지고 있는 배송 혁신과 함께 유통은 점차 D2C 방식을 따를 수밖에 없다고 생각 한다. 많은 대기업 브랜드가 속속 자사몰을 오픈하고 있는 것에서 그 증거를 찾을 수 있다. 현재, 앞 서 언급했던 온라인 플랫폼들과 자사몰들이 유통 헤게모니를 놓 고 승부를 겨루고 있다. 통신과 문명이 발달할수록 소비자는 더 현명한 선택을 찾아 움 직일 것이다.

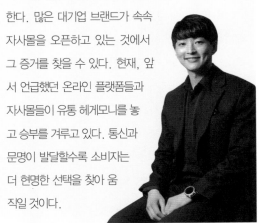

여행을 더 편하고 안전하게~
야놀자·마리트·프립·트리플·온다

"세계는 한 권의 책이다. 여행하지 않는 사람은 그 책의 한 페이지만을 읽는 것이다." (아우구스티누스)

'여행'만큼 마음을 설레게 하는 것이 또 있을까. 글로벌 여가 플랫폼 스타트업 '야놀자'는 코로나19 사태가 한창임에도 2021년 7월 소프트뱅크 비전펀드로부터 2조원 투자를 유치, 데카콘(기업가치 10조원 이상 비상장 기업) 반열에 올랐다. 코로나19 사태로 2년 넘게 침체됐던 여행 산업이 들썩이고 있다. 사회적 거리두기가 종료되고, 본격적인 '엔데믹'이 시작되면서다. 해외입국자의 격리 의무가 해제되고 자가격리 면제 국가도 늘어나면서, 너 나 할 것 없이 여행길에 오르는 분위기다. 국토교통부 항공정보포털시스템에 따르면, 2022년 4월 인천공항 이용객 수는 64만9562명으로 전년 동기 대비 4배 가까이 늘어났다.

이 같은 '리오프닝' 분위기에 주목받는 업계가 '트래블테크(Traveltech)'다. 여행·관광업과 디지털 기술을 융합, 보다 편리하고 안전한 여행을 돕는 산업이다.

여가는 다 한다 '슈퍼앱'
야놀자·마리트…사업 영토 확장 분주

여행은 검색과 예약으로 시작해 후기로 끝난다. 이 관문을 담당하는 '여행의 포털' 앱이 트래블테크의 핵심이다. '야놀자' '여기어때' '마이리얼트립' 등이 이 분야 대표적인 스타트업이다. 이들은 숙박, 가이드 등 핵심 역량으로 입지를 다진 뒤 레저, 워케이션 등 여행 관련 다양한 사업으로 확장하는 '슈퍼앱' 전략을 구사한다.

야놀자는 쿠팡에 이어 미국 증시 상장이 기대되는 초대형 스타트업이다. 최근 구글 출신인

스테이폴리오는 '파인 스테이'를 지향하는 고품격 숙박 예약 플랫폼이다. 독자 발굴한 자체 스테이 30여곳이 눈길을 끈다. 사진은 스테이폴리오에서만 예약할 수 있는 제주시 조천읍 '눈먼고래'. (이병근 작가, 스테이폴리오 제공)

신정인 최고운영책임자(COO)와 이준영 엔지니어링 수석부대표를 영입하면서, 상장 작업에 박차를 가하고 있다. 2021년 매출과 영업이익도 전년 대비 각각 30%, 392% 늘어 코로나 팬데믹에도 성장을 지속했다. 플랫폼 사업의 슈퍼앱 전략 강화와 클라우드 솔루션 사업의 글로벌 확대 등 발 빠른 디지털 전환과 글로벌 전략이 통했다는 게 회사 측 설명이다.

마이리얼트립도 사업 영토 확장에 가속페달을 밟고 있다. 2022년 3월 키즈 여행 플랫폼 '동키'를 인수한 데 이어, 공유 숙박·오피스 전문 스타트업 '오피스제주'에 전략적 투자를 단행했다. 이를 통해 고객층을 개인에서 어린이 동반 등 가족으로 확대한다는 계획이다. 최근 하늘길이 열리면서 다시 해외 시장도 공략 중이다. 5월 한진관광과 사업 제휴를 맺고 프리미엄 해외 여행객 맞춤형 패키지를 내놨다.

'타이드스퀘어'는 온라인 여행 상품 중개 플랫폼 '투어비스'를 운영한다. 프리미엄 여행 상품에 특화한 '현대카드 PRIVIA 여행' 운영도 대행한다. 카카오, 두나무 등으로부터 1400억원의 투자를 받아 플레이윙즈, 카이트 등 다양한 여행 스타트업에 재투자했다. 2021년 6월에는 카카오모빌리티와 제휴, 국내선 항공권 검색·예매·발권을 하는 '카카오 T 항공' 서비스를 선보였다.

'와그(WAUG)'는 2015년 설립된 여행 액티비티 예약 플랫폼이다. 2021년에는 구글과 협업, 구글에서 여행 명소 검색 시 와그가 명소 정보와 투어 상품까지 제공하기로 했다. 지난 3월에는 럭셔리 스파부터 피부 관리까지 간편하게 예약할 수 있는 '마사지&에스테틱' 카테고리도 새로 선보였다.

버티컬 여행 앱
취미 여가 '프립', 캡슐호텔 '더캡슐'

'여행의 포털' 대신 특정 분야에 집중하는 버티컬 여행 스타트업도 최근 늘고 있다.

'프렌트립'은 취미 여가 플랫폼 '프립(Frip)'을 운영한다. 아웃도어 액티비티, 원데이 클래스, 소셜클럽, 여행 상품 등을 탐색부터 결제, 참여까지 간편하게 이용할 수 있다. 2013년에 설립돼 현재까지 약 120만명의 이용자와 약 1만7000명의 호스트를 보유했다.

'밴플'은 캠핑카, 캠퍼밴, 카라반 등 다양한 레저 차량(RV)을 대여할 수 있는 플랫폼이다. '차박' 열풍을 타고 2020년 설립됐다. 캠핑카 예약과 함께 차박 용품 렌트 · 구매도 가능하다. 평일 예약률이 전체의 41%를 기록, 캠핑카 렌트 업체의 유휴 차량 활성화에 도움을 준다. 지난 3월 국내 아웃도어 레저 브랜드 '코베아'로부터 프리 시리즈A 투자를 유치했다.

'더캡슐'은 캡슐침대 제조 전문 스타트업이다. 서울 중구에서 1박에 2만원 하는 캡슐호텔을 직접 운영해본 노하우를 바탕으로 캡슐침대를 제조, 대기업과 공공기관에 납품하고 있다. 모두가 프리미엄 여행에 집중할 때 가성비가 뛰어난 '1성급 호텔' 시장을 공략하는 역발상으로 블루오션 개척에 나섰다.

이 밖에도 외국인 전용 한국 여행 플랫폼 '크리에이트립', K팝 스타가 다녀간 여행지 정보를 보여주는 '덕질 투어' 플랫폼 '스타트립', 아웃도어 체험 교육 플랫폼 '산바다스쿨' 등이 여행 산업의 지평을 넓히고 있다.

'나만을 위한' 초개인화 여행
700만 회원 '트리플', 코로나에도 800% 성장

깃발을 든 가이드 뒤를 수십 명이 쫓는 패키지 여행. 과거에 '여행'이라고 하면 떠오르는 전형적인 모습이었지만, 이제는 다르다. 항공권부터 맛집, 숙소까지, 클릭 한 번이면 검색이 가능한 시대에는 여행도 '초개인화'돼가는 추세다. 나만의 특별한 여행을 찾는 여행객을 위한 맞춤형 서비스를 내놓은 트래블테크 스타트업이 속속 등장한 이유다. 특히 AI나 빅데이터 같은 기술을 활용해, 소비자에게 딱 맞는 여행을 추천 · 제안하는 서비스가 자유 여행객의 선택을 받고 있다.

'트리플'은 '나보다 나를 더 잘 아는' 초개인화 여행 플랫폼을 자처한다. 빅데이터와 인공지능(AI) 분석에 기반해, 여행자의 취향과 상황, 위치에 알맞은 맛집과 관광지를 추천한다. 항공권, 숙박권, 투어 등 추천한 여행 상품 예약과 여행 일정 관리 서비스도 함께 제공해 여행의 처음부터 끝까지 모두 책임진다. 해외 200여개 도시와 국내 300만개 장소에 대한 여행 정보를 완비한 탄탄한 콘텐츠 역시 강점이다. 2017년 7월 처음 출시돼, 2021년 말 기준 가입자 700만명을 넘겼다. 코로나19로 위기가 찾아왔지만, 국내 여행으로 사업을 확장하며 실적이 크게 좋아졌다. 2021년 예약 건수는 코로나가 시작됐던 2020년 대비 800% 늘었고, 해외여행 수요가 높았던 2019년에 비해서도 200% 이상 증가했다. 트리플은 2022년 8월 인터파크와 합병된다.

'마이로'는 AI 기반 여행 일정 추천 서비스를 제공한다. 여행 일정과 숙소, 가고 싶은 장소 등을 입력하면 이동 시간, 동선, 영업일, 식사 시간 등을 고려한 일정을 자동으로 완성한다. 숙소나 가고 싶은 장소를 정하지 않은 사용자에게도 마이로는 데이터에 기반해 적절한 장소를 추천한다. 현재 100여개 여행지 정보를 기반으로 꾸준한 업데이트를 이어가고 있다. 해외 여행지 위주로 운영하던 마이로 역시 코로나19 유행 이후 큰 타격을 입었으나 제주, 부산 등 국내 여행지에 힘을 실으며 살아남을 수 있었다. 2022년 3월에는 교원그룹의 여행사 교원KRT와 새로운 비즈니스 모델을 개발하기 위한 전략적 업무협약(MOU)을 체결해 업계에서 주목받기도 했다.

'스토리시티'가 운영 중인 3분 속성 일정 관리 서비스 '여다트립'도 눈길을 끈다. 동행 정보, 여행 스타일, 관심사, 숙소 취향 등 8개 분야 질문에 대해 사용자가 답변하면, 3분 안에 고

더캡슐은 가성비가 뛰어난 '1성급 호텔' 시장을 공략하는 역발상으로 블루오션 개척에 나섰다. 사진은 '더캡슐'이 만든 캡슐침대. (더캡슐 제공)

객 맞춤형 여행 일정을 제공한다. 여다트립의 추천 알고리즘은 이용자에게 가장 알맞은 장소를 추천해줌과 동시에 추천 장소 간 이동 동선을 최적화해 보여준다. 스토리시티에 따르면 2022년 3월 기준 여다트립의 여행 일정 주문 수는 10만건을 돌파했다.

'스테이폴리오'는 고품격 숙소를 전문적으로 골라서 보여준다. 레스토랑에 '파인 다이닝'이 있다면, 숙소에는 '파인 스테이'가 있다는 게 스테이폴리오의 관점이다. 다른 숙박 예약 플랫폼과 달리 자체적으로 마련한 30개의 숙소를 함께 선보이며 '특별한 경험'을 제공하는 데 주력한다. 이는 '호캉스'와 같은 고가, 고품질의 여행을 찾는 소비 트렌드와 맞아떨어졌다. 인기가 많은 스테이폴리오 자체 숙소는 한 달에 한 번 예약을 열 때마다 빠르면 1분 안에 모든 예약이 마감되기도 한다. 이에 힘입어 코로

트래블테크 스타트업		
구분	**기업**	**특징**
슈퍼앱	야놀자	쿠팡 이어 미국 상장 기대
	마이리얼트립	공유 숙박, 가족 단위 고객까지 사업 확장 중
	타이드스퀘어	여행 상품 중개 플랫폼
	와그	여행 액티비티 예약 플랫폼
버티컬 여행 앱	프렌트립	취미 여가 플랫폼 '프립' 운영
	밴플	캠핑카 등 레저 차량 대여 플랫폼
	더캡슐	캡슐호텔 운영, 캡슐침대 제조
	트래블메이커스	호텔 한 달 살기 플랫폼 '호텔에삶' 운영
	캐플릭스	제주 렌터카 플랫폼 '제주패스', 제주 여행 슈퍼앱 목표
초개인화 여행	트리플	AI, 빅데이터 활용해 여행자에게 맛집, 관광지 실시간 맞춤 추천
	마이로	AI 기반 여행 일정 추천 서비스
	스토리시티	3분 속성 일정 관리 서비스 '여다'
	스테이폴리오	'파인 스테이' 추구하는 고품격 스테이 예약 플랫폼
	리브애니웨어	한 달 살기 숙소 개인화 추천 서비스
기타	가이드라이브	여행 가이드 매니지먼트 스타트업
	굿럭컴퍼니	여행 중 짐 보관 · 배송해주는 글로벌 여행 짐 서비스
	온다	숙박 B2B 플랫폼
	로이쿠	전국 택시 중개 서비스
	지냄	게스트하우스 O2O 서비스
	루넷	호텔 ICT 전문 기업
	벤디트	호텔 무인 객실 관리 서비스
	지냄	라이프스타일 호텔 체인 및 생활형숙박 운영, 예약
	온베케이션	지역 기반 여행 기획상품 판매
	어뮤즈트래블	관광약자 여행 플랫폼

나19 이후에도 꾸준히 투자를 유치해, 누적 투자액 규모는 60억원 수준이다. 과학기술정보통신부가 유망 스타트업을 선정해 지원하는 '2022년 글로벌 ICT 미래 유니콘 육성 사업' 기업 명단에 이름을 올리기도 했다.

'가이드 기획사'부터 B2B까지
호텔 B2B '온다', 거래액 1000억 돌파

이 밖에 '여행'을 구성하는 과정 하나하나를 파고든 트래블테크 스타트업이 눈길을 끈다. 여행 가이드에게도 연예인과 같은 엔터테인먼트, 기획사가 있다면 어떨까. 가이드라이브는 '가이드 매니지먼트'를 전문으로 하는 스타트업이다. 2019년 베테랑 가이드와 기획 전문가가 의기투합해 창업했다. 전 세계 지역별, 분야별 전문 가이드와 로컬 크리에이터를 엄선해 투어 프로그램과 콘텐츠를 제작한다. 기존 패키지 투어와 다른 '깊이 있는 맞춤형 투어'를 지향한다. 가이드라이브는 코로나19가 창궐했던 2020년, 보유하고 있는 양질의 가이드 풀을 바탕으로 마이리얼트립과 협업해 '랜선 투어' 등 비대면 여행 상품을 선보여 인기를 끌기도 했다. 가이드라이브는 2021년 8월 KB인베스트먼트로부터 10억원 규모의 프리 시리즈A 투자를 유치했다. '굿럭컴퍼니'는 여행객의 '무거운 짐'이라는 페인 포인트(Pain Point)를 공략했다. 굿럭컴퍼니가 운영하는 글로벌 여행 짐 서비스 '굿럭'은 여행 중의 짐 보관과 배송 서비스를 제공한다. 집과 호텔 간의 짐 배송, 골프장까지의 골프백 배송, 짐 보관 등이 주요 서비스다. 싱가포르·오사카·방콕 등 아시아 11개 도시에서 호텔과 공항 간 당일 짐 배송 서비스를 제공하고, 유럽, 미국 등 250개 도시에서 짐 보관 서비스를 해준다. 여행 출발 전날 맡기면 여행 당일에 호텔로 배송받거나, 반대로 체크아웃할 때 짐을 맡기면 다음 날 집에서 받을 수 있는 방식이다. '온다'는 숙박 B2B 플랫폼 스타트업으로, 국내 숙박 상품을 유통하는 '숙소 허브'를 자처한다. 온다를 활용해 유통되는 숙박 상품은 40만여개에 달한다. 온다는 수십 개의 다양한 플랫폼을 통해 예약을 받는 숙박 업체가 편리하게 실시간으로 예약을 관리할 수 있는 부킹엔진 서비스를 제공한다. 또한 객실 판매, 예약, 고객, 재무, 수익률 등을 한 번에 관리할 수 있는 숙박 업체 전용 서비스형 소프트웨어(SaaS), 한 번의 연동으로 수많은 채널에서 객실 동시 판매가 가능한 '숙박 API' 등도 선보이고 있다. 여행 모빌리티 서비스 '로이쿠'도 눈에 띈다. 로이쿠는 전국 32개 도시에서 기사를 포함한 차량 중개 서비스를 제공하고 있다. 차량 기사 프로필, 후기, 차량 컨디션, 가격 등을 보고 직접 기사와 차량을 고를 수 있어, 여행객이 가장 원하는 이동 서비스를 누릴 수 있다. 사용자의 이동 경로 데이터에 기반해 AI가 '맞춤형 여행 코스'를 추천하는 부가 서비스도 제공한다. ■

여행 중 맛집·관광지 '실시간' 추천

Q. **다른 여행 플랫폼과의 차별점은.**

A. 대부분 여행 플랫폼이 '여행 전' 시장에 집중한다면, 트리플은 '여행 중'에도 집중한다. 500만건에 달하는 일정 데이터와 여행자의 실시간 위치 등을 바탕으로 상품과 콘텐츠를 추천한다. 예컨대 여행지에서 갑자기 비가 온다면 실내 관광지를 알려주고, 호텔에서 점심을 검색하고 있다면 근처에 영업 중인 맛집을 거리순으로 보여준다. 공연이 보고 싶다면 그날 싸게 나온 할인 티켓 정보를 알려주기도 한다.

Q. **트리플만의 팬데믹 대응 전략은 무엇이었나.**

A. 원래 해외여행 서비스였는데, 코로나19 직후 빠르게 준비해 국내 여행으로 서비스를 확장했다. 2020년 5월 제주를 시작으로 6개월 만에 국내 전역을 서비스하는 등 발 빠르게 대응했다. 그러다 보니 코로나 이전인 2019년 100만명에 달했던 월 활성 이용자 수(MAU)가 팬데믹 기간에 여행이 어려워졌음에도 40만명을 꾸준히 유지했다.

Q. **포스트 코로나 시대에 '여행'은 어떻게 바뀔까. 트리플은 이**에 어떻게 대응할 건가.

A. 첫 번째로는 디지털화가 급속하게 진행되면서 여행 분야에서 초개인화 서비스 수요가 더욱 늘어날 것으로 내다본다. 트리플 역시 여행자의 일정에 맞는 상품, 정보를 추천하는 것을 넘어, 개인화된 1인 패키지 상품을 만들 수 있는 서비스를 준비하고 있다.

두 번째는 해외여행에 대한 수요가 늘어나고 있지만, 코로나19 유행 이후 정보 접근성이나 비용 측면에서 예전보다 해외여행이 더 복잡하고 어려워졌다. 항공권 가격도 코로나19 이전보다 부담이 커졌다. 트리플은 도시별 여행 정보와 필요 사항 등을 신속하고 정확하게 알려주기 위해 정보를 지속적으로 업데이트하고 있다. 또한 해외 항공권 예약 서비스는 차세대 기술 기반 유통 포맷인 NDC(New Distribution Capability)를 적용해, 다양하고 저렴한 운임의 항공권을 제공하고 있다.

Q. **향후 경영 목표는.**

A. 해외여행이 시작되면 서비스 퀄리티뿐 아니라 비즈니스 지표에서도 모두 1위를 하는 게 목표다. 특히, 항공 부분에서는 기술력을 바탕으로 압도적인 발권 규모로 시장을 선도하려고 한다. 하반기에는 트리플 글로벌 버전도 준비하고 있어서, 한국뿐 아니라 글로벌에서도 트리플의 성공을 만들고 싶다.

5성급 못잖은 '파인 스테이'…MZ세대 고객이 80%

Q. '고품격 숙박 서비스'가 필요하다고 생각한 이유는.

A. 그동안 숙소 예약 플랫폼은 사용자보다 공급자 관점이었다. 최대한 많은 방을 확보하고, 많이 할인하고, 빠르게 공급하는 게 중요했다. 반면 스테이폴리오는 사용자 관점 플랫폼이다. 숙소만으로도 여행이 될 수 있는, 여행객이 '꼭 한 번 가봐야 하는 공간'을 엄선, 선별해 제공하는 스테이폴리오 같은 플랫폼은 이전에 없었다.

Q. 스테이폴리오의 강점은.

A. '품질 보장이 확실한 플랫폼'이라는 점이다. 서비스 초기에는 특별한 디자인과 입지를 내세운 숙소를 어필했다. 호스트만의 독특한 라이프스타일이나 취향이 묻어나는 곳, 바닷가 앞 아름다운 곳 등이다. 최근에는 '스마트 호스피탈리티'에 힘을 주려 한다. AI와 챗봇 기술을 접목해, 숙소 내부의 온도, 조도, 보안부터 체크인·아웃까지 패드 하나로 손쉽게 할 수 있는 숙소를 제공하는 것이다.

Q. 차별화된 마케팅 전략이 있다면.

A. 스테이폴리오에는 '히든 멤버십'이 있다. 말 그대로 숨겨진 멤버십이다. 돈을 주고 가입하게 해주는 멤버십이 아니라, 스테이폴리오를 많이 이용한 '헤비 유저'나 스테이폴리오를 통해 공간을 공유하고 있는 호스트만 제한적으로 가입하는 멤버십이다. 특정 숙소는 이 멤버십 회원만 예약할 수 있게 운영 중이다.

Q. 여행 트렌드는 어떻게 변화하고 있나.

A. 한마디로 '모세혈관처럼 스미는 여행'이다. MZ세대 여행객은 개인화된, 차별화된 경험을 탐닉한다. 여행 책자와 가이드가 알려주는 남들 다 아는 명소를 빠르게 소비하고 돌아오는 것이 아니라, 지역에 스며들어 취향을 찾는 경험을 선호하는 거다. 스테이폴리오처럼 좋은 공간을 찾았다고 하면, 그 공간에서만 하루 종일 머물며 즐기는 식이다.

Q. 실제 소비자 연령대는 어떤가.

A. 전체 소비자 중 30대가 48.4%로 가장 많다. 그다음 20대가 29.8%를 차지한다. 고가임에도 그렇다. 연령대는 계속해서 낮아지는 추세다. 재예약율도 85%에 달한다. '프리미엄', 질적인 탐닉에 대한 MZ 소비 트렌드에 부합한 것이다. '파인 다이닝' 열풍과 같은 '파인 스테이'다. 파인 다이닝이 술에 대한 페어링이나 재료의 원천 등을 설명해주듯, 스테이폴리오도 공간의 디테일한 부분, 예를 들어 이 음악이 왜 이 공간에 사용됐는지 등을 설명하며 질적인 만족도를 높인다.

콘텐츠 수출 70% 책임지는 효자 산업
RPG '엔픽셀' 캐주얼 '엔돌핀커넥트'

10조원.

지난 2020년 기준 게임 산업 수출액 규모다(문화체육관광부 자료). 국내 콘텐츠 산업 총 수출액(약 120억달러)의 70%에 달하는 비중이다. 게임이 출판, 만화, 음악, 영화 등 국내 콘텐츠 산업을 모두 압도하는 수출 효자 산업임을 보여준다. 2016년 약 4조원 규모에서 4년 만에 2.5배 늘어 성장세도 눈부시다.

게임에 대한 인식도 갈수록 개선되는 분위기다. 게임 산업을 옥죄던 '강제적 셧다운제' 규제가 2022년 초 10년 만에 폐지된 것이 대표적이다. 최근에는 게임 스토리, 캐릭터 등을 활용한 IP(지식재산권) 가치가 재조명되고, 메타버스 시대 핵심 플랫폼으로도 주목받는다. 윤석열 대통령도 후보 시절 "e스포츠에 지역 연고제를 도입해 지역 기반 아마추어 e스포츠 생태계가 자리 잡도록 지원하겠다"고 공약하는

등 게임 산업 진흥을 예고한 바 있다.

K게임 전성시대를 이끌고 있는 주요 게임 스타트업을 정리했다.

핵심 장르 MMORPG
엔픽셀, 최단 기간 유니콘 반열에

다중접속역할수행게임(MMORPG)은 국내 게임 산업의 핵심 장르로 꼽힌다. 엔씨소프트의 '리니지', 컴투스의 '서머너즈 워' 등 세계적인 흥행 작품을 다수 배출했다. 대규모 프로젝트여서 개발 기간이 길고 투자비도 많이 들지만, 한 번 흥행하면 초대박을 터뜨릴 수 있어 게임 스타트업의 도전이 이어진다.

'엔픽셀'은 '세븐나이츠'로 이름을 알린 배봉건, 정현호 공동 대표를 중심으로 2017년 9월 설립됐다. 2021년 1000억원 규모 시리즈B 투자를 받아 국내 게임 업계 최단 기간인 4년 만

엑스엘게임즈 출신 조용래 대표가 창업한 엔돌핀커넥트는 캐주얼 게임 시장에서 두각을 나타낸다. 사진은 2022년 6월 말 서비스를 시작한 '어글리후드: 퍼즐 디펜스'. (엔돌핀커넥트 제공)

에 유니콘 기업 반열에 올랐다.

대표 작품은 '그랑사가'. 왕국을 구하기 위한 기사단의 모험담을 그린 MMORPG다. 2021년 1월 말 나온 작품으로 사전 예약자 500만명을 끌어모으며 화제를 불러일으켰다. 서비스 시작 직후 양대 앱마켓인 구글 플레이스토어와 애플 앱스토어에서 인기 순위 1위에 등극했다. 2021년 '대한민국 게임대상'에서 우수상과 기술창작상을 받는 쾌거를 올리기도 했다. 2021년 구글 플레이 '베스트 오브 어워즈'에서

'올해를 빛낸 경쟁 게임' 우수상에 이름을 올린 것도 돋보인다. 2021년 11월에는 일본 시장에 진출했다. 일본에서도 사전 예약자 400만명을 넘어서며 이슈가 됐다.

엔픽셀은 그랑사가에 이어 '크로노 오디세이' 등 다수 신규 프로젝트를 준비 중이다. 2022년 핵심 키워드로 '글로벌'을 내걸고 블록체인과 결합한 탈중앙화 게임 생태계 구축에 힘쓰는 등 사업 다변화에 본격 나서고 있다. 엔픽셀 관계자는 " '그랑사가'의 본격적인 서비스

권역 확대와 함께 '크로노 오디세이' 등 신규 IP 발굴과 육성을 통해 2022년을 글로벌 개척의 원년으로 삼고자 한다"며 "웹 3.0으로 일컫는 탈중앙화 기반 가상세계 구축 등 사업 다변화를 통해서도 성장세를 이어나갈 계획"이라고 전했다.

2016년 설립된 '슈퍼캣'은 2차원(2D) 도트 그래픽에 기반한 멀티플레이 게임 개발을 주력으로 한다. 넥슨과 공동 개발한 모바일 MMORPG '바람의나라: 연'이 대표 게임이다. 2018년 1월 넥슨으로부터 전략적 투자도 유치했다. 2022년 4월에는 모바일 RPG 전문 개발 자회사 '슈퍼캣RPG'를 설립했다. 슈퍼캣은 MMORPG '환세취호전'과 '프로젝트G(가칭)' 2종의 신작 게임을 개발 중이다. '환세취호전'은 일본 컴파일에서 개발한 '환세' 시리즈 5번째 작품으로 국내에서도 큰 인기를 끌었다. 국내·글로벌 퍼블리셔는 넥슨이 맡는다. 이 밖에도 2022년 5월 MCN 기업 샌드박스네트워크와 대체불가토큰(NFT) 개발과 메타버스 생태계 구축을 위한 양해각서(MOU)를 체결하는 등 다양한 시도를 이어가고 있다.

'나인코퍼레이션'은 게임에 블록체인을 접목해 주목받는다. 2018년 설립된 업체로 노르드(북유럽) 신화를 배경으로 만든 MMORPG '나인크로니클'을 운영한다. 블록체인상에서 게임이 작동해 중앙 서버가 필요 없고 회사가 문을 닫아도 게임이 유지된다. 2021년 네이버

D2SF, 위벤처스 등으로부터 21억원 규모 시리즈A 투자를 받았다. 이후 홍콩 애니모카브랜즈 등으로부터 투자금 260만달러를 받았다. 2022년 초에는 탈중앙화 기술력을 인정받아 가상자산 거래소 바이낸스 산하 바이낸스랩스로부터 추가 투자를 유치했다.

국내에서는 게임물관리위원회가 블록체인 게임 등급 심의를 진행하지 않아 나인크로니클을 즐길 수 없다. 하지만 해외 180여국에서는 플레이가 가능하다. 나인코퍼레이션 측은 "일일 접속자는 약 1만명이다. 절대적인 숫자는 작지만 블록체인을 접목한 게임으로 한정하면 이용자가 많은 편이다. 세계 블록체인 게임 20위 안에 꾸준히 이름을 올리고 있다"고 밝혔다.

'모아이게임즈'는 온라인 대작 '리니지2'와 '에오스'의 핵심 개발진들로 구성된 모바일 게임사다. 언리얼 엔진(Unreal Engine·미국의 에픽게임즈에서 개발한 3차원 게임 엔진) 기반의 MMORPG 장르에 특화했다. 2022년 2월 MMORPG '트라하 인피니티'를 출시하자마자 양대 앱마켓에서 인기 게임 1위에 오르는 등 호응을 얻고 있다. 스마트폰에서도 PC 온라인 수준의 콘텐츠를 구현하는 블록버스터 모바일 MMORPG를 선보인다는 포부다.

캐주얼·스포츠 게임은 남녀노소가 가볍게 즐길 수 있는 '킬링 타임'용으로 게임 산업의 중요한 한 축을 담당하고 있다. 선데이토즈 '애

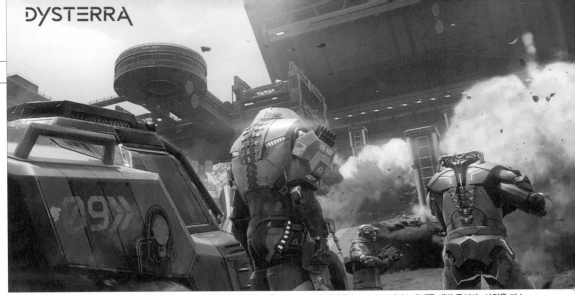

리얼리티매직은 '아바' '블랙스쿼드' '크로스파이어' 등 유명 FPS 개발진을 주축으로 2016년 설립됐다. PC FPS '디스테라'를 개발 중이다. 사진은 디스테라 공식 이미지. (리얼리티매직, 카카오게임즈 제공)

니팡', 넷마블 '모두의마블' 등 다수의 국민 게임을 배출한 장르다. 단, 가볍게 즐기는 만큼 트렌드 변화도 빨라 흥행 지속이 어렵고 부침이 큰 장르기도 하다.

가볍게 즐기는 캐주얼·스포츠
해긴, 모바일 게임 4개로 유니콘 등극

2015년 1인 개발자로 시작한 '111퍼센트'는 전 세계 200여 국가에서 약 1억명의 게임 이용자를 보유하고 있다. 매출액의 60% 이상이 해외에서 발생한다. 2019년 '300만불 수출의 탑'을 수상했고 2020년에는 '3000만불 수출의 탑', 2021년에는 '5000만불 수출의 탑'을 수상했다. '수출의 탑'은 정부가 매년 수출 성과가 좋은 기업에 주는 상이다.

111퍼센트 대표 게임은 2019년 선보인 '랜덤다이스'다. 2020년 구글 플레이 매출 톱10에 진입하며 흥행에 성공했다. 2021년 말까지 누적 다운로드 약 1100만건을 기록하는 등 '캐주얼 게임은 3개월이면 수명이 다한다'는 속설을 깨고 장기 흥행 중이다. 111퍼센트는 2021년 4월 자회사 '슈퍼센트'를 설립했다. 글로벌 게임 시장에서 급성장세를 보이는 하이퍼캐주얼 게임(1분 내외로 짧게 즐기는 게임) 시장 공략을 위해서다. 누구나 쉽게 접할 수 있는 게임을 제공해 논게이머를 게이머로 만드는 회사가 되는 것이 111퍼센트 목표다.

'엔돌핀커넥트'도 캐주얼 게임 전문 개발사다. 2021년 여름부터 매달 꾸준히 2개의 하이퍼캐주얼 게임을 출시, 2022년 5월까지 15개의 게임을 선보였다. 15개 게임의 누적 다운로드 수는 200만건이 넘는다. '달고나 마스터' '고 도넛(Go Donut)' 등이 대표작이다.

2014년 설립한 '그램퍼스'는 페이스북 기반 캐주얼 소셜 게임 개발 업체다. 2016년 레스토랑을 경영하는 요리 시뮬레이션 '쿠킹어드벤처'를 내놓고 아시아 개발사 최초로 '페이스북 빅게임'에 선정됐다. 최근에는 캐주얼 게이머와

주요 K게임 스타트업			
구분	기업	대표 게임 · 서비스	특징
RPG	엔픽셀	그랑사가	설립 4년 만에 유니콘 등극
	슈퍼캣	바람의나라: 연	2D 도트 그래픽 기반 멀티플레이 게임 강자
	나인코퍼레이션	나인크로니클	세계 블록체인 게임 20위 내 안착
	모아이게임즈	트라하 인피니티	양대 앱마켓 인기 게임 1위 기록
캐주얼 · 스포츠	111퍼센트	랜덤다이스	200여개 국가에 게임 이용자 약 1억명 보유 2021년 '5000만불 수출의 탑' 수상
	엔돌핀커넥트	달고나 마스터 · Go Donut	버추얼 휴먼 등 다양한 분야로 사업 영역 확장 예정
	그램퍼스	쿠킹어드벤처	아시아 개발사 최초로 '페이스북 빅게임' 선정
	해긴	플레이투게더 · 홈런 클래시	매출 90% 이상 해외에서 발생, SK스퀘어 · SKT로부터 투자 유치
FPS	에이블게임즈	달토끼 키우기	중소벤처기업부 · 구글 플레이가 운영하는 중소 개발사 성장 지원 프로그램 '2022 창구프로그램 4기'에서 '달토끼 키우기' 6위 선정
	온페이스게임즈	레드닷: 프론트라인	중국 누적 다운로드 2억5000만건 기록
	리얼리티매직	디스테라	'크로스파이어' 등 유명 FPS 개발진 주축으로 설립, 2022년 내 디스테라 얼리액세스 시작 예정
게임 연관 산업	지지큐컴퍼니	GGQ COACH	'리그오브레전드' 특화 코칭 프로그램으로 시작해 FPS, P2E 등으로 확장 예정
	비포플레이	B4PLAY	게임 검색, 추천 등 다양한 기능 제공하는 플랫폼 2022년 1월 OBT 서비스 시작 2022년 말~2023년 1월 정식 서비스 시작 예정
	이스크라	이스크라	이스크라 암호화폐로 게임 투자, 아이템 거래 가능한 플랫폼

의 호흡을 강화할 수 있는 NFT 프로젝트를 발굴하는 데 집중하고 있다.

'해긴'은 컴투스 공동 창업자 이영일 대표가 2017년 9월 설립한 모바일 게임 스타트업이다. 메타버스 게임 플랫폼 '플레이투게더', 스포츠 게임 '홈런 클래시' '익스트림 골프', 액션 배틀로열 게임 '오버독스' 등이 주력 라인업이다. 이들 게임 이용자와 매출 90% 이상을 해외에서 거둬 글로벌 게임사로 자리 잡았다. 2022년 2월 1000억원 규모 시리즈B 투자를 유치하며 유니콘 기업가치를 인정받았다. 2022년 5월 초에는 SK스퀘어와 SK텔레콤이 250억원씩 투자해 3대 주주가 됐다.

'배그' 이을 FPS 유망주는
리얼리티매직 '디스테라'로 승부

1인칭 총 쏘기(FPS) 게임은 국내외에서 꾸준히 사랑받는 장르다. 2000년대 '서든어택' '스페셜포스' 등이 등장하며 인기를 끌기 시작해 스마일게이트의 '크로스파이어', 크래프톤의 '플레이어 언노운스 배틀그라운드(배그)'에 이르기까지 히트작이 나오며 관심을 이어가고 있다. 특히 '크로스파이어'는 중국에서 '국민 게임'이라 불릴 만큼 초대박을 터뜨렸다. e스포츠 세계대회도 매년 개최되고, 크로스파이어의 IP를 활용해 만든 드라마도 히트를 쳤다. 2021년에는 크로스파이어 테마파크가 광저우에 문을 열며 주목받았다.

엔픽셀은 '세븐나이츠'를 개발한 배봉건·정현호 공동 대표를 중심으로 2017년 9월 설립됐다. 지난해 유니콘 대열에 합류했다. 사진은 엔픽셀 대표작 '그랑사가'. (엔픽셀 제공)

최근에는 FPS '레드닷: 프론트라인'이 크로스파이어의 뒤를 잇고 있다. FPS '크로스파이어' 제작진이 주축이 돼 2018년 설립한 신생 개발사 '온페이스게임즈'의 작품이다. 온페이스게임즈에 따르면 '레드닷: 프론트라인'은 중국에서 누적 다운로드 약 2억5000만건을 기록했다. 2022년 5월 미국연합상업협회(AGBA) 나스닥 상장 스팩 합병 MOU를 체결, 나스닥 상장을 준비 중이다.

PC FPS '디스테라'를 개발 중인 '리얼리티매직'도 유망주로 꼽힌다. '아바' '블랙스쿼드' '크로스파이어' 등 유명 FPS 개발진을 주축으로 2016년 설립됐다. 디스테라는 버려진 지구를 배경으로 펼쳐지는 게임이다. 플레이어는 자원을 수집해 기지를 만들고 지구에 남겨진 로봇, 적군 등과 싸워 살아남아야 한다. 2022년 5월 4일부터 2주간 글로벌 베타 테스트(시범 운영)를 진행하는 등 게임 출시 전 막바지 작업이 한창이다. 글로벌 게임 플랫폼 '스팀'을 통해 2022년 안에 얼리액세스(시범) 서비스를 시작할 계획이다. 카카오게임즈가 퍼블리싱(유통)을 맡는다.

게임 코칭 · 검색 등 연관 산업 들썩
AI로 '롤' 배우고 코인으로 게임에 투자

게임 산업이 성장하면서 게임 개발이나 서비스가 아닌 다른 방식으로 시장을 공략하려는 스타트업도 하나둘 등장하고 있다.

인공지능(AI) 기반 게임 코칭 플랫폼을 개발 중인 '지지큐컴퍼니'가 첫손에 꼽힌다. 2022년 초 시리즈A 투자 110억원을 유치했다. 다올인베스트먼트(옛 KTB네트워크), IBK기업은행, 신한금융투자 등이 참여했다. 2020년 시드 투자로 13억원을 유치하는 등 누적 123억원의 투자를 받았다.

지지큐컴퍼니 코칭 플랫폼은 AI를 활용해 이용자가 게임을 하는 스타일과 전략 등을 분석해 맞춤형 훈련 방안을 제안한다. 게임 '리그오브레전드(롤 · LOL)' 연습에 활용 가능한 버전으로 프로그램을 우선 개발하고 향후 FPS, P2E 등 다른 장르로 영역을 넓힐 예정이다. 지지큐컴퍼니 측은 "이용자들이 게임을 하면서 잘 안 풀렸던 부분에 자막, 그래프 등을 넣어 맞춤 강의를 한다. 국내 프로 구단과 계약을 맺고 약 1년간 서비스를 제공해왔다"고 설명한다.

'비포플레이'는 게임 디스커버리 플랫폼 'B4PLAY'를 준비 중이다. B4PLAY에 접속하면 RPG, 슈팅, 스포츠 등 장르별로 어떤 게임이 있는지 찾아볼 수 있고 각 게임 기본 정보, 스크린샷과 영상, 메타크리틱(문화 콘텐츠 리뷰 사이트) 평점 등을 확인할 수 있다. 2021년 비공개 베타 테스트를 진행했고 2022년 1월 공개 OBT 서비스를 시작했다. 이영민 비포플레이 대표는 "2022년 말이나 2023년 1월 정식으로 서비스를 시작할 계획이다. B4PLAY를 활용하면 소비자는 취향에 맞는 게임을 빠르게 찾을 수 있고 게임 기업은 마케팅 비용을 줄일 수 있다"고 설명한다. 비포플레이는 2021년 서울대기술지주, 스마일게이트인베스트먼트 등으로부터 프리 시리즈A 투자를 받았다.

'이스크라'는 2022년 420억원 규모 시드 투자를 받으며 화제가 됐다. 카카오벤처스와 패스트벤처스, 위메이드, NHN빅풋, 네오위즈 등이 투자에 참여했다.

이스크라는 블록체인 기반 게임 플랫폼을 개발하고 있다. 플랫폼에서는 이스크라가 만든 토큰(암호화폐)으로 게임에 투자하거나 관련 논의를 하고, 게임 내에서 쓰는 아이템을 거래할 수 있게 된다. 크라우드펀딩 겸 마켓플레이스 역할을 한다고 생각하면 이해가 쉽다. ■

MMORPG 베테랑에서 캐주얼 게임 전문가로

조용래 엔돌핀커넥트 대표는 2007년 엑스엘게임즈에 입사하며 게임 업계에 발을 들였다. '2013 대한민국 게임대상'에서 대통령상을 받은 엑스엘게임즈 대표 게임 '아키에이지' 제작과 운영에서 핵심 역할을 맡았다. 2020년 엑스엘게임즈를 떠나 2021년 3월 캐주얼 게임 전문 개발사 엔돌핀커넥트를 창업했다.

Q. 창업 계기는. 캐주얼 게임을 주력 장르로 선택한 이유도 궁금하다.

A. '오랫동안 다니고 싶은 게임 회사'를 만들고 싶었다. MMORPG는 제작에 시간과 인력이 많이 들어간다. 개발 비용도 크고 투자금 회수에 걸리는 기간도 길다. 게임이 잘되면 제작에 참여한 사람들은 보상을 원하는데 대다수 회사는 투자금 회수를 우선순위에 둔다. 그러다 보니 인력 이탈이 큰 문제다. 핵심 인력이 떠나면 회사가 노하우를 쌓기 어렵다.

개발 주기를 단축하고 프로젝트 성공에 따른 결실이 구성원에게 잘 돌아가는 구조를 갖추면 오래 다니고 싶은 회사를 만들 수 있고, 이를 통해 게임 시장 발전에 기여할 수 있을 것이라는 생각이 들었다. 그래서 캐주얼 게임

을 주력 장르로 선택했다.

Q. 캐주얼 게임은 MMORPG에 비해 수익성이 떨어지지 않나.

A. 국내에서는 캐주얼 게임이 인기를 끌기 쉽지 않다. 최근 들어 국내 주력 장르인 MMORPG를 두고 현금 결제 유도가 과하다는 반응이 나오기는 하지만 단기간에 소비자 취향이 바뀔 확률은 낮다.

하지만 세계 시장으로 시야를 넓힌다면 이야기가 다르다. 일본 겅호온라인엔터테인먼트가 개발한 '퍼즐앤드래곤'처럼 장기 흥행하는 캐주얼 게임이 많다. 글로벌 시장을 노린다면 충분히 흥행 가능성이 있다고 생각한다.

Q. 그간 주요 성과는.

A. 2021년 3월 창업해 2022년 5월까지 '달고나 마스터' '고 도넛(Go Donut)' '고 치킨' 등 캐주얼 게임 15개를 선보였다. 달고나 마스터는 다운로드 200만건 돌파를 눈앞에 뒀다. 2022년 6월 말에는 '어글리후드: 퍼즐 디펜스'라는 모바일 게임을 내놨다. 네이버에서 연재 중인 웹툰 '어글리후드' IP를 활용한 작품이다.

Q. 앞으로 목표는.

A. 전 세계 사람이 즐길 거리를 만들고 이를 통해 다양한 사람을 연결하는 것이 궁극적인 목표다. 회사 이름에 '커넥트'라는 단어를 포함한 이유다. 버추얼 휴먼(가상인간) 등 다양한 영역에 도전할 계획이다.

펫팸족 1500만명 사로잡으며 고속 성장
멍카롱 '달롤컴퍼니' 펫커머스 '펫프렌즈'

"지난 2년간 코로나19 팬데믹으로 미국 전역에서 600만마리의 반려견이 증가했습니다. 재택근무가 늘며 사람들이 외로움을 달래기 위해 반려동물을 많이 입양했기 때문이죠. 팬데믹이 끝나고 다시 출근하게 되면 이 반려견들은 어떻게 될까요. 이런 생각 끝에 하루 종일 반려견을 맡아 돌봐주는 기업에 투자를 단행했습니다."

2022년 초 데이비드 바(David Barr) 전 미국프랜차이즈협회장이 한 얘기다. 반려동물 산업이 코로나19 사태를 맞아 더욱 급성장하고 있다. 국내에서도 반려동물을 가족처럼 여기는 '펫팸족(Pet+Family)'이 크게 늘었다.

KB금융지주 경영연구소가 발표한 '2021 한국 반려동물 보고서'에 따르면 국내 펫팸족은 2021년 말 기준 약 1448만명으로 전체 가구의 29.7%에 이른다. 한국농촌연구원은 2020년 3조원이던 국내 반려동물 시장 규모가 2027년에는 6조원으로 두 배가량 늘어날 것을 전망했다.

상황이 이렇자 펫팸족을 위한 제품과 서비스도 각광받는다. 반려동물 산업에 IT 기술을 접목한 '펫테크'도 주목받는다. 국내 펫테크 스타트업은 어떤 곳들이 있을까.

펫커머스
펫의 쿠팡 '펫프렌즈', 정기 구독 '깃'

펫 산업 내에서도 규모가 가장 큰 시장은 역시 '커머스'다. 반려동물 용품을 판매하고 쇼핑몰을 운영하는 이른바 '펫커머스' 시장이다.

'반려동물' 앱 상위권에는 펫커머스 앱이 다수 포진해 있다. 모바일인덱스에 따르면 2022년 1월 기준 반려동물 앱 월별 순사용자 수(MAU) 1위는 '펫프렌즈(약 25만명)'로, 전체 반려동물 앱 사용량의 28.6%를 차지했다. 3위 '어바웃 펫(14.5%)', 4위 '핏펫(9.8%)', 9위 '디어테일(4.4%)', 10위 '고양이대통령(4.3%)'까지 MAU 상위 10위권에 펫커머스 앱만 5개다.

펫프렌즈는 '펫커머스 업계의 쿠팡'으로 불린다. 2016년 설립 이후 매출 기준 1위 플랫폼을 유지 중이다. 주문 당일에 반려동물 용품을 배송해주는 '심쿵배송', 수의사 등 전문가가 24시간 대기하는 고객 상담 서비스 등이 호평받으며 덩치를 키웠다. 2021년 7월 약 1500억원의 기업가치를 인정받으며 IMM프라이빗에쿼티와 GS리테일에 인수됐다. 매출이 2020년 314억원에서 2021년 610억원으로 급증하며 승승장구하고 있다.

펫커머스 플랫폼 '베이컨박스'를 운영하는 '깃컴퍼니'는 정기 구독 서비스에 특화했다. 반려견 장난감 2종과 반려견 용품 1종, 맞춤 수제 간식 2종으로 구성된 키트를 매월 새롭게 구성해 배송한다. 예를 들어 2022년 1월에는 '호랑이 기운받개' 콘셉트로 호랑이 모양 파우치와 장난감을, 2월에는 '멍슐랭가이드' 테마에 맞게 크루아상이나 머핀 모양 장난감을 구성해 보냈다.

'애니멀고'는 반려동물별 '맞춤형 상품 추천'으로 차별화를 꾀한 사례다. 사용자는 딥러닝 기술이 적용된 애니멀고를 통해 반려동물의 혈통 · 배변 · 나이 · 감정 등을 분석한 데이터를 확인할 수 있다. 해당 데이터를 기반으로 최적

펫커머스는 펫 산업 내에서도 가장 규모가 큰 시장으로 꼽힌다. 사진은 펫커머스 업계 1위 '펫프렌즈' 이용 화면. (펫프렌즈 앱 캡처)

의 반려동물 용품과 사료 등을 추천받을 수도 있다. 서울 강남구와 도봉구, 제주도 서귀포시 등에 반려동물 유치원 · 놀이터 · 호텔 · 용품점 등 여러 시설을 한곳에 모아놓은 오프라인 매장을 운영하고 있다. 2017년 삼성SDS 출신 고정욱 대표가 창업한 '핏펫'은 헬스케어로 시작해 커머스로 전환한 사례다. 초기에는 모바일 건강검진이 가능한 국내 최초 반려동물 소변검사키트 '어헤드'로 주목받았다. 국내외 누적 판매량 40만개, 수출 실적만 100만달러

를 넘어섰다. 이후 2019년 반려동물 건강관리에 특화한 '핏펫몰'을 선보였다. 종·성별·나이·질병 이력·어헤드 검사 결과 등 데이터를 종합 분석해 최적화된 상품을 추천해주는 방식이다. 2022년 5월 초 글로벌 벤처캐피털 블루런벤처스의 아시아 투자 플랫폼인 BRV캐피탈매니지먼트로부터 투자금 200억원을 유치했다고 발표했다. 그간 누적 투자금은 488억원이다.

핏펫 관계자는 "간편 검사 '어헤드'에 이어 건강 맞춤 커머스 '핏펫몰'과 동물병원 찾기 서비스를 시작하는 등 생태계를 확장해가는 중이다. 원스톱 솔루션을 제공해 반려동물 산업의 비효율을 개선하는 것이 목표"라고 말했다.

펫푸드
쌀빵 디저트 '달롤', 고급식 '반려소반'

반려동물 먹거리인 '펫푸드' 시장에 뛰어든 스타트업도 많다. 단순히 '사료'를 넘어 '요리'와 '영양식'으로 진화하는 모습이다.

'달롤컴퍼니'가 운영하는 펫 디저트 브랜드 '달미펫'은 국내산 쌀가루로만 만든 베이커리 제품을 판매한다. 쌀가루 외에도 강원도 초당 두부, 해썹(HACCP) 인증을 받은 오리안심·닭가슴살 등 고급 식재료를 사용한다. 사진만 보면 사람 간식인지 반려동물용 간식인지 구분

이 쉽지 않을 정도로 실제 디저트와 유사한 외관을 지녔다. 달롤에서 기존에 판매하던 롤케이크와 꼭 닮은 '달미펫 시그니처 롤케이크', 마카롱과 똑같이 생긴 '치즈 멍카롱' 등이 인기가 높다. 2022년 5월 20억원 규모 시리즈A 투자를 유치했다고 발표했다. 동문파트너즈와 현대기술투자 등이 참여했다.

'윙잇(아그레아블)'이 운영하는 '반려소반'도 프리미엄 식재료로 차별화한 반려동물 간식 브랜드다. 제주 무항생제 닭고기와 국내산 오리고기 등 국내산 원육을 사용한다. 강아지·고양이용 간식 '바른통살'이 대표 제품이다. 방부제 없이도 실온 보관이 가능한 기술을 개발했다. 2021년 180개 올리브영 매장과 50개 아트박스 입점에 성공하며 경쟁력을 인정받았다.

이 밖에도 수의영양학 전문가가 영양성분을 검토해 일대일 맞춤 레시피로 수제 간식을 만들어주는 '펫픽', 곤충 단백질과 키토산을 활용한 곤충 간식을 만드는 '푸디웜'이 주목받는다.

펫 헬스케어
동물병원 가격 비교부터 항암제까지

반려동물도 늙고 병든다. 고령견, 고령묘 건강을 챙겨주는 '반려동물 헬스케어' 스타트업이 각광받는 이유다.

실리콘밸리에 위치한 '임프리메드'는 인공지

'달롤컴퍼니'가 운영하는 펫 디저트 브랜드 '달미펫'은 국내산 쌀가루로만 만든 베이커리 제품을 판매한다. (달미펫 제공)

능 모델과 실험실 테스트를 통해 혈액암에 걸린 반려견에게 효과적인 항암제를 예측하는 서비스를 제공한다. 미국에서 100명 이상 종양학 전문 수의사와 협업해 1500마리 이상 반려견에 대한 데이터를 축적, 반려견 대상 약물 분석 유료 서비스를 선보였다. 임프리메드는 이를 바탕으로 사람 대상 암 연구도 진행하고 있다. 2022년 1월 서울성모병원 혈액병원과 MOU를 맺고 암 환자의 임상 데이터를 분석해 항암제 효능과 예후를 예측하는 모델을 개발하기로 했다.

갑자기 반려동물이 아프면 보호자는 가슴이 철렁 내려앉는다. 증세에 맞는 동물병원 찾기는 물론, 보험 적용이 어려우니 비용 부담도 만만찮다. 대선 후보들이 '동물병원 진료비 공시제' '동물병원 진료비 표준 수가제' 등을 내걸었을 정도다. 이에 펫테크 스타트업들은 반려동물 의료 부담을 낮춰주는 서비스를 연이어 선보이고 있다.

수의사가 2016년 설립한 '펫닥'은 스마트폰 앱을 통해 수의사 상담, 동물병원 예약 등의 서비스를 제공한다. 또 전국 동물병원 네트워크

펫테크 분야 주요 K스타트업

구분	기업	서비스(제품)	특징
펫커머스	펫프렌즈	펫프렌즈	매출 기준 펫커머스 1위 플랫폼 2021년 IMM PE · GS리테일에 인수
	핏펫	핏펫몰	데이터 기반 건강 맞춤 커머스
	깃컴퍼니	베이컨박스	장난감 · 간식 · 반려 용품 정기 구독
	애니멀고	애니멀고	딥러닝 기반 반려 용품 · 사료 추천
펫푸드	달롤컴퍼니	달미펫	국내산 쌀가루로 만든 베이커리 제품 등 고급 식재료 활용한 프리미엄 디저트 판매
	아그레아블	반려소반	국내산 원육 활용한 프리미엄 간식
	펫픽	펫픽	일대일 맞춤 레시피로 만든 수제 간식
	푸디움	푸디움	식용 곤충 '동애등에로 만든 펫푸드
헬스케어	임프리메드	항암제 예측	반려견 대상 약물 분석 유료 서비스
	펫닥	동물병원 O2O	비대면 수의사 상담, 동물병원 예약 2021년 중소벤처기업부 '아기 유니콘' 선정
	프로키온	펫프라이스	동물병원 비교 견적 서비스
	에이아이포펫	티티케어	사진으로 질병 발생 여부, 위험도 예측
반려동물 관리	워키도기	도그마스터	초보 펫맘족을 위한 반려견 훈련 앱 서비스 출시 1년 3개월 만에 가입자 5만여명 모아
	펄송	라비봇2	고양이 전용 화장실
	포인핸드	포인핸드	유기동물 입양 플랫폼
	펫핀스	펫핀스	반려동물 전용 핀테크 플랫폼
	뉴플러스기획	멍타냥택시	택시 등 반려동물 전용 모빌리티
	도그메이트	도그메이트	펫시터 예약 서비스
	21그램그룹	21그램	반려동물 장례 서비스
	바램시스템	바램펫	로봇 기반 반려동물 장난감

를 활용해 반려동물 관련 콘텐츠를 제작한다. 2021년 중소벤처기업부로부터 '아기 유니콘'에 선정되고, 100억원 규모 시리즈C 투자도 유치했다. 중소벤처기업진흥공단, 메가존 클라우드, 에이치피오 등이 투자에 참여했다.

'펫프라이스'는 동물병원 진료비 비교 견적 서비스를 제공한다. 보호자가 견적 요청을 하면 수의사의 예상 소견과 진료·수술 절차, 비용이 포함된 견적서까지 받아볼 수 있다. 전국 동물병원에서 발생하는 모든 진료비의 10%를 앱 내 쇼핑몰에서 현금처럼 쓸 수 있는 포인트로 적립해주는 '페이백' 서비스도 제공한다. 유진투자증권, 큐더스벤처스, 헥사곤인베스트먼트컨설팅 등으로부터 투자를 받았다.

'에이아이포펫'이 운영하는 '티티케어(TTcare)' 앱은 반려견의 안구와 피부를 촬영한 사진으로 질병 발생 여부와 위험도 등을 알려준다. 반려동물 종류와 나이, 건강 상태에 따른 생애주기별 맞춤 건강관리법도 제공한다.

이 밖에도 동물용 의료 영상 장비와 판독 서비스를 제공하는 '우리엔', 반려동물 용품 구독 서비스 '펫띵', 동물용 진단시약 전문 기업 '바이오노트'가 있다.

금융·택시·장례…
훈련 '워키도기', 배변 '펄송'

반려동물을 처음 기르는 이들을 위한 다양한 관리 서비스도 봇물이다.

'워키도기'는 반려견 훈련 앱 '도그마스터'를 운영한다. 도그마스터는 반려견을 처음 키우는 보호자에게 유용한 기초 양육 정보, 훈련 방법 등 약 250가지 콘텐츠를 제공한다. 출시 1년 3개월 만에 가입자 5만여명을 달성했다. 2021년 말 카카오벤처스, 신한캐피탈, 서울대기술지주 등에서 투자를 받았다. 투자금을 활용해 반려인 양육 정보·반려견 정보 기반 개인 맞춤화 훈련 서비스로 강화한다는 계획이다. 카카오벤처스 측은 "도그마스터는 기존 반려견 훈련 시장이 갖는 비효율성을 혁신한 서비스로, 특히 초보 보호자들에게 호평받고 있다. 비대면 챗봇 훈련 서비스 등의 기술 혁신을 통해 건강한 반려견 양육 문화 정착에 기여할 것으로 기대된다"고 투자 이유를 설명했다.

'펄송'은 IoT 고양이 자동화장실 '라비봇2'를 개발했다. 반려묘가 배변을 보면 안에 설치된 갈퀴가 굳은 모래와 배설물을 자동으로 걸러낸다. 전용 앱 '펄송'은 배변 횟수와 시간 등을 기록해 반려묘 건강 상태도 체크해준다. 펄송은 2022년 초 '세계가전박람회(CES)'에 세 번째로 참가하고 '라비봇2'를 전 세계 36개국에 수출하는 등 글로벌 시장 공략에 적극 나서고 있다.

'포인핸드'는 국내 최대 유기·실종동물 입양 앱이다. 전국유기동물보호소로 구조된 동물

들의 정보를 실시간으로 제공한다. 2013년 11월 앱이 나온 후 10년여간 10만마리 넘는 유기동물이 가족을 찾는 데 기여했다. 유기동물 입양 활성화 캠페인을 진행하고 유기동물에 대한 편견을 허물기 위해 반려동물을 입양한 사람들의 이야기를 담은 매거진을 주기적으로 발행하는 등 다양한 활동을 이어가고 있다.

'펫핀스'는 반려동물 전문 핀테크 스타트업이다. 인포뱅크, 신용보증기금 금융투자센터 등으로부터 투자를 받았다. 복잡한 반려동물 보험 가입과 청구 절차를 한눈에 보여주고, 반려동물 사진 1장과 기초 정보만 입력하면 자동으로 '펫계좌' 번호를 생성하는 등 반려동물 관련 금융 상품을 쉽게 이용하도록 돕는다. '2021 벤처기업인의 밤'에서 창업활성화 부문 벤처기업협회장상을 수상했다. '벤처기업인의 밤'은 올해의 벤처상을 포상하고, 벤처 업계의 발전과 육성을 위해 수고한 회원사와 주요 인사를 초청해 축하·격려하는 행사다.

'뉴플러스기획'은 반려동물 전문 모빌리티 서비스 '멍타냥택시'를 선보였다. 반려동물과 외출할 때 출발 1시간 전까지 예약하면 원하는 시간과 장소에 택시를 보내준다. 서울 강남권에서만 한정 운행하는 것으로 시작해 이후 서울 전 지역으로 사업 범위를 넓혔다. 2021년 '2021 오픈 네스트 200'에 선정됐다. 신용보증기금이 주관하고 탭엔젤파트너스가 운영하는 프로그램으로 창의적인 아이디어와 혁신적인

사업 모델을 보유해 신성장 사업을 선도할 것으로 기대되는 스타트업을 대상으로 액셀러레이팅부터 금융·성장 지원 등을 제공한다. 2022년 5월 펫푸드 기업 오간식과 손잡고 오간식 펫푸드 상품을 보다 경제적인 가격으로 제공하는 한편 반려동물의 생활복지 향상에 필요한 신규 서비스 개발과 출시에 적극 협력하기로 약속하는 등 사업 영역 확장에 공들이고 있다.

이 밖에 '도그메이트'는 펫시터 예약 서비스를 운영한다. 반려견 산책부터 배식, 배변 정리까지 전문 펫시터가 방문 돌봄 서비스를 제공한다. 스트롱벤처스, 놀우드인베스트먼트어드바이저리, 나우IB캐피탈 등으로부터 투자를 받았다. 소비자는 여행이나 출장으로 집을 비우거나 산책과 배변 정리와 같이 반려동물의 일상적인 케어가 필요할 때 도그메이트를 활용할 수 있다.

'21그램'은 반려동물 장례 서비스를 제공한다. 반려동물 염습부터 수의, 입관, 화장, 수골, 분골에 이르기까지 전 과정을 전문적으로 도와준다. 경기 광주시에 반려동물 장례식장 1호점을 운영하고 있으며 2022년 1월 충남 천안시에 2호점을 열었다. 권신구 21그램 대표는 "전국 거점 권역에 반려동물 장례식장을 구축할 예정이다. 21그램만의 진심을 담은 장례 서비스로 국내 반려동물 장례 산업을 이끌어나갈 것"이라는 포부를 밝혔다. ■

펫 산업도 4차 혁명…빅데이터 · AI 고도화 '관건'

펫프렌즈는 반려동물 용품을 당일 배송하는 이커머스 플랫폼이다. 윤현신 펫프렌즈 대표는 2021년 11월 대표로 선임돼 펫프렌즈를 이끌고 있다. 펫프렌즈 합류 전에는 존슨앤드존슨, 쿠팡, 맥킨지 등에서 근무하며 마케팅과 세일즈, 경영 컨설팅을 비롯한 다양한 분야에서 경력을 쌓았다.

Q. 최근 펫커머스 시장 트렌드는 무엇인가.

A. 반려동물을 가족이나 친구 같은 인격체로 대우하는 '펫 휴머니제이션(Pet humanization)'이다. 이에 기반을 둬 반려동물 삶의 질을 높이기 위한 제품과 서비스가 계속 등장하고 있다. 특히 친환경과 동물 복지로 대표되는 '고급 펫푸드' 시장 저변이 확대되는 중이다.

Q. 기존 이커머스와 펫커머스 시장의 차이점은.

A. 훨씬 더 다양하고 정교한 데이터를 수집할 수 있다. 예를 들어 이름, 성별, 나이뿐 아니라 품종, 알레르기 정보, 기타 건강 우려 사항에 대한 상세한 데이터를 보유하고 있다. 사람은 이 정도 데이터까지는 얻지 못한다. 정교한 데이터 기반의 커머스 덕분에 만족도와 충성도가 오히려 더 높다. 펫프렌즈의 경우 재구매율이 70~80%에 이른다.

전문가 상담 서비스를 갖춰야 한다는 점도 다르다. 소비자 불만이나 애로 사항을 해결해주는 단순 고객센터 수준을 넘어 반려동물 상태를 진단하고 제품 · 서비스를 추천해줄 수 있는 전문가 상담 센터가 있어야 한다.

Q. 미래 펫 시장은 어떤 모습일까.

A. 이전에는 단순히 인기 제품과 저렴한 제품 위주의 구매 패턴을 보였다. 요즘은 반려동물 성향과 건강에 맞는 제품인지 꼼꼼히 따져보는 소비로 변하고 있다. 이런 트렌드가 앞으로 더 심화될 것으로 본다. 1인당 소비액도 점점 커지는 추세다. 미국이나 유럽처럼 저가 중심 시장에서 고가 · 프리미엄 시장으로 옮겨 가는 경향이 더욱 뚜렷해질 것으로 예상한다. 반려동물 특성 · 성향과 관련된 데이터를 축적해놓는 것이 앞으로 중요한 과제다. 딱 맞는 제품을 추천해줄 수 있는 인공지능 기반의 알고리즘 기술도 점차 고도화될 것이다.

산업 全 분야서 '서비스 로봇' 대약진
치킨봇 '로보아르테' 순찰봇 '코르소'

"로봇을 고객 접점의 새로운 기회 영역으로 생각하고 전담 조직을 강화해 신사업으로 추진하고 있다. 다양한 분야에 인수합병(M&A)도 고려하고 있다."

한종희 삼성전자 부회장이 지난 3월 16일 주주총회에서 한 말이다. LG, 두산에 이어 삼성, 한진 등 대기업도 잇따라 출사표를 던지며 로봇 시장이 들썩인다. 코로나19 사태로 인건비 상승과 비대면 소비 확산이 겹치며 로봇이 미래 산업의 화두로 떠올랐다.

특히, 산업용 로봇에 비해 상대적으로 부진했던 서비스 로봇 분야가 약진하고 있다. 그간 서비스 로봇의 80%는 로봇청소기였다. 요즘은 외식, 의료, 교육, 자율주행 등 전방위로 확산되는 모습이다.

로봇 산업의 미래를 이끌어갈 K스타트업은 어떤 곳이 있을까.

조리 · 서빙 · 배달
치킨 로봇 1.5억서 3000만원으로 ↓

외식업에서는 최근 푸드테크 로봇이 최고 화두로 떠올랐다. 인건비, 식재료비 인상은 물론, 구인난으로 직원 자체를 구하기 어렵다는 절박감에서다. 조리, 서빙 분야를 중심으로 로봇 상용화가 한창이다.

푸드테크 로봇은 특히 조리 과정이 단순 반복적인 치킨, 커피 분야에서 활약이 눈에 띈다. 2019년 창업한 '로보아르테'는 로봇이 치킨을 튀기는 '롸버트치킨' 직영점을 6개 운영 중이다. 2019년 1호점 오픈 당시 대당 1억5000만원에 달했던 로봇 가격을 3000만원 이하로 낮추고 성능은 더 개선했다. 뼈 치킨은 8분 30초, 순살 치킨은 6분 만에 로봇이 자동으로 튀긴다. 로봇의 경제성이 크게 높아지며 기존 로봇 제조판매업은 물론, 프랜차이즈 사업도 연내 진출할 계획이다. 로보아르테는 누적 약 100억원의 투자를 유치했다.

'퓨처키친'도 자사 브랜드인 '치킨드셰프' 앱으로 주문부터 조리, 배달까지 로봇이 담당하는 자동화 시스템을 구축했다. 배달은 로봇 배달 스타트업 '뉴빌리티'와 협업해 자율주행 로봇으로 진행한다. 규제샌드박스 실증특례에 선정돼 2021년 인천 연수구 송도국제도시에 '치킨드셰프' 팝업 스토어를 열고 시범 운영을 시작했다.

서빙 로봇 개발은 미국 실리콘밸리에 위치한 베어로보틱스가 앞서간다. 구글, 우아한형제들, KT 등 주요 기업과 손잡고 국내외 식당과 상점에 서빙 로봇 '서비'를 보급 중이다. 최근 서비스 로봇 업계 사상 최대 규모인 1000억원 규모의 시리즈B 투자를 유치하며 유니콘 유망주로 떠올랐다.

알지티도 100% 국내 기술로 다기능 모듈형 서빙 로봇을 제조, 유통하고 있다. 키오스크, 테이블 오더, 포스(POS) 등과 서빙 로봇이 연동되는 '스마트 레스토랑 시스템'도 제공한다.

커피를 만드는 바리스타 로봇은 '라운지랩'과 '비트코퍼레이션'이 두각을 나타낸다. 각각

라운지랩은 자동으로 커피를 내려주는 바리스타 로봇, 바리스를 선보인다. 바리스가 커피를 내려주는 라운지엑스 카페도 운영한다. (라운지랩 제공)

배달, 서빙부터 '착용형' 로봇까지 유통, 제조 분야 가리지 않고 뛰어난 활약

**치킨 조리부터 배달까지 '로봇'이
커피 향 살리는 로봇 바리스타도 등장
입는 로봇 보편화로 '아이언맨' 현실화
산업 현장은 더욱 효율적으로 변모**

무인 로봇 카페 '라운지엑스' '비트'를 운영 중이다.

산업 · 웨어러블
FRT, '아이언맨 로봇 슈트' 현실화

비교적 중소기업 비중이 높은 서빙 · 배달 로봇 시장과 달리 산업용 로봇은 오랫동안 '대기업'의 영역으로 취급받았다. 대규모 투자가 필수인 데다, 주요 고객인 제조 업체들이 신뢰도 높은 대기업을 선호하기 때문이다. 따라서 생산 설비 규모가 작은 신생 스타트업이 뛰어들기에는 다소 부담스러운 영역이었다. 그러나 로봇 산업 규모가 커지면서 옛말이 됐다. 스타트업 불모지로 여겨졌던 산업용 로봇 시장에서도 다수 스타트업이 두각을 드러내고 있다.

다임리서치는 AI를 기반으로 한 군집 로봇 제어 기술을 개발한 기업이다. 이미 만들어진 로봇을 '업그레이드'하는 각종 프로그램을 공급한다. 대표 제품은 '협업지능 솔루션'이다. 제조 공장에서 공정(물건을 생산하는 과정) 간 물류 이동을 자동화하는 기능이다. AI 강화 학습 기술을 토대로 물류 로봇이 공정 · 환경 변화를 스스로 인지하고 대응하도록 돕는다. 해당 기술을 적용하면 단순 작업용 로봇도 협업이 가능해진다. 적은 비용으로 높은 효율을 끌어내는 덕분에 산업 현장에서 인기가 많다. 반도체, 디스플레이, 2차전지 등을 생산하는 공장에 납품하고 있다. 곧 미국과 유럽 시장에도 진출할 예정이다.

물류 자동화 스타트업 '씨메스'는 로봇에 '눈'을 달아주는 '3D 비전'이 주력이다. 씨메스의 3차원 비전 센서를 설치해 기존 로봇과 소프트웨어로 연동하면 로봇이 사물을 인식해 대응한다. 기아 · 나이키 등 제조 업체와 다양한 물류 회사들이 씨메스 로봇 제품을 사용한다. 최근 GS리테일이 40억원, SK텔레콤이 100억원을 투자해 화제를 모으기도 했다.

'에프알티(FRT)'는 근로자의 업무 효율을 높여주는 '웨어러블 로봇'으로 승부수를 띄웠다. 웨어러블 로봇은 말 그대로 입는 로봇. 영화 '아이언맨'에 나오는 로봇 슈트를 생각하면 이해하기 쉽다. 사용자 근력을 비약적으로 증가시켜준다. 중량물을 다루는 건설 · 제조 ·

로보틱스 산업 이끌 차세대 스타트업은?

분야	기업	서비스	특징
조리·서빙·배달	로보아르테	롸버트치킨	치킨 조리 과정에 로봇 도입, 뼈, 순살 치킨 자동 조리
	퓨처키친	치킨드셰프	주문부터 조리 배달까지 로봇이 담당하는 자동화
	베어로보틱스	서비	레스토랑 고객 응대를 위한 서빙용 로봇
	알지티	세로모	
	라운지랩	라운지엑스	커피를 만들어주는 바리스타 로봇, 바리스 제작
	비트코퍼레이션	비트	무인 로봇 카페 '비트' 운영
	뉴빌리티	배달 로봇 '뉴비'	치킨, 편의점 상품, 도시락 등 배달하는 자율주행 로봇 배달 시범 서비스
	브이디컴퍼니	서빙 로봇 '벨라봇'	식당용 서빙 로봇 제조, 공급으로 눈길
	헬퍼로보틱스	에스비	국내 매장 최적화용 서빙 로봇 '에스비' 제조
산업·웨어러블	다임리서치	협업지능 솔루션	AI를 기반으로 한 군집 로봇 제어 기술 개발
	씨메스	3D 비전	로봇에 눈을 달아주는 3D 비전이 주력, 로봇과 로봇 연결
	에프알티(FRT)	웨어러블 로봇	근로자 업무 효율 높여주는 '입는 로봇', 국내 최초 상용화
	마젠타 로보틱스	로봇 제어 플랫폼 'Maviz'	산업용 로봇 적용에 필요한 로봇 제어 시스템
	위로보틱스	위로보틱스	근골격계 질환 예방에 유용한 착용형 보조 로봇 제작
	세이프틱스	세이프틱스	협동 로봇의 안정성 분석 솔루션 개발
	플로틱	플로틱	물류센터 입출고 과정 자동화하는 로봇 솔루션 개발 중
	민트로봇	pal A 시리즈	가성비 높은 다관절 생산용 로봇 제작
자율주행	클로봇	로봇 관제 서비스	실내용 자율주행 로봇 관제, 자율주행 시스템 구축
	도구공간	순찰 로봇 코르소	순찰, 방역용 자율주행 로봇 코르소, 로브젝트
교육	에이럭스	교육용 로봇 프로보	방과 후 로봇 코딩 교육에 쓰이는 교재 '프로보' 제작
	럭스로보	로봇 교구재 모디	조립형 로봇 교구재 '모디' 내세워 해외 10개국 진출
의료	에이치로보틱스	재활 로봇 리블레스	거동이 불편한 사람의 재활을 보조하는 '리블레스'
자원순환	수퍼빈	자원 회수 로봇 네프론	순환 가능한 페트병과 알루미늄캔을 로봇이 선별

물류 등의 각종 산업 현장과 소방·군사 등의 특수한 환경에 유용하다. 에프알티는 웨어러블 로봇 분야의 핵심 원천 기술과 특허를 다수 보유한 스타트업으로 정평이 나 있다. 로봇 구성품을 모듈화해 작업 현장별로 특화된 맞춤형 제품을 단기간에 제공하는 솔루션으로 각광을 받는다. 지난 2월 웨어러블 로봇 시장 진출을 노리는 대한전선과 업무협약을 맺은 바 있다.

서빙 인력 대신 로봇을 투입하는 식당들이 늘어나고 있다. 사진은 스타트업 알지티의 서빙 로봇. (알지티 제공)

자율주행
도구공간, 실외 순찰 로봇 '코르소'

자율주행 로봇 시장은 코로나19 유행 이후 급속도로 성장했다. 고객 안내 업무부터 순찰 그리고 방역까지 로봇을 도입하는 분야가 급증했다. 시장이 커진 만큼 관련 스타트업 성장세도 가파르다.

'클로봇'은 로봇 관제·자율주행 시스템 분야에서 촉망받는 기업이다. 롯데백화점 쇼핑 도우미 로봇, 롯데타워 안내 로봇 '로타', 국립중앙박물관 큐레이팅봇 '큐아이'를 비롯해 기아자동차 안내 로봇, 판교 어린이도서관 안내 로봇 등 기업·지자체의 각종 서비스 로봇 개발에 참여해왔다. 올해는 국립암센터에 의료진 업무 보조를 위한 자율주행 로봇 서비스를 제공하며 의료 분야에도 진출했다. 그간의 성과를 인정받아 현대자동차그룹 스타트업 투자사 제로원으로부터 후속 투자를 유

치했다.

클로봇이 실내 자율주행 기술을 주력으로 한다면 '도구공간'은 실외 자율주행 로봇에 집중한다. 경찰과 경비원 역할을 대신하는 순찰 로봇 '코르소'가 대표 제품이다. 도구공간은 현재 광주광역시, 전주시 등 지자체들과 협업해 코르소 시범 도입에 나서고 있다. 이외에도 방역, 공간 탐사 등에 사용 가능한 '로브젝트(RObject)', 로봇 원격제어 시스템 'SOS' 등을 만든다.

교육·의료·자원순환까지
재활 로봇 '리블레스'·코딩 '에이럭스'

외국 기업 점유율이 높은 교육·의료 현장에 뛰어드는 로봇 스타트업도 증가하는 추세다. 국산 교육용 교보재, 의료용 로봇으로 해외 기업이 주류인 시장에 도전장을 내미는 기업이 속속 등장한다.

월 렌털료 100만원에 '로봇 치킨' 프랜차이즈 진출

Q. 치킨 로봇의 기능이 어디까지 개발됐나.

A. 치킨은 물론, 치즈볼, 감자튀김 등 모든 튀김 메뉴를 다 만들 수 있다. 올해 GS25에 로봇을 납품하게 된 것도 이런 성능을 인정받은 덕분이다. 현재 치킨 로봇은 반죽과 튀김이 주기능인데, 차세대 모델은 양념과 포장까지 할 수 있다. 또한 냉동 제품을 끓는 기름에 넣었을 때 온도가 5도 정도 내려가 조리 상태가 미세하게 달라지는 문제도 개선될 것이다.

Q. 로봇 가격이 생각보다 빠르게 낮아지고 있다.

A. 현재 국내 제조사로부터 로봇 팔을 납품받는 원가가 2000만원대 중반이다. 중국산을 쓰면 가격이 더 내려가겠지만 AS 등 관리 때문에 국산을 선호한다. 조만간 프랜차이즈 사업이 진행되면 대량 보급 효과로 가격을 더욱 낮출 수 있을 것으로 기대한다. 월 100만원에 렌털하는 요금제를 준비 중이다(3년 기준).

Q. 경영 계획은.

A. 앞으로 푸드테크가 더욱 활성화될 것으로 본다. 중장기적으로 치킨뿐 아니라 로봇으로 조리할 수 있는 음식은 모두 도전해볼 생각이다. F&B를 로봇으로 가장 잘하는 기업이 되는 것이 목표다.

로봇 교육 시장은 '코딩'의 인기 상승으로 주목받는 분야다. 코딩 교육에 가장 효과적인 게 로봇인 덕분이다. 더불어 국내 로봇 회사가 힘을 쓰지 못하는 시장이기도 하다. 현재 국내 방과 후 로봇 코딩 교육 시장은 레고, 유비테크, 오조봇 등 외국 기업의 점유율이 50%에 달한다.

에이럭스는 외국 기업 '일색'인 로봇 코딩 교육 시장에서 '대항마'로 꼽히는 스타트업이다. 제품 '프로보'를 앞세워 교육 시장을 천천히 공략 중이다. 현재 국내 6000여개 초등학교 중 2000여개 학교가 프로보 로봇 코딩 교구로 학생들의 코딩 교육을 진행하고 있다.

조립형 로봇 교구재를 개발한 '럭스로보'도 눈여겨볼 만하다. '모디' '모디 플러스' 등 교보재를 활용한 코딩 교육 · 인공지능 교육 서비스를 제공한다. 2021년 하반기에 중국을 포함한 10여개국과 공급 계약을 체결하는 등 해외 진출에도 적극적이다. 지난해 185억원 규모의 프리 IPO 투자 유치를 받으며 기업가치는

2000억원을 돌파했다.

의료용 로봇 산업에서는 '에이치로보틱스'가 존재감을 드러낸다. 거동이 불편한 사람들 재활을 보조하는 재활 로봇 '리블레스'가 주력이다. 리블레스는 로봇의 힘을 활용해 팔·다리 근력이 약해진 환자의 재활을 돕는다. 미국 FDA(식품의약국)와 한국 식약처로부터 의료기기 인증을 획득했다. 리블레스의 성과에 힘입어 에이치로보틱스는 현재 120억원 규모의 시리즈B 투자까지 유치했다. 2022년 말까지 상장하겠다는 목표도 세웠다.

'수퍼빈'은 지능형 순환자원 회수 로봇 '네프론'을 개발했다. 코스틸 대표를 지낸 김정빈 대표가 지난 2015년 설립한 소셜벤처다. 네프론은 인공지능·빅데이터 기술을 활용해 순환 가능한 페트병과 알루미늄캔을 선별해 분류·압축·저장한다. 수퍼빈은 이후 이를 수거, 세척해 R-PET(폐플라스틱) 원료인 플라스틱플레이크를 만들거나 재활용 업체에 판매한다. 2016년 11월 첫 설치를 시작해 2021년 말 기준 40여개 지자체에 400여대의 네프론을 운영 중이다. 향후 네프론을 1000대 이상 설치하고 해외로도 진출한다는 계획이다. ■

뉴빌리티가 운영하는 자율주행 배달 로봇 '뉴비'. (뉴빌리티 제공)

커피 넘어 빵·초콜릿 다루는 로봇 선보일 것

Q. 다른 바리스타 로봇과 차별화되는 라운지엑스의 강점은.

A. 타 로봇 카페는 주로 인건비 절감을 목표로 자판기 형태의 무인 매장 개발에 집중하고 있다. 하지만 고객은 로봇의 콘텐츠적 요소에 크게 반응한다. 실제 고객이 원하는 경험은 단순히 '로봇이 커피를 만든다'에서 그치는 것이 아니라, 로봇과 감정적으로 교감하는 것이다. 이런 맥락에서 고객을 알아보고 인사를 하거나 춤을 추는 모션을 개발했다.

Q. 바리스타 로봇 시세는 얼마인가.

A. 라운지랩은 로봇 판매 대신 렌털만 진행한다. 아이스크림 로봇의 경우, 월 렌털료는 90만원(1년 기준)이다. 현재 카페를 운영하고 있는데, 저비용으로 아이스크림 메뉴를 추가해 부가 매출을 내고 싶은 업주에게 적합한 솔루션이 될 수 있다고 본다. 바리스타 로봇은 대당 1000만원 이하로 가격이 낮아지면 보급이 가속화될 것으로 믿는다.

Q. 바리스타 로봇이 만들 수 있는 메뉴는.

A. 라운지엑스 마포점의 로봇 '바리스 브루'는 다양한 원재료를 혼합해 여러 음료를 만든다. 현재 버전에서는 커피 원액과 물, 우유, 꿀 등을 조합해 콜드브루, 카페오레, 허니밀크콜드브루 등 6가지 음료를 제조할 수 있다.

Q. 향후 기술력이 향상되면 로봇 바리스타가 어떤 수준까지 도달할까.

A. F&B 시장에서 자동화 로봇 기술 적용은 빠르게 확장되고 있다. 그동안은 주로 커피를 만드는 바리스타 로봇을 선보였지만, 카페 영역에서 활용할 만한 다양한 서비스 로봇을 개발 중이다. 음료와 함께하는 디저트인 베이커리, 초콜릿 등을 다루는 로봇도 곧 선보일 수 있겠다.

Q. 향후 계획은.

A. 지속적인 기술 개발을 통해 다양한 로봇 서비스를 선보일 예정이다. 베이커리, 초콜릿 로봇을 개발 중이고, 라운지엑스의 강화된 브랜드를 총체적으로 보여주는 플래그십 매장도 준비 중이다. 2022년 상반기에 완전 무인 카페 '엑스 익스프레스' 오픈이 예정돼 있다. 무인으로 운영하면서도 유인 매장만큼의 사용자 경험을 유지할 수 있도록 테스트해본 후, 운영에 무리가 없다면 무인 매장 확장을 고려해 볼 것이다.

공공성 · 수익성 두 마리 토끼 잡는다
보육 '째깍악어' 언어 교육 '에누마'

2031개.

중소벤처기업부의 2021년 소셜벤처 실태조사 결과 집계된 국내 소셜벤처 수다(지난해 8월 기준). 2019년 998개사, 2020년 1509개사에서 꾸준히 증가하고 있다. 소셜벤처 창업을 지원하는 서울소셜벤처허브도 2021년 12개 기업이 입주해 전년 대비 75% 늘어난 매출 131억원을 기록했다. 최근 ESG 경영과 사회문제 해결 스타트업을 육성하는 '임팩트 투자' 열풍에 따른 결과다.

과거에는 소셜벤처 하면 '비영리 사회적 기업' 이미지를 떠올릴 만큼 공공성을 강조하는 경우가 많았다. 요즘은 달라졌다. 기술 기반 업종이 80%에 육박하고 약 700억원의 사회적 재투자를 단행하는 등 혁신 성장성과 공공성 '두 마리 토끼'를 모두 잡은 '돈 버는 착한 기업' 이 늘고 있다. 중기부에 따르면, 2020년 소셜

벤처의 평균 매출액은 약 29억원으로, 2019년 (24억원) 대비 18.5% 증가했다.

주요 소셜벤처 기업 업계 지도는 어떻게 그려지고 있을까.

에너지 절약 · 친환경
넷스파, 폐어망 수거해 나일론 원료로

'씨드앤(SeedN)'은 건물 유형별 환경 데이터를 활용해 건물 에너지 절감 솔루션 '리프(Leaf)' 를 제공한다. 실내에 설치해 냉난방기와 연동시키면 AI 센서가 자동으로 실내 환경 상태를 감지, 최적의 온도를 유지할 수 있도록 도와준다. 냉난방 에너지를 기존 대비 10~30%가량 절감해 그만큼 탄소 배출을 줄인다는 설명이다. 2021년 9월 카카오벤처스로부터 5억원 규모의 프리 시리즈A 투자를 유치했다.

'루트에너지'는 재생에너지 커뮤니티 펀딩 플

랫폼(온라인투자연계금융업)이다. 태양광, ESS, 풍력 등의 '발전사업자'와 설치할 수 있는 적합한 공간을 가진 '호스트'를 다수 '개인투자자'와 온라인으로 연결한다. 가령 2022년 3월에는 경기도 가평군 자전거도로 약 3.5㎞ 구간에 총 3.5㎿ 규모 태양광발전소를 설치하는 사업비 10억원 모집에 성공했다. 이를 통해 연간 약 197만㎾h의 전기를 생산할 예정이다. 이는 1년간 에어컨 1643대를 사용할 수 있는 양이며 연간 59t의 온실가스 감축 효과를 낼 수 있다. 이렇게 생산한 전기를 한국전력에 판매해 얻은 수익금으로 투자자에게 7개월간 연 수익률 11%의 이자를 지급한다. 최근에는 기업의 사용 전력 100%를 재생에너지로 대체하는 'RE100'을 달성, 친환경 스타트업으로서 면모를 과시했다.

'임팩토리얼'은 친환경 온라인 편집숍 '모레상점'을 운영한다. 모레상점은 샴푸바, 고체 세제 등 플라스틱 사용을 최소화한 친환경 제품을 엄선해 판매한다. 매출의 1%는 환경 문제 해결을 위해 기부한다. 자원순환 노력을 인정받아 환경부가 주관한 '2020 자원순환 우수사례 경진대회'에서 인기상을 수상했다.

2020년 10월 설립된 '넷스파'는 폐어망을 수거해 세척한 뒤 나일론 원료를 생산하는 '업사이클링(친환경 재활용)' 기업이다. 한국해양수산개발원에 따르면 국내 폐어망 발생량은 연간 4만3000t 수준으로 추정된다. 넷스파는 수

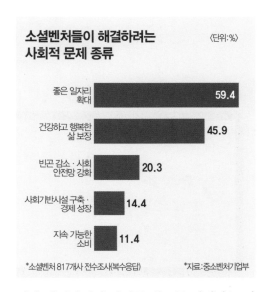

소셜벤처들이 해결하려는 사회적 문제 종류 〈단위:%〉

좋은 일자리 확대	59.4
건강하고 행복한 삶 보장	45.9
빈곤 감소·사회 안전망 강화	20.3
사회기반시설 구축·경제 성장	14.4
지속 가능한 소비	11.4

*소셜벤처 817개사 전수조사(복수응답)   *자료:중소벤처기업부

거한 폐어망에서 나일론 원료를 선별하는 기술을 확보하고, 연간 4000t 수준의 나일론 원료를 생산하는 능력도 갖췄다. 넷스파는 수년 내 공장을 증설해 생산능력을 2만t까지 늘려 폐어망의 절반 이상을 재활용한다는 포부다. 2021년 11월 벤처캐피털 TBT 등에서 30억원 규모의 시리즈A 투자를 유치했다. 폐어망 처리 문제가 심각한 인도네시아, 베트남, 필리핀 등 동남아 진출도 목표로 하고 있다.

교육 격차 줄이는 '소셜 에듀'
언어발전소, 원격 성인 언어 치료

사교육은 '망국병'이라 불릴 만큼 사회적 비용이 큰 문제다. 저출산 탓에 학령인구는 매년 가파르게 줄고 있지만 사교육비는 오히려 치솟고 있다. 사교육 문제를 해소하는 에듀테크

임팩토리얼은 지속 가능 발전을 위한 대안 제품을 큐레이션하는 온라인 플랫폼 모레상점을 운영한다(좌). 페어망에서 추출한 고순도 재활용 나일론(우). (임팩토리얼 제공, 넷스파 홈페이지)

스타트업이 소셜벤처로 주목받는 배경이다. '에누마'는 지난 2020년 KB국민은행과 함께 국내 다문화·저소득 가정 자녀에게 한글을 가르치는 앱 '글방'을 선보였다. 한글 교육이 필수적인 다문화 가정이나 보호자가 생계 활동으로 자녀 교육에 많은 시간과 비용을 지출할 여력이 없는 취약계층 자녀에게 양질의 학습 환경을 제공한다는 평가다.

중기부는 에누마가 지난 한 해 동안 창출한 사회적 가치를 10억7200만원으로 측정했다. 맞춤형 교육지도사 투입 비용(148만6850원)에서 학습 솔루션 공급 비용(14만6800원)을 차감한 금액과 해당 솔루션을 이용한 취약계층 아동 800명분을 곱해서 산출했다.

에누마가 취약 아동의 언어 교육을 지원한다

면 '언어발전소'는 1대1 원격 언어 재활 플랫폼을 운영하며 성인의 언어 치료를 돕는다. 19세 이상 성인 뇌졸중 환자 70만명 중 60%가 의사소통에 불편함을 겪고 있는데도, 언어 치료 대부분이 아동에만 초점이 맞춰져 있다는 문제의식에서 시작했다. 아동에 비해 수요가 적기에 성인 대상 언어 재활사는 많지 않고, 그나마 이들이 상주하는 병원도 대부분 수도권에 집중돼 있다. 언어발전소는 전국 수요에 효과적으로 대응하기 위해 1대1 화상 언어 치료 방식을 선택했다. 법인 설립 후 1년 반 동안 치료에 나선 결과, 원격 치료 효과가 대면 치료에 비해 전혀 떨어지지 않더라고. 언어 재활 치료의 새로운 대안을 제시했다는 평가를 받아 2020년 9월 중기부와 교육부가 주관

사회 문제 해결하는 '소셜벤처'			
분야	기업	서비스	특징
에너지 절약 · 친환경	씨드앤	리프	AIoT 기반, 건물 냉난방 공조(HVAC) 에너지 자동 관리 플랫폼 '리프'
	루트에너지	루트에너지	재생에너지에 투자하는 p2p 커뮤니티 펀딩 플랫폼
	임팩토리얼	모레상점	대안 제품을 큐레이션하는 온라인 플랫폼 모레상점 운영
	넷스파	넷스파	폐어망 수거해 나일론 원료 생산하는 업사이클링
소셜 에듀	에누마	글방	디지털 기술로 어린이들의 교육 환경을 개선하는 에듀테크 소셜벤처
	언어발전소	언어발전소	뇌 손상 성인과 의사소통 전문가(언어 재활사)를 비대면으로 연결
	퓨처스콜레	라이브클래스	자유롭게 강의 개설하고 수강할 수 있는 플랫폼 '라이브클래스' 운영
	비주얼캠프	키미	아동의 바른 휴대폰 사용을 돕는 시력 보호 앱 '키미' 선보여
	두브레인	위빌리	발달 지연 아이를 키우는 양육자들이 고민을 나누고 참여하는 플랫폼 '위빌리'
	세이글로벌	세이글로벌	은퇴한 노인들을 한국어 강사로 양성, 한국어 교육을 제공
양극화 해소	MGRV	맹그로브	새로운 주거 대안을 제시하는 코리빙 브랜드 맹그로브 운영
	크레파스플러스	UP당	신용카드 발급이 어려운 청년 세대를 위한 금융 플랫폼 'UP당' 앱 운영
	실버라이닝	할배달	시니어 근로자들이 참여하는 근거리 배달 서비스
	소울메디	소울	의약품 정보 부족한 사용자를 위한 정보 제공 웹서비스 운영
	캥스터즈	WHEELSTER	휠체어 사용자를 위한 세척, 피트니스 서비스 제공
보육 · 저출산	자란다	자란다	자녀를 키우기 힘든 맞벌이 부부를 위한 돌봄 서비스 운영
	째깍악어	째깍악어	빅데이터를 분석해 부모님의 돌봄 니즈에 맞는 다양한 선택지를 제공
	더패밀리랩	헤이마마	임신과 출산을 경험한 모든 여성들의 건강한 삶을 위한 헬스케어 소셜벤처
	돌봄드림	Dolbom Dream	데이터 기반, 발달 장애인 문제 해결하는 데 집중
	맘편한세상	맘시터	맞벌이 부부가 돌봄 서비스를 쉽게 받을 수 있도록 연결

언어발전소는 뇌 손상 성인과 의사소통 전문가(언어 재활사)를 비대면으로 연결해 집에서 편안하고 안전하게 재활할 수 있는 환경을 만들어준다. (언어발전소 제공)

한 초기 창업 패키지 사업 '비대면 유망 기업'으로 선정됐다. 2021년 1월 소풍벤처스로부터 시드 투자를 유치했다.

퓨쳐스콜레는 '교육 격차' 해소에 집중하는 기업이다. 누구나 편하게 '고품질'의 강의를 듣게 하는 게 목표다. 퓨쳐스콜레가 운영하는 플랫폼 '라이브클래스'는 합리적인 가격에 '고품격' 강의를 누구나 들을 수 있다.

반대 경우도 가능하다. 자신의 '지식'을 나누고 싶은 사람이라면 누구나 강의를 개설할 수 있다. 인터넷 강의 같은 '일방향 소통'을 생각하면 오산이다. 강사와 수강자가 실시간으로 소통하는 '라이브 강의'가 주력이다. 현재 라이브클래스에서 활동하는 강사 수만 4000명이 넘는다. 사업성을 인정받아 최근 20억원의

프리 시리즈A 투자를 유치했다.

시선추적 기술 개발 기업 '비주얼캠프'는 아동들의 시력 보호를 위한 앱 '키미'를 출시했다. 부모가 자녀와 모바일 기기 간 적정 거리를 설정하면 자녀가 휴대폰을 가까이 볼 때 캐릭터 '키미'가 등장해 적절한 거리를 유지할 수 있도록 유도한다. 이외에도 바른 자세 알림과 시청 시간 분석 기능도 있어 아이들의 바른 휴대폰 사용을 돕는다.

'두브레인'은 3~7세 발달 지연 아동과 양육자를 위한 성장 플랫폼 '위빌리(WE:Ville)' 서비스를 제공한다. 발달 지연 아이를 키우는 양육자들이 고민을 나누고, 코치로 참여하는 아동 발달 전문가들을 통해 솔루션을 얻을 수 있는 커뮤니티다. 핵심 기능인 '입주민 센터'에

서는 아이의 발달에 고민이 있는 부모들이 자녀와 유사 증상을 가진 다른 아동들의 치료 계획과 성과를 통해 효과적인 치료 계획을 세울 수 있도록 돕는다. 전문가 그룹 코칭, 집콕 인지 놀이, 언어 치료 등의 서비스도 비대면으로 제공한다.

'세이글로벌(Say Global)'은 은퇴한 노인들을 한국어 강사로 양성, 전 세계 수강생에게 한국어 교육을 제공하는 글로벌 에듀테크 스타트업이다. 한국어 공부를 원하는 외국인 수요를 충족하면서 시니어 맞춤형 일자리도 제공해 사회적 가치를 창출한다는 평가다. 미국 아이비리그대 출신 3명이 모여 2017년 설립했다. 최근 인공지능(AI) 기반 메타버스 기업 '마블러스(MARVRUS)'에 인수됐다.

문화 · 주거 · 금융 양극화 해소
맹그로브, 공유 주거로 기업가치 1천억

갈수록 심각해지는 '양극화' 문제 해결을 위해 나선 스타트업도 적잖다. 소득별로 나눠진 '문화 격차' 극복을 위해 고군분투하고, '코리빙 하우스'로 주거 양극화 문제 해결에 나서는 회사들이 속속 등장하고 있다.

스타트업 MGRV는 공유 주거 브랜드 '맹그로브'를 운영한다. 맹그로브는 비싼 집값 때문에 방을 구하지 못하는 사회 초년생들을 위한 서비스다. 서울 중심부 일대에 합리적인 가격으로 '공유 주거 시설'을 제공한다. 맹그로브

MGRV는 1인 가구의 주거 문제 해결을 위해 공유 주거 브랜드인 '맹그로브'를 운영한다. (MGRV 제공)

의 공유 주거 서비스는 한 집을 여럿이 나눠 쓰는 '셰어 하우스'와는 별도의 개념이다. 한 집을 여럿이 나눠 쓰는 셰어 하우스와 달리 맹그로브의 공유 주거는 개인 공간을 철저히 보장한다. 건물을 지을 때부터 공유 주거 형태에 맞춰 짓는다. 카페, 공용 업무실, 미니 체육관 등 거주자들이 서로 교류할 수 있도록 공용 공간도 곳곳에 배치한다. 부동산 자산을 보유한 덕에 사모펀드들로부터 투자 수요가

많다. 기업가치는 약 1000억원에 달한다.

'크레파스플러스'는 MZ세대를 위한 금융 플랫폼 'UP당' 앱을 운영한다. 취업난 등으로 신용이 쌓이지 않아 신용카드 발급이 어려운 MZ세대들이 신용카드 없이 분할결제 서비스를 이용할 수 있는 '선구매 후결제(BNPL)' 서비스를 제공한다. 대안신용평가를 적용해 최대 80만원 한도로 사용 가능하다. 이외에 MZ세대를 위한 각종 장학금, 정부 지원 사업 정보도 제공한다.

보육 · 저출산 문제 해결 나선 기업
보육 '자란다' 임산부 건강 '더패밀리랩'

최근 사회적인 문제로 떠오른 저출산 문제 해결을 목표로 창업한 스타트업도 눈에 띈다. 맞벌이 직장인의 육아 부담 문제를 덜어주거나 임산부를 위한 건강관리 서비스를 내놓으며 당면한 저출산 문제를 해결하는 데 집중한다. '자란다'는 4~13세 유아동을 위한 교육 · 돌봄 매칭 플랫폼이다. 가정 교육 상황과 아이 성향에 맞춰 학습 위주의 '배움' 또는 놀이 위주의 '돌봄', 교육과 돌봄 시간을 동시에 하는 '돌봄배움'을 진행한다.

'워킹맘'이었던 장서정 대표가 본인이 느낀 육아 고충을 해결하고자 창업했다. 현재 18만 6000명의 선생님이 등록돼 있다. 사회성과 산업성을 인정받아 2021년 4월 310억원 규모의 시리즈B 투자를 유치했다. 누적 투자 유치 금액은 448억원이다.

'째깍악어'는 2016년 김희정 대표가 창업한 보육 스타트업이다. 여성 직장인 증가로 맞벌이 부부가 증가하면서, 사회적 문제로 떠오른 '육아' 문제를 해결하기 위해 만들었다. 육아 부담으로 인해 경력을 단절하는 여성 직장인을 최소화하고자 한다. 째깍악어 앱을 통해 놀이부터 유아 교육 등 다양한 서비스를 제공한다. 사용자 빅데이터를 분석, 부모와 아이에게 가장 알맞은 돌봄 서비스를 제안하기도 한다. 2021년 70억원 규모의 시리즈A 투자를 유치했다. 누적 투자 유치 금액은 150억원에 달한다.

'더패밀리랩'은 산후 여성을 위한 운동 앱 '헤이마마'를 운영한다. 많은 '홈트레이닝' 프로그램 중 출산 직후 여성을 위한 전문 서비스가 없다는 점에 문제를 자각한 하이수 대표가 2017년 창업했다. 헤이마마 앱은 임신과 출산을 겪은 여성들이 빠르게 건강을 회복할 수 있도록 운동 계획을 만들어준다. 앱에 들어가서 자신이 원하는 운동 계획을 구독하면, 매일 2~3개의 영상 콘텐츠가 앱으로 제공되는 시스템이다. 앱을 내놓은 지 3개월 만에 누적 다운로드 수 1만명을 달성했다. 재구매율과 고객 만족도가 높아 성장세가 자체 예상치보다 더 가파르다고. 성과를 인정받아 2021년 하나벤처스로부터 시드 투자를 유치하는 데 성공했다. ∎

언제, 어디서든 '고품질 교육'받는 세상 만들고파

Q. 퓨처스콜레를 창업하게 된 계기는.

A. 퓨처스콜레를 만들기 전, 교육 봉사를 자주 다니고는 했다. 교육 소외 지역에 하루 정도 내려가 3D 프린터, 코딩 등의 교육을 진행하는 방식이었다. 교육이 끝나갈 무렵, 한 아이가 "다음에도 수업 또 듣고 싶어요. 또 와주시면 안 되나요?"라고 물었다. 사실 수업 내용이 특별한 내용은 아니었다. 서울에 사는 어린이라면 누구나 쉽게 접할 수 있는 교육이었다. 단지 사는 지역이 다르다고 해서 교육 격차가 벌어지는 현실을 목도했다. 마음이 심란하던 찰나, 당시 유행하던 재능 공유 플랫폼을 접했다. 실시간으로 강사와 수강생이 강의를 주고받는 시스템이라면 교육 격차 문제를 해결할 수 있겠다고 판단했다. 비즈니스 경쟁력도 충분하다는 생각이 들었다. 이익을 내면서도 사회에 공헌하는 시스템을 만들고자 '퓨처스콜레'를 창업했다.

Q. 라이브클래스의 원리가 궁금하다.

A. 라이브클래스는 기본적인 '툴'을 제공한다. 라이브클래스 사이트에 접속해 매뉴얼이 알려주는 대로 영상을 올리면 된다. 성향에 따라 강의 종류를 다르게 할 수 있다. 수강생과 즉석 소통을 원하면 라이브 강의를, 깔끔하게 녹화된 강의를 제공하고 싶다면 녹화한 영상을 올리면 된다. 한마디로 '크리에이터'가 되는 셈이다.

Q. '유튜브' 같은 대형 플랫폼에 밀리는 것 아닌가.

A. 유튜브는 사실 성공하기 힘든 구조다. 유튜브에서 200만원을 벌려면, 영상 조회 수가 200만뷰가 나와야 한다. 그런데 200만뷰는 '대박'을 터뜨린 최상위 유튜버가 아니면 달성하기 힘든 수치다. 대부분의 유튜버는 수익이 부족하다. 반면 라이브클래스는 유료 플랫폼이다. 강의료가 10만원이라면, 20명만 모아도 200만원의 수익을 얻을 수 있다. 수익화를 원하는 크리에이터에게는 라이브클래스가 압도적으로 유리하다.

Q. 향후 목표는.

A. 현재 목표는 라이브클래스 서비스를 성장시키는 것이다. 언제 어디서든 고품질의 강의를 듣는 사람이 많아지도록 라이브클래스 플랫폼 규모를 키우는 데 집중하겠다.

사회 각 분야서 '혁신' 일으키는 테크 기업
법률 '로톡' 인재 매칭 '탤런트뱅크' 눈길

최근 국내외 스타트업 시장에서 거품 논란이 뜨겁다. 한쪽에서는 20년 전 '닷컴 버블' 사태의 재판 아니냐는 우려도 제기된다.

그러나 닷컴 버블 사태와는 근본적 차이가 있다는 것이 전문가 중론이다. 당시는 모든 투자가 IT에 편중된 반면, 요즘은 산업 전 분야에서 유망 스타트업이 등장하고 있다는 판단에서다.

물론 일부 스타트업이 실제 가치보다 과대평가된 경우도 적잖다. 하지만 구글, 아마존이 그랬듯, 거품 논란이 지나고 나면 오히려 어떤 스타트업이 '진짜배기'였는지 옥석이 가려질 것이라는 관측이다.

한편에서는 전통 산업에서 디지털 전환을 시도한 스타트업이 주목받으며 오히려 '스타트업처럼 일해야 살아남는다'는 얘기마저 나온다. 스타트업은 이제 단순한 유행이 아니라, 효율성을 극대화한 하나의 '사업 프로세스'라는 얘기다. 최근 리걸테크, 커리어테크, 스토리테크 등 기존 산업에 테크를 붙인 '별별테크'가 잇따르는 현상은 이런 흐름을 대변한다. 향후에도 다양한 분야에서 혁신적인 K스타트업이 계속 등장할 것으로 예고되는 대목이기도 하다.

그동안 낙후됐던 전통 산업의 디지털 전환을 주도하고 있는 별별테크 스타트업은 다음과 같다.

리걸테크 · 스토리테크
'로톡' '투닝' 법률 · 웹툰 더 쉽게

일반인이 접근하기 어려운 전문적 분야의 문턱을 낮춰주는 스타트업도 각광받는다.

'로앤컴퍼니'는 '로톡(Law-talk)'으로 잘 알려진 리걸(Legal)테크 스타트업이다. 법은 누구에게나 필요하지만 쉽게 다가가기 어렵다는

'로앤컴퍼니'는 분야별 변호사 정보를 제공해 누구나 쉽게 법률 서비스를 받을 수 있도록 돕는 '로톡(Law-talk)' 앱을 운영하는 리걸(Legal)테크 스타트업이다. 사진은 로톡 광고판 전경. (로앤컴퍼니 제공)

문제의식에서 시작했다. 분야별 변호사 정보를 제공해 누구나 쉽게 법률 서비스를 받을 수 있도록 돕는다.

로톡을 통해 이뤄지는 월평균 상담 건수는 약 2만건, 누적 상담 건수는 72만건에 이른다. 2022년 1분기 로톡에 가입한 일반 이용자 수는 지난해 동기 대비 약 3.7배 증가했다. 올 3월 기준 MAU(월간 활성 방문자 수)는 약 190만명으로 전년 동월 대비 87% 늘었다.

로톡은 플랫폼 종속을 우려한 대한변호사협회가 김본환 로앤컴퍼니 대표를 변호사법 위반 혐의로 고발하고 가입 변호사의 징계를 예고하는 등 법적 분쟁을 겪었다.

로톡에서 활동하는 변호사 회원 수는 대한변협이 제재하기 이전인 지난해 3월 약 4000명에 달했으나 지난해 11월에는 1706명으로 56% 감소했다. 그러나 최근 헌법재판소가 로앤컴퍼니의 손을 들어주며 승기를 잡은 모양

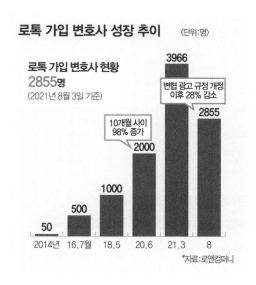

로톡 가입 변호사 성장 추이 (단위:명)

로톡 가입 변호사 현황
2855명
(2021년 8월 3일 기준)

10개월 사이 98% 증가

변협 광고 규정 개정 이후 28% 감소

2014년	16.7월	18.5	20.6	21.3	8
50	500	1000	2000	3966	2855

*자료:로앤컴퍼니

새다. 이후 가입 변호사 수도 최근 빠르게 증가하고 있다는 것이 회사 측 설명이다.

'툰스퀘어'는 '스토리테크' 스타트업을 표방한다. 글자만 입력하면 AI가 웹툰을 뚝딱 만들어주는 '투닝(Tooning)' 서비스를 운영한다. 대화형 텍스트에 원하는 글만 넣으면 '텍스트

온라인몰 M&A 애그리게이터 취준생 도우미 '커리어테크' 활약

성장 한계 부딪힌 '셀러' 인수
가치 키워주고 '엑시트' 기회 제공
이직 적극 도와주는 '커리어테크'
탤런트뱅크 · 원더드랩 각광

자동 연출(Text to Toon)' 기술을 통해 캐릭터와 배경, 스토리가 이미지로 자동 전환해준다. 자연어 처리 기반 AI가 글의 맥락과 감정을 분석해 캐릭터의 표정과 동작을 그림으로 표현하는 원리다. 지난 2017년 삼성전자의 사내벤처 프로젝트 'C랩'을 통해 창업했다.

온라인몰 M&A '애그리게이터'
성장 한계 셀러 인수해 '점프 업'

이커머스 시장이 고도화되며 최근 잇따라 등장하는 것은 '애그리게이터(Aggregators)'다. 아마존, 쿠팡, 네이버 등 이커머스 플랫폼에 입점해 있는 온라인 소호몰 등 '유망 셀러(Seller · 판매 업체)'를 인수해 경영 혁신과 스케일업을 통해 가치를 높이는 롤업(Roll−up) 투자 스타트업이다. 자본과 경영 노하우 부족으로 성장 한계에 도달한 셀러의 지속 성

장을 도모하고 자영업자에게 엑시트(Exit · 투자금 회수) 기회를 제공할 수 있어 주목받는다.

애그리게이터는 미국에서 '스라시오(Thrasio)'가 유니콘 반열에 오르며 새롭게 주목받았다. 국내에서도 지난해부터 '넥스트챕터' '스토어링크' '부스터스' '뉴베슬' 등 여러 스타트업이 잇따르고 있다.

'취준생 도우미' 커리어테크
탤런트뱅크 · 원티드랩…이직 · 경력 관리

지원자의 스펙 대신 업무 경험을 중시하는 수시 · 경력 채용이 대세가 됐다. 채용 시장 변화에 맞춰 기업과 구직자를 연결해주는 '커리어테크' 스타트업이 대거 등장했다. 채용 공고를 모아 놓은 형태에서 벗어나 새로운 구인 구직 방식을 적극 도입한다. 사용자의 성향과 경력을 분석해 알맞은 기업을 추천해주고, 단기 프로젝트 관리를 위해 잠시 동안 업무를 맡는 '긱 워커(초단기근로자)'를 찾아주는 식이다.

'탤런트뱅크'는 경력이 많은 전문가와 기업을 연결해주는 인재 매칭 플랫폼이다. 본래 인사 관리 전문기업 휴넷의 사내벤처로 출발했다. 인력 운용에 부담이 큰 중소기업과 퇴직한 시니어 전문가를 연결시켜주자는 취지로 사업을 시작했다. 2020년 말 별도 법인으로 독립했다. 올해 초 60억원 규모 시리즈A 투자를

분야	기업	서비스	특징
리걸테크	로앤컴퍼니	로톡	누구나 변호사 상담을 받을 수 있는 앱 '로톡' 운영
스토리테크	툰스퀘어	투닝	글자만 입력하면 AI가 웹툰 제작해주는 서비스 '투닝'
애그리게이터	넥스트챕터	넥스트챕터	중소 온라인 브랜드 인수 후 성장시키는 인수 운영 플랫폼
	스토어링크	스토어링크	제품 성장성 입증했으나 인력 자금 부족한 브랜드 발굴
	부스터스	부스터스	주요 이커머스 브랜드 인수 후 성장시키는 데 집중
	뉴베슬	뉴베슬	성장 한계에 부딪혀 돌파구가 필요한 브랜드 집중 지원
커리어테크	탤런트뱅크	탤런트뱅크	고경력 시니어 근무자와 중소기업 매칭해주는 플랫폼
	원티드랩	원티드	추천한 지인이 입사하면 지인 추천 보상금 지급
	드라마앤컴퍼니	리멤버커리어	명함 앱 리멤버 정보를 바탕으로 경력직 직원 스카우트
	팀블라인드	블라인드하이어	블라인드 이용 고객 대상 경력직 채용 지원
미디어테크	얼룩소	얼룩소	글 작성 참여하는 '얼룩커'들에게 포인트 제공
	뉴닉	뉴닉	한 주간 이슈된 내용을 모아서 알려주는 뉴스레터
	옥소폴리틱스	옥소폴리틱스	정치 성향 비슷한 사람들 모아 토론하는 커뮤니티 서비스
협업 툴	스윗테크놀로지스	스윗	메신저 기반 업무 협업 툴 '스윗' 서비스 운영
	마이크로프트	로켓워크	업무관리 기반으로 직원 간 정보 공유하는 협업 툴
	플렉스	플렉스	인력 관리, 전자 결재 등 HR 중심 서비스 제공
우주테크	이노스페이스	–	'한빛' 등 소형위성 발사체 개발 중
	페리지에어로스페이스	–	고효율 액체메탄 로켓 '블루웨일' 개발 중
	컨텍	–	민간 유인 발사체 개발해 우주 관광 목표
콘텐츠	리디	리디북스 등	웹툰, 웹소설, 전자책 플랫폼
	이어가다	나디오	오디오북 출간할 수 있는 콘텐츠 플랫폼
	센슈얼모먼트	플링	여성향 오디오 드라마 콘텐츠 플랫폼
	코코지	코코지 하우스 등	키즈 오디오 콘텐츠 제공
	비브스튜디오스	–	가상인간 콘텐츠 등 제작
	밀리언볼트	–	'라바' 제작진이 설립한 애니메이션 스튜디오

법률부터 채용 시장까지 종횡무진하는 K 스타트업

유치했다. 고객 만족도는 상당하다. 재의뢰율이 60%에 달한다고.

원티드랩이 운영하는 '원티드'는 IT 직군 근로자에게는 필수 앱으로 통한다. IT 기업 다수가 원티드를 통해 개발자·기획자 등을 채용하는 경우가 많아서다. 구직자가 관심 있는 포지션에 대한 직무, 자격 요건, 우대사항 등을 입력하면 AI 알고리즘이 구직자의 해당 포지션 합격률을 예측하고 채용을 매칭한다.

특히 '지인 추천 보상금 제도'로 인기를 끈다. 지인 추천으로 채용이 확정되면 합격 당사자와 추천자 모두에게 50만원 상당의 보상금을 제공한다. 2021년에 지급한 보상금 규모만 34억6000만원에 달한다. 원티드의 성공에 힘입어 원티드랩의 실적도 급상승했다. 2022년 1분기 매출 110억원, 영업이익 12억4000만원을 거뒀다. 매출액은 창사 이래 최대 분기 실적이다.

직장인 커뮤니티로 시작한 스타트업들도 연이어 커리어테크 서비스를 내놓는다. 명함 관리 앱 리멤버의 '리멤버커리어'와 직장인 익명 커뮤니티 블라인드가 만든 '블라인드 하이어'가 대표적인 예다.

리멤버커리어는 명함 관리 앱 리멤버를 만든 드라마앤컴퍼니가 2019년 선보인 인재 검색 서비스다. 헤드헌터와 기업 인사 담당자가 기업·직무·업종별로 인재를 검색하고 이직 제안을 할 수 있다. 3년 만에 누적 인재 스카우트 제안이 200만건을 돌파했다.

블라인드 하이어는 직장인 익명 커뮤니티 '블

원티드랩은 커리어테크 '원티드'를 운영한다. 원티드는 지인 추천 보상금으로 눈길을 끈다. (원티드 제공)

라인드'를 운영하는 팀블라인드가 2021년 5월 선보인 경력직 이직 플랫폼이다. 기업이 블라인드에 가입한 직장인에게 직접 이직을 제안하는 방식이다. 당시 서비스 시작 한 달 만에 아마존, 카카오페이 등 굵직한 기업이 고객사로 등록하며 화제를 모았다. 2022년 기준 고객사는 1000개가 넘는다.

레거시 미디어에 도전
얼룩소 · 뉴닉 · 옥소폴리틱스 '눈길'

정보를 전달하고 여론을 공론화하는 작업은 오랫동안 전통 언론의 역할로 여겨져왔다. 최신 정보와 여론 동향을 살피기 위해서는 신문과 방송을 확인하는 게 1순위였다. 그러나 최근 들어 이런 고정관념을 깨트리는 '미디어 스타트업'의 활약이 두드러진다. 뉴스가 어려운 사람들을 위해 핵심 정보만 속속 골라 전달하거나, 개인의 정치적 성향에 맞춰 이슈를 분석해주는 서비스가 인기를 끈다.

'얼룩소'는 문재인정부에서 청와대 디지털소통센터장을 지낸 정혜승 대표가 설립한 스타트업이다. '얼룩커'로 불리는 글쓴이들이 글을 쓰면 독자들이 답글을 남기고 토론하는 방식이다. 플랫폼에서 활동 수준에 따라 2주에 한 번씩 '포인트'를 제공한다. 초창기 이재웅 다음 창업자로 투자를 받으며 화제를 모은 바 있다.

'뉴닉'은 사회 · 경제 분야의 주요 이슈를 정리

옥소폴리틱스는 정치 공론장을 제공하는 정치 커뮤니티 역할로 주목받는다. (옥소폴리틱스 화면 갈무리)

해 간단한 '뉴스레터' 형식으로 전달한다. 딱딱한 문체 대신 질문을 주고받는 듯한 구성과 다채로운 이모티콘 사용으로 가독성을 높였다. 시간이 없고 뉴스에 익숙하지 않은 MZ세대로부터 열띤 지지를 받는다. 2018년 서비스를 시작한 이후 현재 무료 구독자가 40만명을 돌파했다. 2021년 6월 25억원 규모의 시리즈 A 투자를 유치했다.

'옥소폴리틱스'는 미국 트위터와 에어비앤비에서 소프트웨어 엔지니어로 근무한 유호현 대표가 2020년 7월에 만든 스타트업이다. 정치 성향이 다른 다양한 사람들이 자유롭게 의견을 교환할 수 있도록 만든 '온라인 토론장' 서비스를 제공한다. 정치적 견해를 동물 부족으로 표현한 게 특징이다.

앱에 접속한 사용자는 정치 성향 관련 질문에 대한 답변을 바탕으로 다섯 개(호랑이, 하

새로운 공론장 '뉴미디어'
비대면 일상화에 '협업 툴'도 인기

정보 전달 · 여론 공론화에 적극
얼룩소 · 뉴닉 · 옥소폴리틱스 활약
비대면 업무 효율 높여주는
스윗 · 로켓워크 · 플렉스 눈길

마, 코끼리, 공룡, 사자)의 동물 부족으로 분리된다. 분리된 성향에 맞춰 이슈에 대한 다양한 토론이 오간다. 2021년 12월 20억원 규모의 투자를 유치하며 본격적인 사세 확장에 나섰다.

비대면 열풍 올라탄 '협업 툴'
스윗 · 로켓워크 · 플렉스 눈길

비대면 근무가 늘어나면서 '화상 회의' 서비스만큼 성장한 분야가 있다. 바로 '협업 툴' 분야다. 직원 간 소통과 업무 협업을 원활하게 도와주는 '툴'을 찾는 기업이 늘었다. 실제로 글로벌 클라우드 업체 '옥타'에 따르면 2021년 '협업 툴' 앱 다운로드 수는 2020년 대비 28% 성장했다. 이에 힘입어 관련 스타트업도 매서운 성장세를 기록 중이다. 메신저, 업무 관리, 화이트보드형 등 다양한 형태를 내세워 인기를 끈다.

스윗테크놀로지스가 운영하는 협업 툴 '스윗(Swit)'은 전 세계적으로 존재감을 뽐낸다. 메신저와 오피스 메일을 통합한 형태의 서비스로 인기를 끈다. 고객사만 전 세계 3만7000여 개에 달한다.

스윗테크놀로지스는 2017년 이주환 대표가 미국 실리콘밸리에서 창업했다. 2020년부터 코로나19 유행으로 비대면 근무를 채택하는 기업이 늘어나며 급성장했다. 창업 초기 수준이지만 1700억원 수준의 기업가치를 인정받았다.

로켓워크는 스타트업 마이크로프트가 운영하는 업무형 협업 툴이다. 메신저를 기반으로 운영하는 다른 툴과 달리 로켓워크는 업무를 '관리'하는 데 중점을 둔다. 특정 업무를 구조화시켜 '로켓워크'에 등록한 뒤 업무에 필요한 사람들을 초대하거나 자료를 공유하는 식이다. 업무와 관련 없는 사람의 접근을 배제시킨다. 따라서 일반 업무용 협업 툴에 비해 보안성이 높다.

플렉스는 인력 관리(HR) 분야에 특화된 서비스다. 근태 관리 · 급여 정산 · 전자 결재 · 전자 계약 등 인사 관리 전반에 필요한 기능을 제공한다. 현재 3만여 고객사가 이용 중이다. 2022년 1월 380억원의 투자를 유치하는 데 성공했다.

스타트업 생태계가 빠르게 확장하면서 스타

변협의 위헌, 70년 만에 처음…법률 서비스 대중화에 최선

Q. 변호사의 로톡 가입을 제한하는 대한변협의 광고 규정에 대해 헌법재판소가 위헌 판결을 내렸다. 소감은.

A. 우선 법률 서비스 시장 혁신을 이어갈 수 있도록 해준 헌재의 결정에 감사하다. 대한변협이 개정한 규정이 헌재로부터 위헌 판결을 받은 것은 1952년 협회 설립 이래 70년 만에 처음이다. 로톡같이 법률 정보를 자유롭게 나눌 수 있는 소통의 장이 필요하다는 시대적 공감대가 반영된 것이라 생각한다.

분쟁 과정에서 많은 회원 변호사들이 탈퇴, 매출이 감소하면서 발생된 손해가 크다. 그래도 '법률 서비스 시장의 대중화와 선진화'라는 목표를 잃지 않고 다시 한번 힘을 내려 한다.

Q. 로톡의 수익 모델은.

A. 월 정액제 변호사 광고 서비스다. 다만 2022년 2~6월에 한시적으로 광고를 무료화했다. 상반기 매출을 포기하면서까지 진행한 것은 변호사분들께 디지털 혁신 경험을 제공하기 위해서다. 디지털 경험을 통해 로톡 서비스 필요성을 느끼는 변호사가 늘어난다면 의뢰인 역시 전문성을 갖춘 더 많은 변호사들과 소통할 수 있게 될 것이다. 장기적으로 큰 투자라고 생각한다.

Q. 향후 비전과 경영 계획은.

A. 법률 서비스 시장은 IT 기술을 통해 혁신이 이뤄진 부분이 다른 시장에 비해 상대적으로 적다. 그 만큼 시장 잠재력도 굉장히 크다. 이미 해외에는 리걸테크 유니콘 기업만 10개가 넘고 활발하게 글로벌 진출에 나서고 있다. 최근 리걸테크에서 급격하게 발전을 이루고 있는 영역은 '법률 정보 검색'과 '분석 분야'다. 2022년 초 로톡이 선보인 판결문 검색 서비스 '빅케이스'와 같이 AI 기술이 적용된 판례 검색을 중심으로 더욱 고도화된 솔루션을 제공할 예정이다.

Q. 강조하고픈 말은.

A. 아직도 법률사무소 문턱은 너무 높고, 변호사는 먼 존재다. 변호사에 대한 정보가 부족하기 때문이다. 로톡은 법률 서비스 시장 정보에 대한 투명한 공개를 바탕으로, 법률 시장의 정보 비대칭 문제를 실질적으로 해결해나가고 있다. 자체 조사 결과, 유료 상담 이용자 79%는 "로톡 서비스가 아니었다면 변호사를 통한 도움을 고려하기 어려웠을 것"이라고 답했다. 앞으로도 변호사와 법률 소비자 모두에게 도움이 될 수 있는 서비스를 제공하고자 최선을 다할 것이다.

'수퍼빈'이 개발한 스마트 폐기물 분리수거 로봇 '네프론'은 병이나 캔 같은 재활용 폐기물을 AI가 자동으로 분류 수거한다. (수퍼빈 제공)

트업이 뛰어드는 분야도 날이 갈수록 다양해지는 모습이다. 시대적 요구가 빠르게 바뀌고 있는 상황에서 '스타트업 다변화'는 어찌 보면 자연스러운 현상이다. 핀테크·푸드테크·에그테크처럼 이미 '대세'로 자리 잡은 분야 외에도, 틈새시장을 노려 대박을 꿈꾸는 '별별테크' 스타트업을 소개한다.

페어런트테크(Parenttech)
금쪽같은 내 아이, '기술'로 키운다

이 세상 모든 부모는 '초보자'다. 자식 농사만큼 어려운 일이 없다고도 한다. 이제는 첨단 기술에 도움을 청할 수 있다. 부모 양육을 돕는, 이른바 '페어런트테크(Parenttech)'다.

책 읽는 습관을 들이는 데 도움을 주는 스타트업이 있다. 인공지능 기반 독서 플랫폼 '젤리페이지'다. 젤리페이지는 교육 전문 기업 '디지털대성'이 설립한 스타트업이다. 젤리페이지 앱에는 부모가 자녀의 독서 지도를 직접 관여할 수 있는 '페어런트테크' 기능이 포함돼 있다. 부모가 직접 자녀의 문해력이나 연령대, 취향을 고려해 콘텐츠 범주를 정할 수 있다. 독서를 마치면 미션과 보상을 줄 수 있다는 점은 게임과 비슷하다.

예를 들어 '감상문 쓰기'라는 과제를 달성하면 '용돈 500원'을 받을 수 있도록 부모가 설정하는 식이다. 주세훈 젤리페이지 COO는 "젤리페이지는 연령과 취향에 맞춰 개인화된 맞춤

법률부터 채용 시장까지 종횡무진하는 K스타트업			
구분	기업	제품 · 서비스	특징
페어런트테크	젤리페이지	젤리페이지	맞춤형 도서 추천…미션 · 보상 설정도 가능
	애기야가자	애기야가자	아이와 함께 즐길 만한 '키즈 액티비티' 플랫폼
	필로토	필로토	자녀 스마트 기기 사용 습관 교육
에이지테크	실비아헬스	실비아	비대면 노인 인지 건강 평가 · 관리
	바이칼AI	디큐브레인	발음 · 유창성으로 노인 인지장애 여부 구별
	리브라이블리	노리케어	시니어 개인 맞춤형 운동 프로그램 제공
	빅웨이브	아이백	디지털 음성 유언장, 디지털 기록 정리
기후테크	에스엠랩	단결정 양극재	망간 · 니켈만으로 구성돼 양극재 가격 저렴
	스탠다드에너지	바나듐 이온 배터리	전해액 주성분이 물…화재 위험 적어
	그리드위즈	그리드위즈	전력 관리 컨설팅…전력 시장 매매
	하이드로켐	수소 안전 시스템	누출 수소 감지해 제거
	리코	업박스	폐기물 배출 사업자 · 운반 업체 연결 플랫폼
	수퍼빈	네프론	AI 장착한 스마트 폐기물 분리수거 로봇

형 콘텐츠를 제공하는 국내 유일의 '가족 독서 플랫폼'을 꿈꾼다. IT와 다양한 지식 콘텐츠로 독서 생활에 새로운 재미를 느낄 수 있도록 하는 것이 목표"라고 말했다.

아이와 잘 놀아주는 것도 부모의 역할. 키즈 액티비티 플랫폼 '애기야가자'는 자녀와 함께 방문할 수 있는 장소 1만7000여곳의 정보를 데이터베이스화해놨다. 물론 아이 연령대와 취향 등 정보를 입력하면 위치와 카테고리에 기반해 놀 만한 장소를 추천해준다.

'아기주민증'도 인기 있는 서비스다. 어린 자녀의 연령 인증을 도와주는 서비스로, 주민등록등본을 앱에 등록하면 아이 연령대에 맞는 여행지를 알아서 추천해준다. 연령 제한 놀이 기구를 이용할 때 앱으로 나이를 인증하기도 쉽다.

미취학 아동의 스마트 기기 사용이 대중화된 요즘, '스마트 기기 의존증'을 걱정하는 부모도 많다. 자녀들의 디지털 습관을 교육하는 서비스를 제공하는 스타트업 '필로토'가 주목받는 이유다. 필로토의 'AI 캐릭터'는 아이와 대화를 통해 사용 시간을 조절할 수 있도록 도와준다. 보호자가 설정한 기기 사용 시간이 지나면 스마트폰 화면 속 캐릭터가 등장해 친

아이도 노인도 AI가 돌본다
페어런트테크 · 에이지테크 각광

자녀 교육 돕고 놀 거리도 추천
스마트 기기 사용 습관도 교정
고령화에 노인 비대면 진단 관심
치매 예방 · 관리…사회적 비용 ↓

근하게 사용 종료를 유도하는 방식이다. 스마트폰 카메라로 아이 모습을 관찰해 잘못된 자세를 교정하도록 돕고 유해 콘텐츠가 감지되면 차단하는 기능도 있다.

에이지테크(Agetech)
독거노인 치매 예방부터 '웰다잉'까지

고령화가 빠르게 진행 중인 요즘, 노인 건강과 삶의 질 향상을 목표로 삼은 스타트업도 많다. 특히 비대면으로 노인들의 '정신 건강'을 관리할 수 있는 솔루션 개발이 잇따르고 있다. 자녀와 떨어져 홀로 사는 '1인 노인 가구'가 증가하면서 그 필요성이 커졌기 때문이다.

'실비아헬스'는 노화 과정에서 겪는 다양한 정신 건강 문제를 AI 기술로 해결하고자 하는 에이지테크 스타트업이다. 병원을 가지 않고도 비대면 AI 기술로 노인 인지 건강을 평가 · 관리할 수 있는 서비스 '실비아'를 제공한다. 비대면으로 전문가 피드백을 제공하는 덕분에 치매 검사 · 관리 비용은 물론 환자들의 심리 장벽도 낮췄다는 평가다. 수익 모델은 B2B(기업 간 거래)와 B2G(기업 · 정부 간 거래)다.

예를 들어 치매안심센터나 노인복지관, 건강검진센터 등에서 서비스를 신청하면 실비아헬스가 실비아 앱을 통해 서비스를 제공하고 관련 데이터를 분석해 다시 리포트를 제공하는 방식이다.

실비아헬스 외에도 노인 건강 문제를 해결하고자 하는 스타트업이 많다. 언어처리 전문 스타트업 '바이칼AI'는 발음이나 말이 유창한 정도, 대화 일관성 등을 파악한 후 AI가 인지 장애 여부를 구별하는 솔루션을 개발했다. 지난해 KT, 카이스트와 전략적 제휴를 맺고 비대면 상담 서비스도 준비하는 등 서비스 고도화에 박차를 가하는 중이다.

스타트업 '리브라이블리'가 제공하는 시니어 개인 맞춤 헬스케어 서비스 '노리케어'도 비슷하다. 노인의 인지 기능과 신체 기능을 개인 맞춤형으로 개선하는 솔루션. 이용자의 운동 기능 데이터를 기반으로 시니어에게 최적화된 자체 개발 운동 프로그램을 제공한다.

건강한 삶 이후 '웰다잉(Well-dying)'을 준비하도록 돕는 스타트업도 있다. '빅웨이브'에서 제공하는 '아이백(iback)' 서비스는 비대면으로 유언장을 남길 수 있는 플랫폼이다. 사후에 전달하고 싶은 말을 편지 형식으로 기록하는 것은 물론, 녹음을 통해 누구나 쉽게 법적 효력이 인정되는 유언장을 작성할 수 있는 '디지털 음성 유언장' 서비스도 지원한다. 부동산, 현금, 주식, 암호화폐 같은 금융자산은 물론 소셜미디어 사진, 동영상을 포함한 본인 디지털 기록 모두를 한곳에서 정리할 수 있는 서비스도 있다.

기후테크(Climatetech)
2차전지 · 배터리 · 수소 스타트업

'기후테크(Climatetech)'는 탄소 배출 절감에 기여하거나 기후변화를 완화하는 데 도움이 되는 기술을 말한다. 영단어 앞 글자를 따 'C테크'라고도 한다. 최근 한국을 비롯해 수많은 나라가 앞다퉈 도입 중인 '탄소중립' 트렌드를 타고 급격한 성장세를 보인다.

특히 '2차전지'와 '배터리'에서 전 세계적으로 두각을 나타내는 국내 스타트업이 많다.

'에스엠랩'은 2차전지의 핵심 소재인 양극재에서 세계적인 기술을 보유했다. 망간과 니켈로만 구성된 '단결정 양극재'를 세계 최초로 개발한 스타트업이다. 2차전지 필수 광물이지만 가격이 비싼 코발트는 포함하지 않고 상대적으로 저렴한 망간과 니켈만으로 만든 양극재다. 조재필 UNIST 에너지화학공학과 특훈교수가 2018년 7월 창업한 스타트업으로 올해 6월 기준 누적 투자 유치금이 1000억원이 넘는다. 최근에는 글로벌 자동차 기업 폭스바겐과 양극재 소재 공동 개발 계약 체결을 완료하며 이목을 집중시키기도 했다.

'스탠다드에너지'는 대용량 배터리인 '에너지 저장장치(ESS)'에서 전 세계적으로 가장 주목받는 스타트업 중 하나다. '바나듐 이온 배터리'를 세계 최초로 개발한 덕분이다. 현재 주로 사용되는 '리튬 이온 배터리'는 효율은 좋지만 화재 위험이 높다는 리스크가 있다. 하지만 바나듐 이온 배터리는 전해액 주성분이 '물'이라 불이 붙을 위험이 없다. 출력 역시 리튬 이온 배터리보다 두 배 가까이 높고 수명도 네 배 이상 길어 '차세대 대세 배터리'로 꼽힌다. 올해 초 롯데케미칼이 650억원을 투입해 스탠다드에너지 지분 15%를 인수했다.

전기를 아껴 쓸 수 있게 돕는 스타트업도 있다. 에너지 스타트업 '그리드위즈'는 사용자가 평소 절약한 전기를 '전력 시장'에 판매해 돈을 벌 수 있도록 구조를 짰다. 데이터 기반 컨설팅을 통해 고객사가 에너지를 효율적으로 사용할 수 있는 방법을 제시한다. 전기가 더 저렴한 시간에 공장을 가동하는 등 전력 소비를 효율화함으로써 전력을 아끼는 식이다. 이렇게 아낀 전기는 전력거래소에 매각할 수 있다.

'하이드로켐'은 수소 생산 · 이송 · 저장에 필요한 '수소 안전 시스템'을 개발하는 스타트업

'페어런트테크' 스타트업은 부모의 자녀 양육을 돕는 기술을 개발한다. 사진은 인공지능 기반 독서 플랫폼 '젤리페이지' 앱 화면. (젤리페이지 제공)

'폐기물 스타트업'도 맹활약 중이다. 스타트업 '리코'는 폐기물 배출 사업자와 운반 업체를 연결해주는 폐기물 플랫폼 '업박스'를 운영한다. 폐기물을 수집·운반하는 전 과정을 데이터로 관리해 공개하기 때문에 배출 업체 입장에서는 배출량을 줄이고 비용을 절감하려는 노력을 기울이게 된다. 운반 업체는 폐기물 처리를 얼마나 효율적으로 하고 있는지가 기록으로 남기 때문에, 고객 기반을 넓힐 수 있는 기회를 잡을 수 있다.

'수퍼빈'은 스마트 폐기물 분리수거 로봇 '네프론'을 개발한 친환경 스타트업이다. 네프론은 쉽게 말해 '스마트 쓰레기통'이라고 보면 된다. 이용자가 페트병·캔 같은 재활용 폐기물을 넣으면 AI가 자동으로 분류·수거한다. 페트병 라벨지를 분리하지 않거나 잔존물이 있으면 받아주지 않는다. 대신 재활용에 용이하도록 잘 처리해 버리면, 폐기물을 버릴 때마다 현금 포인트를 지급한다. 분리수거를 잘할 수 있게끔 유인을 제공하는 셈이다.

우주테크(Spacetech)
누리호 성공…로켓 스타트업 '각광'

순수 국산 기술로 만든 한국형 우주 발사체 '누리호'가 발사에 성공하면서 '우주 스타트업'에 대한 관심도 덩달아 높아지고 있다.

국내 우주 스타트업은 아직 손에 꼽을 정도다. 일단 로켓을 자체 개발하는 스타트업이

이다. 수소는 화석연료를 대체할 친환경 에너지원으로 주목받지만 폭발 위험성이 있어 안전 관리가 필수다. 하이드로켐은 누출되는 수소를 자동 감지하고, 감지와 동시에 제거하는 일체형 시스템을 개발했다. 자동차, 선박, 지게차, 발전소 등에 모두 적용 가능해 쓰임새가 광범위하다.

두 개뿐이다. '이노스페이스'와 '페리지에어로스페이스'다.

이노스페이스는 소형 위성 발사체 전문 스타트업이다. 국내 민간 최초로 추력 15t급 하이브리드 로켓 엔진을 사용하는 소형 위성 발사체 '한빛'을 개발 중이다. 액체와 고체를 섞은 하이브리드 연료를 사용한 로켓으로, 폭발 위험성이 없고 경제성이 크다는 평가다. 올 하반기 브라질 알칸타라발사센터(Alcantara Launch Center)에서 '한빛-TLV(시험발사체)' 최초 시험 발사를 앞두고 있다. 성공한다면 민간 기업으로서는 국내 최초로 발사에 성공한 사례로 기록된다.

페리지에어로스페이스는 2016년 카이스트 재학생이 창업한 '학부생 스타트업'이다. 국내에서 유일하게 미국 스페이스X와 같은 고효율 액체메탄으로 길이 8.8m, 중량 1.8t급 로켓 '블루웨일'을 개발 중이다. 누리호 중량 200t과 비교하면 111분의 1 수준에 불과한 초소형이다. 현재까지 200억원 이상 투자를 유치해 기술 검증용 시험 로켓 발사를 완료, 발사체 상용화를 준비하고 있다.

우주테크와 관련해 원스톱 서비스를 지원하는 기업도 있다. 한국항공우주연구원에서 16년간 근무한 이성희 대표가 창업한 '컨텍'은 우주지상국의 설계·제조·구축부터 위성이 전달하는 영상 데이터 수신과 처리 분석 서비스까지 제공한다. 우주지상국은 위성, 위성

"미래 지구를 꿈꾼다" 기후테크·우주테크 약진

**탄소중립 트렌드 확산에
기후변화 막는 'C테크' 각광
누리호 발사 성공으로
로켓 발사체 스타트업도 관심**

발사체로부터 생산된 자료를 수신하고 관제하는 시설이다. 컨텍은 2019년 아시아 민간 기업 중 최초로 제주도에 우주지상국을 구축했다.

'우나스텔라'는 국내 최초의 민간 유인 발사체를 개발해 우주 관광에 도전한다는 큰 꿈을 품은 스타트업이다. 페리지에어로스페이스에서 일하던 박재홍 대표가 올 2월 창업한 신생 스타트업이다. 지난 3월 블루포인트파트너스로부터 시드(초기) 투자금을 유치하고 중기부 '팁스(TIPS)' 프로그램에도 선정됐다. 박 대표는 독일 베를린공대 우주공학부에서 석사학위를 취득한 인재다. 독일 항공우주센터(DLR)에서 차세대 로켓 엔진을 개발한 경력도 있다. 2027년쯤 전 세계 우주 관광객이 연간 400여명에 달할 것으로 내다보고 2025년 준궤도 시험 비행에 도전할 계획이다. ■

3 벤처 생태계를 움직이는 사람들

'창업은 내 운명' ENTJ 압도적 1위
정반대 성향과 공동 창업해 단점 보완

MZ세대 창업자와 직원이 많은 스타트업 업계에서는 MBTI 성향에 따라 팀을 구성할 만큼 몰입도가 높다. 그래서 알아봤다. 야놀자, 당근마켓, 마켓컬리, 토스, 직방, 쏘카 등 국내 100여개 주요 스타트업 창업자 또는 CEO의 MBTI 유형을.

아니나 다를까. 이들 대부분은 이미 자신의 MBTI 유형은 물론, 가까운 임직원의 그것도 줄줄이 꿰고 있었다.

'타고난 사업가' ENTJ 24명 최다
아이디어 많고 성취욕·추진력 강해

어떤 유형의 창업자가 어떻게 경영해서 유니콘, 데카콘 기업을 일궜는지를 살펴보면 시사점이 적잖다. 자신과 같은 성격 유형의 CEO, 또 다른 유형의 CEO를 비교 분석해 롤모델로 삼거나 이해도를 높여보는 것은 어떨까. 물론 지나친 과몰입은 주의해야 한다.

MBTI는 정말 '과학'인 걸까. 조사 결과, '타고난 사업가' '대담한 통솔자'로 알려진 ENTJ형 CEO가 가장 많았다. 이수진 야놀자 대표, 김슬아 마켓컬리 대표, 이승건 토스 대표, 박재욱 쏘카 대표, 정중교 프레시지 대표, 류중희 퓨처플레이 대표, 이동건 마이리얼트립 대표 등 무려 24명이 자신은 ENTJ라고 답했다. MBTI 유형 중에서는 16분의 1이지만, 이번 조사 대상 중에서는 5분의 1이 넘었다. 공유 오피스 업체 스파크플러스가 2020년 9월 입주사 대표들을 대상으로 조사한 결과도 ENTJ가 가장 많았다.

ENTJ 다음은 ENTP(18명), ENFP(15명) 순이다. ENFJ도 5명으로 적잖다. '외향적(E)' '직관적(N)' 인물이 창업에 적극적이고 성취도 꽤 높음을 유추할 수 있는 대목이다.

재밌는 점은 이들 중 상당수는 창업 초기에는 ENTJ가 아니었다는 것. 이수진 대표, 김슬아 대표, 류중희 대표 등이 대표 사례. 김 대표와 류 대표는 창업 전에는 ENFP였다. 김 대표는 "회사가 성장하며 MBTI 결과도 계속 바뀌더라. 처음에는 ENFP였는데, 중간에는 ENFJ, 최근에는 ENTJ가 나온다. 이상주의적인 ENFP 성향 덕분에 조금 무모해 보이는 사업에 도전했다가, 단점을 보완하려고 노력하는 과정에서 TJ형(사고·계획형)으로 변한 것 같다. 회사가 성장하면서 여러 이슈에 대해 정확한 판단을 해야 해 직관이나 이상보다는 분석과 데이터에 더 의존하게 됐다"고 말했다.

류 대표도 비슷한 생각이다. "ENFP, ENTP, ENTJ 순으로 바뀌어왔다. 꿈 많은 대학원생 때는 몽상가형의 ENFP였다가 스타트업을 시작하고서는 발명가형인 ENTP로 바뀌고, 요즘은 경영자에 가까운 ENTJ로 진화 혹은 퇴화(?)한 것 아닌가 싶다. 단, EN 성향은 매우 뚜렷해서 변하지 않고, FP와 TJ 성향은 딱 중간이어서 세 가지 성향이 왔다 갔다 하는 것 같다."

이수진 대표는 2020년 7월 조사에서는 정반대인 INTP가 나왔다고. 당시에는 내향형(I)과 외향형(E)이 51:49로 근소한 차이를 보였다. 이번에도 54:46으로 역시 차이가 크지 않았다. 이 대표는 "예전에도 비슷하게 나왔다. 나는 '중간형 사람인가 보다' 하고 놀랐다"고 귀띔했다. 단, 계획형을 뜻하는 J 성향은 이번에 75%

MZ세대 많은 스타트업 업계 주요 창업가는 어떤 MBTI?

ENTJ가 24명으로 압도적 1위
ENTP, ENFP, ENFJ 뒤이어
외향적 'E' 직관적 'N' 인물이 많아
"창업 이후 ENTJ로 바뀌었다"는 창업가도

가 나왔다. 연내 상장을 목표로 체계적으로 관련 절차를 준비 중인 환경이 영향을 미친 것으로 보인다.

ENTJ의 어떤 특성이 창업, 경영에 강점으로 작용했는지 물었다. '강한 성취욕'과 '뛰어난 추진력'이라는 대답이 가장 많이 나왔다.

정중교 대표는 "ENTJ는 사업가형 기질이 강하고 추진력이 좋다는데, 창업 초기 수많은 아이디어를 적극 현실화하는 데 도움이 됐다"고 말했다. 로보어드바이저 '불리오'를 운영하는 천영록 두물머리 대표는 "강한 성취욕과 그것을 즐기는 마음이 강하다. 덕분에 눈앞의 어려움이나 '안 되는 이유'에 대해 너무 깊게 빠져 있지 않게 해주고 지치지 않고 계속 도전하는 동기 부여가 된다"고 말했다.

물론 ENTJ의 불도저 같은 성격이 직원들을 힘들게 한다는 우려도 있다. 실제 한 스타트업

대한민국 스타트업 CEO MBTI

ENTJ 통솔자

김슬아
마켓컬리 대표

류중희
퓨처플레이 대표

박재욱
쏘카 대표

이동건
마이리얼트립 대표

이수진
야놀자 대표

이승건
토스 대표

 김호민 스파크랩 공동 대표

 정목 이노소니언 대표

 정중교 프레시지 대표

 정재혁 미스터멘션 공동 대표

 최혁재 스푼라디오 대표

 손창현 오버더디쉬(OTD) 대표

 연현주 생활연구소 대표

 이영준 모두싸인 대표

문지영 스파이더 공동대표
장세영 머니브레인 대표
윤태석 인덴트코퍼레이션 대표
이웅 버드뷰 대표
임성수 그렙 공동대표
정수현 스페이스클라우드 대표
조영훈 영영키친 대표
지성원 비트코퍼레이션 대표
천영록 두물머리 대표
홍솔 비엘큐 대표

ENTP 변론가

김기록
코리아센터 대표

남대광
블랭크코퍼레이션
대표

신재식
데일리호텔 창업자

신현성
티몬 창업자

이재후
번개장터 대표

강지영
로보아르테 대표

 김동욱 와이즐리 대표

 김성국 버즈니 공동대표

 김태훈 뱅크샐러드 대표

 이재윤 집토스 대표

 이지혜 에임 대표

 이충엽 업라이즈 대표

 정성준 미스터멘션 공동 대표

 조성우 의식주컴퍼니 대표

 최시원 채널코퍼레이션 대표

 최정이 고스트키친 대표

 최훈민 테이블매니저 대표

 황성재 라운지랩 대표

ENFP 활동가

김대일
패스트파이브 대표

김용현
당근마켓 공동 대표

이석우
두나무 대표

이태권
바로고 대표

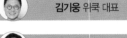 **김기웅** 위쿡 대표

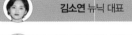 **김소연** 뉴닉 대표

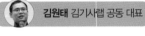 **김원태** 김기사랩 공동 대표

 **김인기** 코드스테이츠 대표

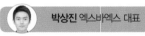 **박상진** 엑스바엑스 대표

 **유현철** 생각대로 창업자

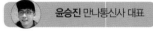 **윤승진** 만나통신사 대표

 **이랑혁** 구루미 대표

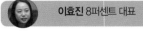 **이효진** 8퍼센트 대표

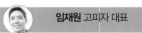 **임재원** 고피자 대표

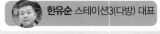 **한유순** 스테이션3(다방) 대표

ENFJ 사회운동가

이승재 버킷플레이스 대표 **전상열** 나우버스킹 대표 **조정호** 벤디스 대표

 임태윤 키친밸리 대표

 민금채 지구인컴퍼니 대표

ESFJ 외교관

유정범 메쉬코리아 대표 **조정민** 밀크파트너스 대표

 주은영 베스트핀 대표

박진영 루나소프트 대표

ESTP 사업가

서정훈 크로키닷컴 대표

ESFP 연예인

박종환 김기사랩 공동 대표 **최동철** 와디즈 부사장 (공동 창업자)

INTJ 전략가

한상엽 소풍벤처스 대표 **안태양** 푸드컬처랩 대표 **박지웅** 패스트벤처스 대표

 김재홍 채널코퍼레이션 부대표

 박상진 비욘드넥스트 대표

ESTJ 관리자

강신봉 요기요 대표 **김병훈** 에이피알(APR) 대표 **신혜성** 와디즈 대표

 김본환 로앤컴퍼니 대표

 김준용 마이프랜차이즈 대표

 목진건 스파크플러스 대표

 신명진 김기사랩 공동대표

 안병익 식신 대표

 최혁재 스푼라디오 대표

 최호승 스카이피플 대표

INTP 사색가

이재웅 다음 창업자 (전 쏘카 대표) **안성우** 직방 대표

강민준 브랜드엑스코퍼레이션 대표
강석훈 에이블리 대표
김범섭 자비스앤빌런즈 대표
김태용 EO 대표
남상협 버즈니 공동 대표
오현석 온다 대표

INFP 중재자

박소령 퍼블리 대표 **박현호** 크몽 대표

김세영 피에스엑스(PSX) 대표

이진하 스페이셜 대표

ISTJ 논리주의자

김동환 백패커(아이디어스) 대표 **김재현** 당근마켓 공동 대표 **박경훈** 트렌비 대표

 이환영 그렙 공동 대표

 전주훈 삼분의일 대표

박태원 플레이리스트 대표

ISFP 예술가

 김유진 스파크랩 공동 대표

어떻게 조사했나

매경이코노미는 스타트업 CEO 107명 본인에게 직접 연락 또는 회사에 정식 문의해 MBTI 검사 결과를 확인했다. 이재웅 다음 창업자만 그의 지인이 과거에 이 씨가 공유해준 검사 결과를 확인해서 전해줬다. 공동 창업자는 CEO가 아니더라도 조사 대상에 포함했다.

성격 유형 검사 MBTI의 인기가 뜨겁다. 특히 MZ세대 창업자와 직원이 많은 스타트업 업계에서는 MBTI 성향에 따라 팀을 구성할 만큼 몰입도가 높다. 사진은 현대자동차그룹 인적성 검사가 끝나고 나오는 수험생들의 모습. (한주형 기자)

대표는 "최근에도 두 명의 직원이 뜻이 안 맞아 퇴사했다"며 깜짝 고백을 했다.

이영준 모두싸인 대표도 "문제 해결 과정에서 지나치게 솔직하고 직설적으로 표현해 의도했던 대로 문제가 풀리지 않았던 경우가 있었다"고 전했다.

ENTJ형 CEO들도 이를 대비해 그 나름의 해법을 모색 중이다.

정수현 스페이스클라우드 대표는 "다른 사람들이 근거 있게 의견을 제시하지 않으면 잘 납득을 못해 갈등이 생기는 약점이 있었다. 다양한 성향의 사람들 의견을 듣는 연습을 많이 하고 내부적으로 리뷰데이를 열어 아이디어와 제안을 많이 청취해서 보완 중이다"라고 말했다.

ENTP · ENFP · ENFJ
두나무 · 번개장터…'외향 직관'의 힘

변론가 ENTP, 활동가 ENFP 유형의 CEO도 많다.

전자는 신현성 차이코퍼레이션 대표(티몬 창업자), 이재후 번개장터 대표, 신재식 네스트컴퍼니 대표(데일리호텔 창업자), 김기록 코리아센터 대표, 남대광 블랭크코퍼레이션 대표가, 후자는 이석우 두나무 대표(전 카카오 공동대표), 김용현 당근마켓 공동대표, 이태권 바로고 대표, 김기웅 위쿡 대표 등이 눈에 띈다.

역시 외향 직관을 활용한 톡톡 튀는 아이디어와 추진력이 성공 비결로 꼽힌다. 이재후 대표는 "중고거래, 온라인 유통처럼 급격하게 변화하는 환경에서는 고객이 놀랄 만한 혁신적 가치에 대한 갈구가 필요하다. 이를 많은 사람과 공유하고 공감을 받아 변화를 끌어내는 데 ENTP 성향이 도움이 됐다"고 말했다. 신재식 대표는 "ENTP는 평소 토론을 즐기며 문제가 어려울수록 흥미가 생기는 편이라는데 정말 그렇다. 부족한 공감 능력을 보완하기 위해서는 다양한 사람과 깊이 있는 대화를 하기 위해 노력한다"고 전했다.

ENFP는 특유의 사교적이고 낙천적인 성격이 강점으로 작용했다는 평가다.

김원태 김기사랩 공동 대표는 "미래지향적이고 낙천적인 성격이다. 잘 안 되는 일이 있어도 언젠가 더 좋은 결과로 이어지기 위한 과정이라 생각한다. 온정적이고 창의적이어서 항상 새로운 가능성을 찾고 시도하는 성격은 새로운 서비스 인터페이스 구상에 도움이 됐다"고 말했다.

부동산 플랫폼 '다방'을 운영하는 한유순 스테이션3 대표는 "다방이 이만큼 성장하기까지 수많은 어려움이 있었지만, 그때마다 좌절하지 않고 창의적으로 문제를 잘 헤쳐 나갔다. 특히 타인과의 정서적 유대 관계를 중시해, 초기 창업 멤버 등 여러 사람들과 좋은 팀을 이룬 것이 큰 도움이 됐다"고 밝혔다.

ENFJ는 사회운동가형이다. 대체육을 개발하는 민금채 지구인컴퍼니 대표, 식당 관리 앱 '나우웨이팅'을 운영하는 전상열 나우버스킹

변론가 ENTP, 활동가 ENFP 등 EN○○ '외향 직관' 창업가 많아

두나무 이석우, 당근마켓 김용현 등
ENTP는 아이디어 추진력 눈길
ENFP 사교적 낙천적 성격이 강점
'사회운동가형' ENFJ 창업가도 눈에 띄어

대표, 인테리어 앱 '오늘의집'의 이승재 버킷플레이스 대표, '식권대장'을 운영하는 조정호 벤디스 대표, 온라인 PT 앱 '마이다노'의 정범윤 다노 공동 대표 등이 여기에 속한다.

민금채 대표는 "어렸을 때부터 자원봉사 등 사회적으로 가치 있는 일에 관심이 많았다. 세상을 건강한 방향으로 바꾸는 데 일조하고 싶다는 마음이 창업 동기가 됐다. 외향적 성격이라 다양한 사람을 만나고 현장을 찾아다니는 것을 선호하면서도, 꼼꼼히 계획하고 신중하게 결정하는 편이다. 100가지를 시도해 1가지만 성공한다 해도 의미 있는 일이라 생각하고 몰두하는 편이다"라고 말했다.

정범윤 공동 대표도 비슷하다. "내가 상상한 것을 실현하기보다, 고객의 문제를 해결하고 회사가 성장하는 그 자체에 더 흥미가 있다. 8년 넘게 사업을 하는 동안 한 분야에 몰입할 수

이재웅 전 쏘카 대표는 내향적 성격인 INTP 유형이지만 굴지의 포털 사이트 '다음' 등을 창업했다. INTP 유형은 내향 직관을 활용해 창업에 성공했다는 평가다. (이충우 기자)

있었던 이유도 고객의 문제를 깊게 공감하고 한 땀 한 땀 해결하고자 노력하는 과정이 무척 뿌듯했기 때문이다."

이승재 대표는 "ENFJ는 살기 좋은 공동체를 만드는 과정에서 행복함을 느낀다고 한다. 실제 이런 성향이 공간의 변화를 돕고 사람들 삶에 긍정적 영향을 미치고자 하는 오늘의집을 창업하고 헌신해온 것과 연결되는 것 같다"고 얘기한다.

아이디어 뱅크 INTP
다음 · 직방 · 에이블리…내향 직관의 힘

내향적 성격이라 해서 창업에 소극적인 것은 아닌 듯하다. 사색가(INTP), 전략가(INTJ), 중재자(INFP) 유형 창업자도 적잖다.

먼저 INTP는 국내 굴지의 포털 사이트인 '다음'을 창업한 이재웅 전 쏘카 대표, 안성우 직

방 대표, 강석훈 에이블리 대표, 강민준 브랜드엑스코퍼레이션 대표, 이문주 쿠캣 대표, 김태용 EO 대표 등이 눈에 띈다. 사색가답게 추상적이고 내향 직관을 발휘해 창업에 성공했다는 평가다.

강민준 대표는 "INTP는 지적 호기심이 많고 분석적, 논리적이다. 의사 결정 전 여러 가능성과 시사점에 대해 브레인스토밍하는 것을 좋아한다. 그런 시간이 주어져야 새롭고 혁신적인 해법을 찾을 수 있다. 창업 초기 마케팅과 비즈니스 모델도 이렇게 얻은 아이디어에서 비롯됐다"고 말했다. 김태용 대표는 "여기저기 이미 공개된 데이터보다 직관을 중요시여긴다. 마음을 따라 탐색하며 나아간 것이 창업에 도움이 됐다"고 덧붙였다.

즉흥적이고 사교성이 부족하다는 INTP의 단점을 극복한 비결은 '경청'과 '권한 위임'이다. 강민준 대표는 "첫인상이 차갑다는 인상을 줄 정도로 과묵한 편이지만 실제로는 털털한 성격이다. 직원 대부분이 처음에는 '다가가기 어렵다'고 하지만, 늘 뒤에서 직원들을 챙겨줘 '츤데레 대표님'이라고도 불린다. 직원에게 선뜻 다가가기보다는 얘기를 경청하는 CEO가 되고자 노력한다"고 말했다.

김태용 대표는 "다소 즉흥적이고 체계적으로 일하지 못하는 것이 단점이다. 이 때문에 이를 완벽히 보완해주는 직원 비중을 팀에서 늘리려고 노력했다. 체계적이어야 하는 일에는 개

입하지 않는 편이다"라고 귀띔했다.

강석훈 대표는 원고지 9매에 달하는 가장 긴 답변서를 보내와 눈길을 끌었다. 100여명의 대표들이 대체로 간략하게 입장을 밝힌 것과 대조적이다. 요약하면 다음과 같다.

"일이 될 수 있는 부분에 집중하고(가능성), 어떻게 해야 될지 상상하고(추상적), 일단 해본 뒤 반응에 따라 계획을 수시로 변경(즉흥적)해왔다. 이런 방식이 초기 스타트업 성공 확률을 높이는 방법론이라고 생각한다. 너무 많은 자원을 초반에 다 쓰거나 가설을 수정하지 않고 한 방향으로 진격만 고집한다면 그 조직은 느리게 성장할 것이다. INTP는 내성적이고 친화력이 다소 부족해 소통에 둔감한 측면이 있다는 데 스스로 인정한다. 이런 역할을 잘할 수 있는 직원들과 함께 일하고 있다. 하지만 아직 갈 길이 멀고 부족한 점이 있어 주말마다 나의 부족한 점을 되돌아보며 반성하는 시간을 갖는다."

전략가 INTJ · 중재자 INFP
소풍 · 크몽 · 퍼블리…효율 또는 몽상

전략가인 INTJ형 CEO는 박지웅 패스트벤처스 대표, 한상엽 소풍벤처스 대표, 안태양 푸드컬처랩 대표, 박상진 비욘드넥스트 대표 등이다. '패스트 제국'의 수장 박지웅 대표는 수십 개 투자사들이 제대로 성장할 수 있도록 지원하는 역할에 집중한다.

한상엽 소풍벤처스 대표는 전략가 INTJ 유형이다. INTJ는 직관력이 좋고 효율성을 중시한다. (소풍벤처스 제공)

"INTJ는 보통 직관력이 좋고 정보의 패턴을 파악한 뒤 미래 가능성을 보는 데 많은 관심이 있다고 한다. 이런 성향은 직원들이 올바른 방향으로 사업을 진행해갈 수 있도록 장기적인 계획을 세우고 비전을 제시해야 하는 나의 역할을 수행하는 데 큰 도움이 된다. INTJ는 의사 결정을 할 때 단호하다고도 알려져 있다. 하루에도 수십 번 의사 결정을 해야 하기 때문에 빠르고 직관적으로 결정을 내린 뒤 실행에 옮길 수 있도록 돕기 때문에 긍정적이다. 물론 INTJ의 약점도 있지만 약점 보완보다는 강점 극대화에 더 초점을 맞추고 있다."

안태양 대표는 효율성을 중시하는 INTJ 특징

스타트업 CEO MBTI 말말말

박종환 김기사랩 공동 대표
ESFP, 연예인형

"사람들과 만남을 즐기며 투자나 비즈니스 기회 만들어…카카오와의 합병도 그런 활동의 결과물…약점은 공동 창업자(김원태, 신명진)와의 협업으로 보완"

최혁재 스푼라디오 대표
ENTJ, 통솔자형

"추진력이 강해서 아이디어에 그치지 않고 항상 적극 실행. 어떤 일이든 목표 설정, 달성에 흥미 느끼고 몰입. 감정 표현 서툴러 평소 안 하는 표현하려고 노력하기도. 전문가 상담 통해 변화 방법 배우는 중"

유정범 메쉬코리아 대표
ESFJ, 외교관형

"어떤 모임에서든지 분위기를 주도하며 스포트라이트 받는 데 익숙. 타고난 협력자로서 동료애가 많고 친절하며 능동적인 구성원. 넘치는(?) 열정으로 투자 미팅뿐 아니라 인터뷰 시간도 예정 시간 초과하기 일쑤"

이문주 쿠캣 대표
INTP, 사색가형

"분석적이고 직관력으로 통찰하려는 경향 있어, 시장 변화 알아채고 잘할 수 있는 영역에 빠르게 진입해 의사 결정. 내향적 성향이어서 소수 인원과 깊은 커뮤니케이션 선호. 회사 운영 시에는 단점일 수 있으나, 좋은 공동 창업자들이 보완해줘"

조성우 의식주컴퍼니 대표
ENTP, 변론가형

"남들이 쉽게 해결 못하는 문제에 관심. 성향상 새로운 도전이 없는 분야에 흥미가 줄어들 수 있는데, 세탁 등 의식주 분야는 지속, 반복적 개선 통해서만 생활 변화 만들어낼 수 있어 꾸준한 운영으로 변화되는 결과에 즐거움 느끼는 중"

이확영 그렙 공동 대표
ISTJ, 논리주의자형

"현실적이고 책임감이 강한 성향이라 꾸준하게 회사를 운영하는 데 도움 돼. 임성수 공동 대표(ENTJ, 통솔자형)와는 서로 반대되지만 보완적인 성향이라 회사 성장에 긍정적"

박현호 크몽 대표는 중재자 INFP 성향이다. 그는 "이상주의자"라고 자신을 소개했다. (크몽 제공)

그대로다. "INTJ는 상상력이 풍부하면서도 결단력이 있고, 놀랄 만큼 호기심이 많은 유형이다. 그러나 쓸데없는 데 에너지를 낭비하는 법은 없다. 덕분에 창업 초기 불필요한 일에 신경 쓰지 않고, 가장 중요한 사업 아이디어 한 가지에 온전히 집중할 수 있었다."

'채식한끼' 앱을 운영하는 박상진 대표는 사회 통념에 순응하지 않고 자신의 내적 신념을 추구한 것이 창업의 원동력이 됐다.

"나는 사회에서 소수에 속하는 채식주의자다. 사업도 채식의 접근성 문제를 해결하기 위해 시작했다. 2017년 창업 당시 채식 시장은 거의 존재하지도 않아 사업성이 없다는 이야기를 많이 들었다. 하지만 나는 채식 시장이 분명 크게 성장해 사업도 성공할 수 있다고 생각했

다. 반대 의견을 들을 때면 '경쟁자가 많이 없겠구나' 싶어 오히려 안심했다."

중재자 INFP는 박현호 크몽 대표, 박소령 퍼블리 대표, 이진하 스페이셜 대표, 김세영 피에스엑스(PSX) 대표 등이다. 박현호 대표는 "이상주의자여서 안정적인 것보다는 새로운 도전과 모험 등 위험 감수(Risk Taking)를 선호한다. 이런 성향이 스타트업 창업에 도움이 됐다. 물론 계산 없이 무모하게 일을 시작해 손해 보는 경우도 많다. 이는 학습과 경험 그리고 다른 팀원들과의 협력을 통해 보완해나가고 있다"고 말했다.

가상·증강 현실(VR·AR) 협업 플랫폼 스페이셜을 운영하는 이진하 대표는 몽상가적 기질을 십분 활용했다.

"망상에 불과할 수도 있는 아이디어를 아주 구체적으로 떠올리고 섬세하게 그림을 그려서 팀원, 파트너들과 공유한다. 이것이 각자의 내적인 추진력을 끌어내는 데 도움이 됐다. '시키지 않고도 마음 깊은 곳에 불을 지피는 능력'이라 할 수 있다. 4년 전 VR·AR 시장 초창기에 비전을 갖고 사업을 시작하는 데는 이런 능력이 필요했던 것 같다. 매출, 사용자 수 같은 객관적 지표보다 업의 의미나 세상에 없는 특별하고 아름다운 무언가를 만들어냈다는 기쁨을 본능적으로 우선시한다. 단점은 성향상 3명 이상 모이면 사람들 앞에서 말을 잘 못하는 것이었다. 그런데 TED에 몇 번 강연자로 서서 인터넷

직관보다 현실 감각 중시 ESTJ, ISTJ, ESFJ 많아

**관리자 ESTJ, 논리정연 ISTJ 등
"상황 냉정히 판단해 투자 결단 내려"
ESFP, ISFP, ESTP도 한 명씩
INFP, ISFJ, ISTP 창업가 한 명도 없어**

의 수백만 명 앞에서 이야기하는 연습을 하며 극복할 수 있었다. 스스로를 객관적으로 보려고 매일 노력한다. 내가 가상으로 내 상사가 된 후에 점수를 매겨보면서 단점을 파악한다."

ESTJ · ISTJ · ESFJ · 기타
지그재그 · 와디즈…엄격한 성실맨

추상적 직관보다 현실 감각을 중시하는 'S' 유형에서는 관리자형 ESTJ, 논리주의자 ISTJ, 외교관 ESFJ가 다수를 차지했다. 나머지 유형 중에서는 박종환 김기사랩 공동 대표, 최동철 와디즈 공동 창업자 겸 부사장(ESFP), 김유진 스파크랩 공동 대표(ISFP), 서정훈 크로키닷컴(지그재그) 대표(ESTP)가 이름을 올렸다. INFJ, ISFJ, ISTP는 아쉽게도 조사 결과 한 명도 없었다.
ESTJ는 강신봉 전 요기요 대표, 신명진 김기사랩 공동 대표, 김병훈 에이피알(APR) 대표, 신

혜성 와디즈 대표, 최혁재 스푼라디오 대표 등이, ISTJ는 김재현 당근마켓 대표, 이확영 그렙 공동 대표, 김동환 백패커 대표 등이, ESFJ는 유정범 메쉬코리아 대표가 눈에 띈다.
강신봉 전 대표는 "중요한 결단을 내려야 할 때 각 부서마다 입장이나 의견 차이가 있을 수 있다. 리더는 의견을 경청하되, 상황을 냉정하게 판단해 미래의 가능성에 투자하는 결단이 필요하다. 이런 상황에서 ESTJ의 성향이 드러나는 것 같다고 생각할 때가 있다"고 말했다.
"논리적인 스타일로 'Why(왜)'라는 물음에 대한 답이 충족되지 않으면 일을 추진하지 않는 스타일이다. 그러나 그 답이 명확하면 도전한다. 크라우드펀딩이라는 새로운 업을 정의해 가면서 기준을 제시하는 것이 중요했는데, ESTJ의 성향은 '옳다고 생각하는 기준을 만들고 제시'하는 데 도움이 됐다. 특히, 다양한 가능성을 빠르게 검토하는 편이다. 창업가는 불확실성에 도전함과 동시에 불확실성을 컨트롤하는 것도 매우 중요한데 이 부분에서 효과를 봤다."
신혜성 대표의 생각이다.
김동환 대표는 ISTJ 특유의 성실성이 성공의 밑거름이 됐다고 자평한다.
"주어진 업무를 끝까지 추진하고 책임감이 강한 유형이다. 초기에 투자를 못 받은 채로 2~3년간 사업을 운영하던 어려운 시절에도 뚝심을 갖고 사업을 계속 이끌어갈 수 있었다." ■

당근마켓 공동 대표 MBTI는 정반대…역할 분담 유리

공동 창업자들의 'MBTI 케미(궁합)'는 어떨까. 흥미롭게도 둘 이상의 공동 창업자가 서로 반대되는 유형을 가진 경우가 많았다. 이들은 서로의 단점은 보완하고 각자 장점을 살리며 시너지를 냈다는 평가다.

당근마켓 공동 창업자인 김용현, 김재현 공동 대표가 대표적이다. 김용현 대표는 ENFP, 김재현 대표는 ISTJ로 정반대 유형이다. '재기발랄한 활동가'라는 ENFP의 혁신적 사고와 통찰력이 '세상의 소금형'이라는 ISTJ의 신중함과 책임감을 만나 균형을 만들었다.

콘텐츠 플랫폼 퍼블리의 박소령 대표와 이승국 부대표 유형도 완전히 다르다. 박 대표는 직관적이면서 열정적인 INFP, 이 부대표는 차분하고 이성적인 ESTJ다. 박 대표가 어떤 목표를 향해 열정적으로 달려들면 이 부대표는 꼼꼼하게 확인해 보완한다는 설명이다.

개발자 채용 중개 플랫폼을 운영하는 '그렙'도 상반되는 성격의 공동 대표가 서로를 보완하며 성장했다. 이확영 대표는 ISTJ, 임성수 대표는 ENTJ다. 이확영 대표는 자신의 성격에 대해 "현실적이고 책임감이 강한 성향이 꾸준한 회사 운영에 도움이 됐다"며 "공동 대표인 임 대표와는 서로 반대되지만 보완적인 성향이라 같이 성장할 수 있었다"고 밝혔다.

크라우드펀딩 중개 플랫폼 와디즈도 신혜성 대표는 ESTJ, 공동 창업자인 최동철 부사장은 ENFP로 상이하다. 신혜성 대표는 "나와 반대 성향을 가진 사람에게 보다 적극적으로 업무를 위탁하면서 서로의 강점을 이끌어내는 식으로 시너지 창출이 됐다"며 "상대적 강점이 있는 사람과 함께 일하고 있다"고 말했다. 이재후 번개장터 대표는 추진력이 강한 대신 세심한 마무리가 약한 ENTP의 단점을 보완하기 위해 INTJ 유형의 최고마케팅책임자(CMO)와 최고제품책임자(CPO)를 곁에 뒀다.

한편 서로 비교적 비슷한 성격 유형을 가진 공동 창업자 사례도 있다. 액셀러레이터 '김기사랩'과 중장기 숙박 중개 플랫폼 '미스터멘션'이 대표적인 예다.

김기사랩의 경우 3명의 공동 창업자가 모두 외향형이다. 신명진 대표는 ESTJ, 박종환 대표는 ESFP, 김원태 대표는 ENFP다. 대체로 미래지향적이고 낙천적, 사교적이라는 평가를 받는 유형의 박 대표와 김 대표 그리고 구조화와 조직화를 통해 효율적인 목표 달성에 능하다는 유형의 신 대표가 서로의 약점을 보완하며 협업한다.

미스터멘션은 두 공동 창업자의 성격 유형이 맨 마지막 자리를 제외하면 모든 지표가 같다. 정성준 대표는 ENTP, 정재혁 대표는 ENTJ다.

정 대표는 "공동 창업자와 서로의 단점을 이야기해주는 시간을 종종 가졌다. 고통스럽지만 솔직한 피드백을 나눴다"고 말했다.

스몰토크 · 아이스 브레이킹 제격
와이즐리 "팀 · 역할 배치에 활용"

MBTI를 직원 관리에 활용하는 스타트업도 적잖다. 각자의 MBTI 유형을 공유함으로써 서로의 개성과 차이를 이해하고 존중하는 데 도움이 된다는 판단에서다. 신현성 티몬 창업주 겸 차이코퍼레이션 대표는 "신입사원이 입사하면 자기소개서에 MBTI 성향을 적어서 사원들끼리 나눠 본다"고 전했다. 직원이 어떤 스타일인지 알면 같이 업무를 하기가 더 수월할 것이라는 생각에서 올 초부터 시작했다. 핀테크 자산 관리 기업 '불리오', 면도기 구독

스타트업 '와이즐리'도 마찬가지다. 김동욱 와이즐리 대표는 "신입사원이 빨리 적응하려면 기존 직원과의 합이 중요하다. MBTI는 이 과정에 소요되는 시간과 노력을 확연히 줄여주는 것 같다. 사내 팀 · 역할 재배치 등에 활용하고 있다"고 전했다.

부동산 중개 플랫폼 집토스는 MBTI 성향이 기재된 자기소개서를 모아 '인물대백과사전' 형식으로 회사 전체가 공유한다. 이재윤 집토스 대표는 "직원 간 성향을 이해하고 일하는

스타트업 MBTI 활용 사례	
유형	스타트업
신입사원 자기소개서에 MBTI 기재	차이코퍼레이션, 불리오, 와이즐리, 집토스, 미스터멘션
기타 성격 진단 검사 수행	소풍벤처스, 프레시지, 패스트파이브
워크숍에서 활용	의식주컴퍼니, EO
스몰토크 · 아이스 브레이킹 주제로 활용	와디즈, 스파크랩, 모두싸인, 이노소니언

것은 원활한 협업과 갈등 예방에 도움이 된다고 생각한다"고 말했다. 중장기 숙박 플랫폼 미스터멘션은 신입직원의 MBTI 검사 결과를 직원 소개 페이지에 등록, 역시 전 사원과 공유한다.

MBTI에 그치지 않고 자사만의 방식으로 직원 성격 유형 검사를 하는 곳도 있다. 한상엽 소풍벤처스 대표는 "지난해에는 직원 1인당 6~7매 보고서 분량의 심층 성격 진단 검사도 수행했다. 경영자 입장에서는 인사 리스크를 1%라도 줄이기 위한 취지"라고 말했다.

밀키트 전문 기업 프레시지는 또 다른 성격 진단 도구인 '버크만(Birkman) 진단'을 도입, 조직 내 갈등 관리에 활용한다. 버크만 진단은 개인의 잠재력을 끌어내고 극대화하기 위해 고안된 진단 도구다. 정중교 프레시지 대표는 "버크만 진단을 통해 각 직원에게 가장 적합한 근무 환경과 업무 방식을 진단할 수 있다. 하반기에는 조직 내 갈등 관리 프로그램으로 확대 적용할 계획"이라고 말했다.

세탁 배달 앱 '런드리고'를 운영하는 의식주컴퍼니는 지난해 'MBTI 워크숍'을 진행했다. 구성원의 기질과 성향을 서로 이해하는 것이 주된 목적이다. 조성우 의식주컴퍼니 대표는 "구성원의 기질과 성향을 서로 이해하려고 노력한다는 분위기를 만드는 것만으로도 긍정적"이라고 평가했다. 스타트업 미디어 콘텐츠 기업 'EO'의 김태용 대표도 "지난 워크숍에서 서

MBTI를 직원 관리에 활용하는 스타트업이 늘고 있다. 사진은 여행 플랫폼 스타트업 '트립비토즈' 직원들이 서울 강남의 공유 오피스 스파크플러스에서 아이디어 회의를 하고 있는 모습. (스파크플러스 제공)

로를 알아가는 시간으로서 MBTI 검사를 같이 했다. 팀원들이 서로의 의외의 성격을 알아내고 공감하며 즐거운 시간을 가졌다"고 말했다. MBTI를 스몰토크(Small Talk)나 아이스 브레이킹에 활용하는 곳도 꽤 찾아볼 수 있다. 크라우드 펀딩 플랫폼 와디즈는 신혜성 대표가 신입사원 입사 첫날 90분 정도 '인뎁스(In-Depth)' 미팅을 갖는다. 어색한 자리에서 MBTI는 아이스 브레이킹을 위한 대화의 시작점이자 단골 소재라고. 김유진 스파크랩 대표는 "MBTI는 팀원끼리 스몰토크 주제로 정말 좋다. 본인 스스로의 성향에 대한 진지한 고민을 할 수 있는 기회가 된다. 식사나 티타임 때 종종 관련 이야기를 나누며 팀원들이 자연스럽게 더 가까워질 수 있도록 유도하고 있다"고 말했다. ∎

벤처 1세대 장병규 · 권도균 '원조'
이승건 · 안상일, 7전 8기 '피벗 대성공'

일론 머스크, 스티브 잡스, 손정의, 맥스 레브친, 리드 헤이스팅스, 필 리빈….
이들의 공통점은 세계적인 기업을 일군 '경영의 신'이자 여러 기업을 연달아 창업한 'N차 창업가'라는 점이다. 일례로 일론 머스크는 24세였던 1995년 동생과 함께 인터넷 지역 정보 제공 시스템 'Zip2'를 창업, 4년 만에 컴퓨터 제조 업체 컴팩에 2200만달러(약 260억원)에 매각했다. 그 돈을 밑천 삼아 1999년 페이팔 전신인 '엑스닷컴(X.com)'을 또 설립했다. 2002년 2조원 넘는 금액에 이베이에 매각하고도 일론 머스크의 창업 행진은 그칠 줄 몰랐다. 민간 우주항공 기업 '스페이스X(2002년)', 전기차 제조사 '테슬라(2003년)', 태양광 발전 회사 '솔라시티(2006년, 지분 투자)', 비영리 인공지능 연구소 '오픈AI(2015년)', 뇌 연구 기업 '뉴럴링크(2016년)', 지하 초고속

운송 기업 '더보링컴퍼니(2016년)' 등을 잇따라 창업했다.
연이은 성공으로 일론 머스크는 세계 제일의 부호가 됐지만 그것이 그의 최종 목적은 아니었다. N차 창업가에게 부(富)는 성공의 결과물일 뿐, 샘솟는 열정과 아이디어를 바탕으로 세상을 바꾸는 것이 궁극적인 목표다. 그 과정에서 사회는 기술 혁신과 신규 고용 창출이라는 부산물을 얻게 된다.
국내 스타트업 업계도 최근 수년 사이에 N차 창업가가 눈에 띄게 늘고 있다. 성공한 N차 창업가가 신흥 스타트업을 인수, 또 다른 N차 창업가를 배출하기도 한다. N차 창업가 등장은 국내 스타트업 생태계가 선순환의 관문에 들어섰음을 보여주는 청신호다. 오늘날 세상을 바꾸고 있는 국내외 N차 창업가는 누가 있을까.

스타트업 투자자로 변신한 N차 창업가들

대표					
	장병규 크래프톤 의장	권도균 프라이머 대표	호창성 더벤처스 대표	류중희 퓨처플레이 대표	이한주 베스핀글로벌 대표
창업 횟수	4회	3회	3회	3회	4회
창업 회사	네오위즈	이니텍	비키(VIKI)	아이콘랩	호스트웨이
	첫눈	이니시스	빙글	올라웍스	어퍼니티미디어
	크래프톤	**프라이머**	**더벤처스**	**퓨처플레이**	**스파크랩**
	본엔젤스벤처 파트너스	–	–	–	베스핀글로벌

*굵은 글씨는 스타트업 투자사

N차 창업가 뚜렷한 정의는 無
피벗도 사실상 재창업…국내 수백 명 추산

먼저 'N차 창업(연쇄 창업)' 뜻부터 짚고 넘어가자.

N차 창업가에 대한 학계의 통일된 정의는 없다. 영국 케임브리지 사전은 주로 '연쇄 창업가'로 번역되는 'Serial Entrepreneur'에 대해 '일정 기간에 걸쳐 여러 사업을 시작하는 사람(Someone who starts several businesses over a period of time)'이라고만 설명한다.

문제는 '연쇄 창업'의 정의다. 창업 기업을 성공적으로 정리(엑시트·Exit)한 후 재창업만 해당하는지, 실패 후 재창업도 포함인지, 일론 머스크처럼 여러 기업을 동시에 창업하는 '포트폴리오형 창업'도 해당하는지 분명치 않다.

국내에서 관련 연구가 진행된 바는 있다. 정보통신정책연구원(KISDI)이 2015년 미래창조과학부(현 과학기술정보통신부) 용역을 받아 작성한 보고서 '창업 생태계 선순환을 위한 연쇄 창업가 지원방안 연구'에 따르면, '창업 기업을 성공적으로 정리하거나 퇴사해 얻은 수익으로 1) 재창업, 2) 다른 창업가에게 지분 투자, 3) 창업 기업 실패 후 이를 정리하고 재창업하는 경우로 연쇄 창업을 규정했다.

'포트폴리오형 창업'은 배제했다. 그러면서 KISDI는 "통상 부정적 의미를 내포하는 '연쇄'보다는 '연속'으로 번역해야 한다는 일각의 견해도 존재한다"고 부연했다.

그러나 2010년대 후반 들어 스타트업 업계에서 '피벗(Pivot)'의 중요성이 부각됐다. 실패한 사업을 굳이 접는 대신, 그 노하우를 바탕으로 조금만 방향을 틀어 연관 신사업에 도전하는 것이다. 엄밀히 말하면 이 경우는 KISDI의 세 번째 정의(실패 기업을 정리하고 재창업)에 걸려 연쇄 창업에서 탈락한다.

하지만 본고에서는 피벗도 '사실상 재창업의 일환'으로 인정하고 넓은 의미에서 'N차 창업' 범주에 넣기로 한다. 즉, 창업 기업이 성공했든, 실패했든, 피벗했든, 기존 사업과 다른 신사업으로 재창업한 경우는 모두 'N차'로 계산했다. 창업가에게 가장 중요한 것은 혁신 DNA와 열정으로 새로운 시장을 개척하는 '기업가정신'이기 때문이다. 이를 기준으로 국내 대표 N차 창업가 35명을 추렸다. 사실 크고 작은 재창업과 피벗 사례를 다 모으면 국내 N차 창업가는 수백 명에 달할 것으로 추산된다.

이들이 N차 창업에 뛰어든 계기는 제각각이다. 치수별 창업마다 성공·실패 여부도 각기 다르다. 손대는 사업마다 '잭팟'을 터뜨리는 '미다스의 손'도 있고, 이전 사업에서 영감을 얻어 재창업한 경우도 많다. 수많은 실패를 딛고 마침내 성공한 '오뚝이형' 창업가도 있다.

N차 창업가에서 '창업 산파'로
후배 양성 위해 스타트업 투자사 창업

성공한 N차 창업가를 꼽을 때 업계에서 자주 거론되는 이들은 '벤처 1세대' 출신인 경우가 많다. 1990년대 말 IT 붐을 타고 창업에 뛰어든 이들은 연거푸 창업에 성공, 20년이 훌쩍 지난 지금까지도 왕성하게 활동하고 있다.

장병규 크래프톤 의장이 대표적이다. 지금까지 창업 횟수만 총 4번. 1세대 인터넷 기업 '네오위즈'부터 시가총액 23조원에 달하는 크래프톤까지 성공 가도를 달렸다.

장 의장의 창업 스토리는 그가 24살이던 1997년으로 거슬러 올라간다. 다른 8명의 공동 창립자와 함께 인터넷 기업 '네오위즈'를 설립한 것이 전설의 시작이다. 1020세대를 노린 인터넷 커뮤니티 '세이클럽', 그리고 세이클럽 내 게임 콘텐츠를 분리해 만든 '피망닷컴'이 네오위즈 대표 사업이었다. 2005년에는 검색엔진 업체 '첫눈(1noon)'을 창업, 1년 만인 2006년 NHN(현 네이버)에 350억원에 매각하는 저력을 과시하기도 했다.

이듬해인 2007년 그는 또 다른 도전에 나선다. 온라인 게임사 '블루홀스튜디오', 지금의 크래프톤을 창업했다. 스타트업 투자사 '본엔젤스벤처파트너스'를 세운 것도 2007년이다. 2021년 기준 약 160개 스타트업에 투자한, 국

대한민국 주요 'N'차 창업가들

이름	창업 기업	창업연도	주요 제품·서비스
강민준 브랜드엑스 대표	브랜드엑스	2015년	휘아, 젝시믹스 등 운영
강석훈 에이블리 대표	반할라	2015년	여성 패션 쇼핑 사이트
	에이블리	2018년	여성 맞춤형 쇼핑 앱
김미희 빅크 대표	튜터링	2016년	에듀테크
	빅크	2021년	크리에이터테크
김범섭 자비스앤빌런즈	아이티에이치(ith)	2009년	소셜 마케팅 솔루션 '웨이브'
	드라마앤컴퍼니	2012년	명함첩 서비스 '리멤버'
	자비스앤빌런즈	2015년	종합소득세 신고 '삼쩜삼'
김병훈 APR 대표	APR	2014년	에이프릴스킨, 널디 등 운영
김원태 김기사랩 대표	포인트아이	2000년	위치 기반 정보 제공 서비스
	록앤올	2010년	내비게이션 서비스 '김기사'
	김기사랩	2018년	스타트업 액셀러레이터
김재현 당근마켓 공동 대표	씽크리얼즈	2010년	소셜 커머스 할인 정보 '쿠폰모아'
	당근마켓	2015년	지역 기반 '중고거래' 커뮤니티
노정석 비팩토리 대표	인젠	1997년	보안
	젠터스	2002년	보안
	태터앤컴퍼니	2005년	블로그 개발
	파이브락스	2010년	모바일 게임 유저 패턴 분석
	패스트트랙아시아	2012년	공동 창업
	리얼리티리플렉션	2014년	VR 콘텐츠
	비팩토리	2016년	화장품 제조
박현호 크몽 대표	크몽	2013년	프리랜서 거래 서비스
신재식 네스트컴퍼니 대표	데일리호텔	2013년	호텔 예약 서비스
	네스트컴퍼니	2019년	스타트업 투자사
심상민 카페노노 대표	호갱노노	2015년	아파트 시세 비교
	카페노노	2021년	인터넷 카페 커뮤니티 플랫폼
안병익 식신 대표	포인트아이	2000년	위치 기반 정보 제공 서비스
	씨온(식신)	2013년	모바일 식권·맛집 정보
안상일 하이퍼커넥트 대표	레비서치	2007년	인터넷 검색
	하이퍼커넥트	2014년	소셜 영상 메신저
안태양 푸드컬처랩 대표	서울시스터즈	2010년	필리핀 떡볶이 프랜차이즈
	푸드컬처랩	2017년	양념 소스 김치 시즈닝 개발
이승재 버킷플레이스 대표	이큐브랩	2011년	태양광 배터리 쓰레기통 개발
	버킷플레이스	2014년	인테리어 플랫폼 '오늘의집'

경험 쌓은 N차 창업가 성공 확률도 더 높다

**N차 창업으로 얻은
경험·노하우·자본으로
후배 양성 위해 VC 창업 앞장서**

내를 대표하는 스타트업 투자사 중 하나다. 지금으로부터 무려 10년 전에 우아한형제들에 투자하는 등 초기 스타트업 위주로 투자·육성에 나선다. 과거 본엔젤스에서 근무했던 한 업계 관계자는 "장병규 의장은 네오위즈 주식이나 첫눈 매각 당시에도 지분을 팔아서 얻은 대금을 직원에게 나눠 줄 정도로 인망이 있었다. 본엔젤스벤처파트너스 역시 후배 스타트업을 기르고자 하는 장 의장의 의지로 설립된 회사"라고 말했다.

'한국 스타트업의 아버지'라는 별명을 갖고 있는 권도균 프라이머 대표 역시 벤처 1세대 N차 창업가다. 데이콤종합연구소에서 10년 동안 근무한 직장인이었던 그는 1997년 보안 솔루션 업체 '이니텍'을, 이듬해인 1998년 전자지불·결제 업체 '이니시스'를 설립하며 단숨에 한국 벤처 업계 총아로 떠올랐다. 2001년 이니텍, 2002년 이니시스를 연달아 코스닥에

상장시켰다. 2008년 돌연 이니텍과 이니시스 지분 전량을 매각하고 업계를 떠난 권 대표는 2010년 또 다른 창업에 나섰다. 국내 최초 액셀러레이터 '프라이머'다. 액셀러레이터는 초기 스타트업에 창업자금을 지원하고 경영까지 도와주는 회사. 권 대표는 2010년부터 2021년까지 200곳이 넘는 스타트업에 투자하고 또 육성해왔다. 온오프믹스, 마이리얼트립, 번개장터, 스타일쉐어, 호갱노노 등 걸출한 스타트업이 권 대표 손을 거쳐 빛을 봤다.

이렇듯 1세대 N차 창업가 중에서는 다른 창업가를 돕는 스타트업 투자사를 설립하는 이가 많다. 여러 기업을 창업·운영하며 쌓은 노하우, 그리고 엑시트 후 얻게 된 '실탄'으로 새 스타트업을 길러내는 것.

장 의장과 권 대표뿐 아니다. 호창성 더벤처스 대표 역시 미국 실리콘밸리에서 쌓은 창업 경험을 국내 스타트업에게 전수하기 위해 더벤처스를 세웠다. 그는 2007년 동영상 자막 서비스 '비키(VIKI)'를 만들어 일본 라쿠텐에 2억달러에 매각했고, 2012년부터는 관심 기반 소셜네트워크서비스(SNS) '빙글'을 운영 중이다. 2014년 더벤처스를 세워 후배 스타트업 육성에 집중하고 있다.

이 밖에 안면인식 기술 스타트업 '올라웍스'를 미국 인텔에 매각한 후 스타트업 투자사 '퓨처플레이'를 설립한 류중희 대표, 내비게이션 서비스 '김기사'를 카카오에 넘기고 액셀러레

대한민국 주요 'N'차 창업가들			
이름	창업 기업	창업연도	주요 제품 · 서비스
이승건 비바리퍼블리카 대표	비바리퍼블리카	2011년	울라블라(오프라인 인맥 관리)
		2014년	다보트(모바일 투표 앱)
		2015년	토스(간편 송금)
이진호 슈퍼메이커즈 대표	덤앤더머스	2011년	신선식품 정기 배송 서비스
	슈퍼메이커즈	2018년	신선-HMR 플랫폼 '슈퍼키친'
이참솔 리턴제로 대표	로티플	2010년	위치 기반 모바일 소셜 커머스
	리턴제로	2018년	음성인식 AI 스타트업 '비토'
이창수 올거나이즈 대표	파이브락스	2010년	게임 분석 스타트업
	올거나이즈	2017년	자연어 인식, 대화 AI 설계 솔루션
이혜민 핀다 대표	글로시박스	2011년	화장품 샘플 구독 서비스
	베베엔코	2012년	유아용품 · 유기농 식재료 배달 서비스
	눔 코리아	2012년	인공지능 기반 건강관리 서비스
	핀다	2015년	대출 중개 · 관리 플랫폼
전주훈 삼분의일 대표	홈클	2014년	청소 대행 서비스
	삼분의일	2017년	매트리스 제조 브랜드
정현경 뮤직카우 총괄대표	중앙ICS	1999년	① 여성 포털 ② 이러닝 콘텐츠 개발
조성우 의식주컴퍼니 대표	배민프레시	2011년	신선식품 정기 배송 서비스
	런드리고	2019년	비대면 세탁 배달 스타트업
조정민 밀크파트너스 대표	키인사이드	2018년	기업형 블록체인 개발사
	밀크파트너스	2019년	포인트 제도 통합 플랫폼
최병익 에딧메이트 대표	쿨잼컴퍼니	2016년	AI 작곡 앱
		2018년	AI BGM 서비스
	에딧메이트	2019년	영상 편집 서비스
최시원 채널코퍼레이션 대표	애드바이미	2010년	소셜 광고 플랫폼
	채널코퍼레이션	2014년	매장 방문객 데이터 '워크인사이트'
		2017년	채널톡
최혁재 마이쿤 대표	만땅	2014년	스마트폰 배터리 공유
	스푼라디오	2017년	소셜 라디오 '스푼'
하용호 데이터오븐 대표	넘버웍스	2015년	데이터 머신러닝
	XYZ파트너스	2019년	스타트업 투자
홍성주 카모아 대표	온네트	1996년	온라인 게임
	팀오투(카모아)	2015년	렌터카 가격 비교

이터 '김기사랩'을 세운 김원태 대표, 티몬 창업자로 유명한 신현성 테라폼랩스 대표도 베이스인베스트먼트라는 VC를 운영한다.

前 사업서 영감 얻은 N차 창업가
런드리고, 신선식품 대신 세탁물 배송

그간의 창업 경험과 노하우를 새 사업에 접목해 주목받는 N차 창업가도 많다.

노정석 비팩토리 대표는 7번이 넘는 창업 경험을 보유한 대표적인 연쇄 창업가다. 실리콘밸리가 사랑하는 사업가로도 유명하다. 그가 2005년 창업한 블로그 전문 기업 '태터앤컴퍼니'는 2008년 구글이 수백억원을 주고 샀다. 구글이 국내 스타트업을 인수한 것은 태터앤컴퍼니가 최초이자 유일하다. 구글을 박차고 나와 창업한 모바일 게임 유저 분석 스타트업 '파이브락스'도 미국 기업 품에 안겼다. 미국 모바일 광고 플랫폼 '탭조이'가 400억원 가까운 돈을 지불했다.

노 대표가 축적한 소프트웨어 노하우는 화장품 스타트업 '비팩토리' 창업으로 이어졌다. 비팩토리는 프로그래밍된 로봇이 소비자가 선택한 화장품 성분과 향을 배합해 알아서 제조하는 '커스터마이징 로봇 화장품'이다. 노 대표는 "그간의 창업 경험을 통해 소프트웨어와 자동화가 그 무엇보다 중요하다는 점을 깨달았다. 화장품 제조 같은 전통 오프라인 분야도 소프트웨어 방식을 활용하면 진화가 가능하다"고 말했다.

신선식품 배달 서비스 '덤앤더머스'를 공동 창업한 조성우 의식주컴퍼니 대표와 이진호 슈퍼메이커즈 대표 역시 덤앤더머스 시절 축적한 역량과 노하우를 바탕으로 재창업에 도전한 사례다. 덤앤더머스는 도시락, 반찬, 유제품 같은 신선식품을 정기 배송하는 스타트업으로, 2015년 우아한형제들에 매각돼 '배민프레시'로 이름을 바꿔 달았다.

조성우 대표는 '신선 배송'이라는 키워드 중 '배송'에 집중해 재창업한 경우다. 그는 2019년 세탁 배송 서비스 '런드리고'를 선보였다. 과거 '새벽 배송'을 도입했던 이력답게, 모바일로 세탁물을 맡기고 집까지 가져다주는 '비대면 세탁 배송'을 주력으로 한다. 배송이 가장 큰 장점이다. 조성우 대표는 "미국 여행 중 세탁물을 새벽 배송처럼 서비스해도 되겠다는 생각이 우연히 떠올랐다. 과거 배민프레시를 운영하며 체득한 배송 인프라를 접목할 수 있겠다는 확신이 들었다"고 말했다.

이진호 대표는 배송보다는 '신선'에 초점을 맞췄다. 2018년 슈퍼메이커즈를 창업한 후 온·오프라인 신선식품 HMR 플랫폼인 '슈퍼키친'을 운영하고 있다. 반찬 중심의 HMR 플랫폼으로 생산·물류·판매까지 모두 슈퍼키친이 담당한다. 신선 배송 노하우가 플랫폼의 핵심 역량이다. 반찬 대부분은 유통기한이 2~3일로 짧기 때문이다.

과거 창업 경험을 바탕으로 승승장구 중인 사업가는 더 많다. '자영업자 광고 플랫폼'에서 '자영업자─고객 메신저 서비스'로 피봇한 최시원 채널코퍼레이션 대표, 위치 정보 제공 사업 이후 식당 위치를 토대로 맛집 플랫폼을 운영하는 안병익 식신 대표, 에듀테크 스타트업 '튜터링' 매각 후 크리에이터 교육 스타트업 '빅크'를 창업한 김미희 대표 등이다. 2021년 4월 인터넷 카페·커뮤니티 비교 플랫폼 '카페노노'를 창업한 심상민 대표는 사업 아이디어는 물론 스타트업 이름까지 이전 사업의 영감을 받았다. 심상민 대표의 이전 사업은 아파트 정보 플랫폼 '호갱노노'다. 호갱노노는 2018년 직방에 230억원에 인수됐다.

토스를 창업한 이승건 비바리퍼블리카 대표는 8번의 피벗 끝에 송금 서비스 '토스'를 개발하는 데 성공했다. (토스 제공)

실패 딛고 일어난 N차 창업가
2조원에 팔린 '아자르', 11번째 창업

22%.

중소벤처기업연구원이 공개한 국내 스타트업의 1년 후 생존율이다. 1년 뒤 생존에 성공한 스타트업이 5곳 중 1곳에 불과하다는 의미다. 수치가 말해주듯 국내에서 스타트업 창업가로서 성공하기는 '하늘의 별 따기'에 가깝다. N차 창업가 역시 마찬가지다. 계속 성공해서 승승장구한 기업가만 존재하지는 않는다. 수많은 실패를 겪고 오뚝이처럼 다시 일어선 7전 8기형 창업가 숫자도 적잖다.

간편 송금으로 시작해 인터넷 은행·증권까지 영역을 확장한 '토스'의 창업자 이승건 비바리퍼블리카 대표는 전형적인 '7전 8기'형 경영자다. 2011년 이 대표가 비바리퍼블리카를 창업하고 내놓은 8번의 아이템은 모두 실패로 돌아갔다. 2억원의 빚도 생겼다. 고민하던 이 대표는 관점을 바꾸기로 한다. 당시 실패를 분석하면서 자신이 원하는 아이템이 아닌 세상이 원하는 것을 내놔야 한다는 점을 깨달았다. 아이템을 찾던 그에게 마침 복잡한 인터넷 쇼핑몰의 결제창이 눈에 들어왔다. '복잡한 결제 문제'를 해결하면 성공할 수 있겠다는 생각이 들었다. 연구를 거듭한 끝에 송금 서비스 '토스'를 내놨다. 토스는 송금·결제 서

아자르를 개발한 안상일 대표는 10번의 실패 끝에 11번째 찾아온 '아자르'의 성공 기회를 놓치지 않았다. (하이퍼커넥트 제공)

비스에서 센세이션을 일으키며 성공 가도를 달리기 시작했다. 8번 실패 후 얻은 깨달음의 결과였다. 이승건 대표는 "고객 중심 서비스를 내놔야 성공한다는 교훈은 8번의 실패 끝에 얻어낸 소중한 자산이었다"고 말했다.

가성비 매트리스로 인기를 끄는 '삼분의일'을 창업한 전주훈 대표도 실패의 쓴맛을 겪고 나서 다시 일어섰다. 그는 2015년 설립한 가사 대행 서비스 '홈클'을 1년 만에 폐업해야만 했다. 중소 업체의 난립으로 경쟁이 악화된 데다 대기업 카카오가 서비스에 진출한다는 소식이 들리면서 사업이 급속도로 흔들렸다. 더 이상 버틸 수 없었다. 절치부심한 그는 별도

의 설치가 필요 없는 '메모리폼 매트리스' 압축 배송 시스템을 도입한 '삼분의일'을 창업해 재도전에 나섰다.

개성 있는 수제맥주로 유명한 '어메이징브루잉컴퍼니'를 만든 김태경 대표는 좌절을 2번이나 겪었다. 2013년 이태원에 로비본드라는 수제맥주 펍으로 처음 사업을 시작했다. 동업자 4명과 함께 시작했지만 의견 일치가 안 되면서 경영에 어려움을 겪었다. 실적 부진이 겹치면서 2015년 폐업했다. 이후 강남역에 샤퀴테리(가공육 판매점) 펍 '콜드컷츠'를 창업했다. 야심 차게 시작했지만 상황은 여의치 않았다. 무엇보다 당시 국내에서 생소한 '샤퀴테리'를 고객이 선호하지 않는 게 문제였다. 김태경 대표는 "한국 맥주 펍에는 치킨이나 감자튀김 같은 '따뜻한 음식'이 꼭 필요하다는 것을 그때 처음 배웠다"고 회상했다. 연이은 실패 속에서 교훈을 얻은 김 대표는 2016년 어메이징브루잉컴퍼니를 창업해 비로소 빛을 볼 수 있었다.

이 밖에도 실패를 딛고 일어선 창업자는 무수히 많다. 프리랜서 구인구직 사이트 '크몽'의 박현호 대표는 크몽을 만들기 전 2번의 사업 실패 뒤 지리산에서 은둔 생활을 하기까지 했다. 지리산에 숨어 살면서 이스라엘의 프리랜서 구직 사이트 '파이버'를 보고 영감을 얻은 뒤 재능 공유 플랫폼 '크몽'을 창업했다. 널디 · 에이프릴스킨 등 히트 상품 제조기로 명

성을 쌓는 김병훈 APR 대표 역시 3번의 실패 끝에 성공한 사례다. 동영상 채팅 앱 '아자르'로 잭팟을 터뜨린 안상일 하이퍼커넥트 대표는 창업 경험만 11번에 달한다. 2007년부터 사업 전선에 뛰어든 그는 10번의 쓰라린 실패를 겪었다. 계속된 실패해도 포기하지 않고 마침내 '아자르' 서비스를 개발해 세상에 내놓았고 2021년 초 매치그룹에 약 2조원에 매각됐다.

N차 창업, 무엇을 남겼나
주변의 신뢰 · 판단력 · 네트워크 '득템'

연쇄 창업을 경험한 대표들이 꼽는 N차 창업의 장점은 3가지로 요약된다. '신뢰'와 '판단력' 그리고 '인적 네트워크'다.

우선 투자자와 직원 신뢰가 두텁다. 이미 서비스를 성공한 경험이 있는 경영자라는 타이틀 덕분이다. 돈과 인력이 초보 창업자에 비해 쉽고 빠르게 몰려든다. 리멤버를 창업했다 매각 후 '자비스앤빌런즈(이하 자비스)'를 재창업한 김범섭 대표는 리멤버 성공 경험이 재창업에 큰 힘이 됐다고 강조한다. 그는 "사업을 시작할 때 가장 힘든 부분 중 하나가 공동 창업자를 모으는 일이다. 자비스의 첫 CTO는 리멤버할 때 CTO로 모셔 오려던 분이다. 첫 창업 때는 안 온다고 했는데 리멤버 성공 이후 나에 대한 믿음이 쌓인 덕분에 재창업 때는 무난히 합류했다. 그 뒤로 들어오는 멤버에게도 어떻게 결정했냐 물어보면, (내가) 한

번 성공했으니 성공 확률이 높을 것 같다는 대답을 했다"고 설명했다.

판단력이 높아지는 것도 장점이다. 성공 혹은 실패를 겪으면서 언제 어떤 판단을 내려야 할지 '감'을 확실히 잡을 수 있다고. 정현경 뮤직카우 총괄대표는 "재창업을 할 때는 첫 도전보다 경험과 연륜이 많은 상태에서 사업을 시작한다. 시장을 보는 안목과 판단력이 생긴다. 특히 단기적인 판단보다 장기적으로 바라보는 판단력이 비교 불가능할 정도로 높아진다. 이전 사업 당시의 경험치를 대입해보면 시행착오는 줄이고, 속도는 빨라진다"고 밝혔다. 극심한 사업 스트레스를 버텨내는 법 역시 '연쇄 창업'으로 얻는 자산이다.

"창업 과정에서 찾아오는 심리적 문제를 미리 인지하고 있는 점이 가장 좋은 점이다. 보통 하루 단위로 조울증에 가까운 감정 기복을 경험하는 게 창업가의 흔한 직업병인데, 이미 창업을 겪고 나면 극심한 감정 기복, 스트레스를 버티는 힘이 생기게 된다." 이참솔 리턴제로 대표의 얘기다.

마지막으로 N차 창업을 겪고 나면 사업에 필수인 '네트워크 형성'이 쉽다. "스타트업 업계에 계속 있다 보니 자연스럽게 인적 네트워크가 만들어진다. 해당 네트워크를 기반으로 투자 유치와 인력 채용 등 당면 과제를 손쉽게 해결한 경험이 많다." 김미희 빅크 대표의 귀띔이다. ■

머스크·피터 틸…페이팔 마피아 대활약
링크드인·넷플릭스도 N차 창업가 작품

창업의 메카 실리콘밸리. 우수한 인재와 거물 투자자가 몰리는 곳답게 수많은 N차 창업가를 배출해냈다.

실리콘밸리에서 가장 유명한 'N차 창업가 집단'은 '페이팔 마피아'다. 온라인 결제 업체 페이팔 출신 중 새롭게 벤처 기업을 만들거나 투자하는 사람이 많고, 이들이 스타트업 시장에 미치는 영향이 커서 붙은 이름이다. 페이팔 공동 창업자인 피터 틸과 맥스 레브친, 일론 머스크 테슬라 최고경영자(CEO) 등이 주요 멤버다. 피터 틸은 페이팔 외에 헤지펀드 클라리움캐피털매니지먼트, 빅데이터 분석 업체 팔란티어, 벤처캐피털 파운더스펀드를 세웠다. 맥스 레브친은 2004년 SNS에서 위젯을 만들어주는 업체 슬라이드를 설립한 뒤 2010년 구글(알파벳)에 매각했다. 이후 테크 스타트업 인큐베이터 HVF를 설립했다. 지금은 2012년 창업한 후불결제(BNPL) 서비스 기업 '어펌' CEO로 활동한다. N차 창업가의 표본 격인 일론 머스크는 또 어떤가. 전화번호와 지도를 모은 지역 정보 업체 'Zip2', 금융 서비스 기업 'X.com', 우주항공 기업 '스페이스X', 뇌신경과학 기업 '뉴럴링크', 인프라·터널 건설사 '더보링컴퍼니'까지 20년 넘게 창업을 연속하고 있다.

글로벌 경제 주름잡는 N차 창업가
넷플릭스도 '피벗'의 산물

유튜브 공동 창업자 스티브 첸과 채드 헐리 역시 페이팔 마피아 출신이다. 두 사람은 유튜브를 구글에 매각한 뒤인 2011년 앱 제작용 소프트웨어를 제공하는 AVOS시스템즈를 열었다. 이후 2013년 채드 헐리는 모바일 동영상 플랫폼 믹스비트를, 스티브 첸은 2016년 요리

실리콘밸리 N차 창업가				
이름	창업 기업	창업연도	주요 제품 · 서비스	엑시트 여부
필 리빈 으흠 CEO (에버노트 창업자)	엔진5	1997년	소프트웨어 개발	2000년 Vignette Corporation이 인수
	코어스트리트	2001년	신원 확인 소프트웨어	2009년 ActivIdentity가 인수
	에버노트	2007년	메모, 필기용 소프트웨어	–
	올터틀스	2017년	스타트업 육성	–
	mmhmm	2020년	화상 회의용 프레젠테이션 도구, 특수효과	–
맥스 레브친 어펌 CEO (페이팔 창업자)	페이팔	1998년	온라인 결제	–
	슬라이드	2004년	SNS 위젯 제작	2010년 구글에 매각
	HVF	2011년	테크 스타트업 인큐베이터	–
	어펌	2012년	BNPL	–
피터 틸 팔란티어 CEO	페이팔	1998년	온라인 결제	–
	클라리움 캐피털 매니지먼트	2002년	헤지펀드	–
	팔란티어	2003년	빅데이터 분석	–
	파운더스펀드	2005년	벤처캐피털	–
일론 머스크 테슬라 CEO	Zip2	1995년	전화번호부, 지도 등 모은 웹사이트	1999년 IT 기업 Compaq에 매각
	X.com	1999년	금융 서비스	–
	SpaceX	2002년	우주항공	–
	테슬라	2003년	전기차	–
	뉴럴링크	2016년	뇌신경과학	–
	더보링컴퍼니	2016년	인프라, 터널 건설사	–
리드 헤이스팅스 넷플릭스 CEO	퓨어소프트웨어	1991년	디버깅 SW 등 개발자용 툴	1997년 래셔널소프트웨어에 매각
	넷플릭스	1997년	DVD 대여	–
	넷플릭스	2007년	동영상 콘텐츠 스트리밍, 제작	피벗
리치 바튼 질로우 CEO	익스피디아	1996년	호텔, 비행기표 예약	1999년 IPO
	글래스도어	2007년	구인구직, 직장 리뷰	–

영상 공유 플랫폼 'Nom.com'을 세웠다. 이 밖에 SNS 소셜넷닷컴과 구인구직 플랫폼 링크드인을 만든 리드 호프만, 음식점 리뷰 플랫폼 옐프와 온라인 교육 서비스 러너바나 설립자인 러셀 시몬스도 페이팔 출신이다.

페이팔 마피아 외에도 창업 이력이 많은 기업가는 여럿이다. 국내에서 인지도가 높은 기업을 세운 인물 중에는 리드 헤이스팅스 넷플릭스 CEO, 잭 도시 트위터 창업자, 에릭 리 링크드인 공동 설립자 등이 있다.

리드 헤이스팅스 CEO는 1991년 개발자용 소프트웨어를 만드는 퓨어소프트웨어를 세우면서 창업가의 길에 들어섰다. 1997년 래셔널소프트웨어에 매각 후 넷플릭스를 세웠다. 처음에는 DVD 대여 서비스로 사업을 시작했다. 2007년에는 동영상 콘텐츠 스트리밍·제작으로 사업 모델을 바꾸는 '피벗'을 단행했다. 잭 도시는 2006년 트위터를 세운 데 이어 2009년 핀테크 기업 블록(옛 스퀘어)을 설립했다. 에릭 리 링크드인 공동 설립자는 1995년부터 다양한 분야에서 활약했다. 개발자용 소프트웨어 업체 넷모스피어, 행사 관리·네트워킹 서비스 프레스도, 구직자 평판 확인 서비스를 제공하는 카마체크 등이 그의 손을 거쳐 탄생했다.

페이스북 창립 멤버 더스틴 모스코비츠와 크리스 휴즈도 눈길을 끈다. 페이스북 이후 더스틴 모스코비츠는 협업 툴 아사나, 크리스 휴즈는 자선단체 평가 SNS를 만들었다.

최근 주식 시장에서 주목받는 N차 창업가는 자그딥 싱 퀀텀스케이프 CEO, 프레드 어샴 코인베이스 공동 설립자, 의약품 가격 비교 업체 굿알엑스 공동 설립자 더그 허쉬와 트레버 베즈덱 등이다. 전고체 배터리 기업 퀀텀스케이프 수장 자그딥 싱은 1998년 통신 장비 업체 라이테라를 세워 1999년 통신 네트워크 장비 기업 시에나에 매각했다. 2001년에는 광통신 솔루션·장비 기업 인피네라를 공동 설립했다. 퀀텀스케이프는 그의 세 번째 회사다.

2021년 4월 상장한 코인베이스는 디지털 자산 거래 기업으로는 처음으로 미국 증시에 입성하며 주목받았다. 공동 설립자 프레드 어샴은 가상자산 투자 회사 패러다임 창업자기도 하다. 2020년 나스닥에 데뷔한 굿알엑스 공동 설립자 더그 허쉬와 트레버 베즈덱 역시 과거 창업 이력이 있다. 더그 허쉬는 건강 관련 SNS 데일리스트렝스, 트레버 베즈덱은 IT 컨설팅 기업 트라이아크, 생물학자를 위한 소통 플랫폼 바이오와이어를 세웠다.

리치 바튼 질로우 CEO 역시도 잘나가는 N차 창업가다. 질로우는 미국 온라인 부동산 플랫폼 시장 1위 기업. 공동 창업자인 리치 바튼은 1990년대 마이크로소프트에 재직하며 사내벤처로 글로벌 온라인 여행사 익스피디아를 설립해 기업공개(IPO)를 이끌었다. 구인구직·직장 리뷰 플랫폼 글래스도어 공동 설립자기도 하다. ■

"프로 창업러도 경영은 어렵다"…열정 · 확신 필수

필 리빈 으흠(mmhmm) CEO는 5개 기업을 창업한 '5 차 창업가'다. 시작은 1997년. 소프트웨어 개발사 엔 진5를 설립했다. 이 회사는 2000년 콘텐츠 제작 · 관 리 프로그램 기업 비넷코퍼레이션에 인수됐다. 2001 년 설립한 신원 확인 솔루션 업체 코어스트리트는 2009년 액티브아이덴티티라는 기업이 사들였다. 이후 2007년 세운 회사가 '에버노트'다. 노트 필기 앱 으로 2012년 기업가치 10억달러를 기록했다. 이후 필 리빈은 2017년에는 올터틀스, 2020년에는 으흠을 세웠다. 올터틀스는 스타트업 성장을 돕는다. 으흠은 화상 회의를 할 때 쓸 수 있는 프레젠테이션 도 구, 특수 효과 등을 제공한다. 회의 중 말하는 사람 옆 에 그래프나 참고 이미지를 띄워주는 식이다. 현재 필 리빈은 올터틀스와 으흠 CEO를 겸직 중이다.

Q. **엑시트 이후 재차 창업한 이유는.**

A. 해결하고 싶은 문제가 생기면 창업을 한다. 2015년 더 이상 창업을 하지 않고 벤처 투자만 하겠다고 마음을 먹었는데 얼마 가지 않아 문제를 직접 해결하는 것을 선 호한다는 것을 깨달았다. 되돌아보면 세상에 큰 변화가 있을 때마다 스타트업을 세웠다. 1997년에는 닷컴 붐 이 일었고 2001년에는 9 · 11 테러 사건이 발생했다. 2007년은 모바일 시장이 형성되기 시작한 시점이었

다. 2017년에는 인공지능, 2020년에는 코로나19가 주요 키워드로 떠올랐다. 굵직한 사건이 일어나면서 새 로운 해결책, 대응책이 필요하다는 기류가 형성됐고 해 결할 가치가 있을 것 같다는 생각이 들었다.

Q. **N차 창업가가 '난생 첫 창업가'보다 유리한 점은 무 엇인가.**

A. 처음 회사를 여는 사람에게는 모든 것이 새롭다. 투자금을 끌어오고 사람을 고용해 팀을 운영하는 요 령, 회계 처리와 특허 등록을 비롯한 행정 업무 등 다 양한 것을 새로 배워야 한다. 회사를 세워본 경험이 있 는 사람이라면 이런 것에 익숙하다.

하지만 N차 창업자라고 해서 창업과 경영 자체가 쉬운 것은 아니다. 어떤 관점에서는 오히려 더 힘들다. 회사 를 여러 번 세웠다는 것은 그만큼 오랫동안 방대한 업 무량을 감당해왔다는 뜻이다. 스트레스, 부담을 느끼 는 상황이 지속되면 심신 건강에 해롭다. 나이가 들면 서 일하는 방식도 많이 바꿔야 한다.

Q. **향후 또 새로운 기업을 만들 계획이 있나.**

A. 이미 두 개 기업(올터틀스, 으흠)에서 CEO 역할을 맡았다. 여기에 무언가를 추가하기는 어려워 보인다. 하지만 올터틀스가 스타트업 성장을 돕는 기업인 만큼 다른 스타트업 운영에 꽤 크게 관여할 확률은 굉장히 높다.

실리콘밸리도 버블버블

벤처 투자 13% 줄고 IPO 67% 감소
상장 미루고 구조조정하는 기업 속출

2022년 불거진 스타트업 거품론의 발원지는 미국 실리콘밸리다. 한때 '스타트업의 성지'라 불릴 만큼 수많은 유니콘의 요람이 됐지만, 지금은 거품이 잔뜩 낀 스타트업과 투자사 비명이 이어진다. 상장 연기, 구조조정 등 생존을 위한 몸부림이 한창이다.

스타트업 정보 플랫폼 크런치베이스에 따르면 2022년 1분기 세계 벤처 투자금은 1600억달러를 기록했다. 전년 동기와 비교하면 7% 늘었지만 직전 분기(1840억달러) 대비는 13% 감소했다. 2022년 4월 벤처 투자액도 전월 대비 10%, 전년 동기 대비 12% 감소했다.

인스타카트 매출 성장 둔화
스라시오는 대규모 구조조정

새롭게 탄생하는 유니콘 숫자 역시 눈에 띄게 줄었다. 2022년 1~4월 유니콘 대열에 합류한 기업 수는 167개. 전년 동기(184개) 대비 10% 정도 감소했다.

스타트업 중 기업가치가 평가절하되는 곳도 어렵지 않게 찾아볼 수 있다. 2022년 5월 미국 증권거래위원회(SEC)에 비공개로 IPO 서류를 제출한 인스타카트는 2022년 3월 기업가치를 기존 390억달러에서 240억달러로 대폭 낮췄다. 인스타카트는 '미국판 컬리'라 불리는 식료품 배달 업체다. 코로나19 국면에서 배달 수요가 급증하면서 가파르게 성장했다. 하지만 최근 팬데믹이 수그러들고 경쟁이 심화되면서 성장세가 둔화되고 있다. 시장조사 업체 1010데이터에 따르면 인스타카트의 2020년 매출은 전년 대비 330% 늘었다. 반면 2021년에는 매출 증가율이 15%로 급감했다.

아마존에 입점한 온라인 쇼핑몰을 인수하는 애그리게이터 모델의 스타트업 '스라시오(Thrasio)' 역시 리오프닝에 직격탄을 맞은 모양새다. 스라시오는 2018년 7월 설립 후 2년 만인 2020년 7월 유니콘 대열에 합류하며 주목받았다. 그러나 2021년에 추진했던 스팩(SPAC·기업인수목적회사) 상장은 연기됐고 2022년 들어서는 대규모 인력 구조조정을 단행했다.

스웨덴의 후불결제(BNPL) 스타트업 '클라나(Klarna)'도 힘든 시간을 보내고 있다. 클라나는 2021년 6월 소프트뱅크 비전펀드로부터 투자를 유치하며 기업가치 456억달러를 인정받고 '유럽에서 가장 몸값이 비싼 핀테크 기업' 반열에 올랐다. 그러나 향후 기업가치가 300억달러대 초반으로 떨어질 것이라는 전망이 나온다. 세금 환급·자금 관리 소프트웨어를 제공하는 핀테크 스타트업 '메인스트리트'도 기업가치가 2억달러

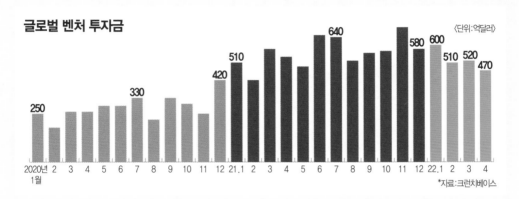

글로벌 벤처 투자금 〈단위:억달러〉

250, 330, 420, 510, 640, 580, 600, 510, 520, 470

2020년 1월 / 2 / 3 / 4 / 5 / 6 / 7 / 8 / 9 / 10 / 11 / 12 / 21.1 / 2 / 3 / 4 / 5 / 6 / 7 / 8 / 9 / 10 / 11 / 12 / 22.1 / 2 / 3 / 4

*자료:크런치베이스

로 하락할 전망이다. 2021년 3월 투자를 유치했을 때는 기업가치 5억달러를 인정받았다. 데이터 분석 소프트웨어를 제공하는 'Dbt랩스'는 2022년 초 시리즈D 펀딩을 진행하면서 기업가치 42억달러를 인정받았다. 당초 목표였던 60억달러에 비해 20억달러가량 못 미치는 규모다.

IPO에 성공, 증시에 입성한 스타트업도 안심할 수 없다. 대부분 부진한 주가 흐름을 보이며 성장 전망에 먹구름이 드리운다. 2021년 4월 암호화폐 거래소 최초로 나스닥에 상장하며 주목받은 '코인베이스'는 2022년 1~5월 주가가 68.9% 급락했다. 같은 기간 메타버스 기대주 '로블록스'와 BNPL 업체 '어펌'은 각각 69.7%, 70% 하락했다. 아마존이 투자한 전기차 기업 '리비안'과 워런 버핏이 투자한 '스노우플레이크'도 69.4%, 61.6% 하락했다.

스타트업 시장이 흔들리며 벤처캐피털 역시 타격을 받았다. 손정의 소프트뱅크그룹 회장이 이끄는 비전펀드는 2021년 회계연도(2021년 4월~2022년 3월)에 손실 270억달러를 기록했다. 비전펀드가 추락하면서 소프트뱅크도 순손실 132억달러를 기록하며 창사 이후 가장 안 좋은 실적을 냈다.

최근 2년여간 스타트업에 공격적으로 투자해왔던 미국 투자 회사 타이거글로벌 역시 성과가 부진하다. 파이낸셜타임스에 따르면 타이거글로벌은 2022년 1~4월 43.7%의 손실을 기록한 것으로 파악된다.

전문가들은 글로벌 벤처 업계 투자 심리가 회복되기까지 다소 시간이 걸릴 것으로 내다본다.

앤드류 에이커스 피치북 애널리스트는 "금리가 오르고 미래 현금흐름 할인율이 높아지면서 성장주와 비상장 스타트업을 다시 평가하려는 움직임이 있다. VC를 비롯한 비상장사 투자자는 앞으로 여러 분기 동안 이어질 기업가치 하락에 대비해야 한다"고 경고했다.

'창업 A to Z' 다 아는 백전노장 큰 자산
패자 부활 돕고 재창업 때 세제 혜택을

" '창업팀'이 세상에 필요하다고 여긴 것이 아닌, '고객' 관점에서 꼭 필요한 서비스를 생각할 수 있게 된 점이 8번의 실패에서 얻은 교훈이다."

"첫 창업 때보다 경험치와 연륜이 있다 보니 시장에 대한 안목과 장기를 내다보는 판단력이 생겼다. 이전 사업의 경험치를 대입해 시행착오는 줄이고, 속도는 높일 수 있었다. 이미 형성된 네트워크도 중요한 자산이 됐다."

피벗을 포함해 각각 9번, 2번 창업한 이승건 비바리퍼블리카 대표, 정현경 뮤직카우 총괄대표의 회고다. 이들이 오늘날 한국을 대표하는 유니콘 스타트업을 일군 데는 이전의 N차 창업 경험이 밑거름이 됐다. 물론 N차 창업만이 정답은 아니다.

빌 게이츠 마이크로소프트 기술 고문, 이해진 네이버 글로벌투자책임자(GIO)처럼 첫 창업

성공과 실패 경험, 창업자 자산
첫 창업보다 3배 이상 가치 인정

도전 정신, 인적 네트워크도 검증
토스 · 뮤직카우도 N차 창업가 작품
'한 우물' 창업가와 우열은 난센스

한 기업을 매각하지 않고 경영권을 지켜 세계적인 기업으로 육성한 창업가도 얼마든지 있다. 그럼에도 벤처캐피털 업계에서는 N차 창업가에게 보다 후한 점수를 주는 분위기다. 비슷한 스펙과 사업 모델로 시작해도 N차 창업가에게는 최소 3~5배 이상 프리미엄이 붙는다. N차 창업가의 성공과 실패 경험치, 끊임없는 도전 정신, 인적 네트워크의 가치를

이전 창업 경험 덕분에 퓨처플레이 창업 때 투자 유치는 물론, 실제 투자를 할 때도 유리했다. 퓨처플레이 내부에서도 'Human Accelerator' 같은 신사업은 물론, 지속적인 컴퍼니 빌딩을 통해 퓨처뷰티, 퓨처키친 같은 관계사도 만들고 있다. **향후 연쇄 창업가보다 '병렬(Parallel) 창업가'로서 경험이 더 커질 듯하다.** 　　　　　　　　　　　 류중희 퓨처플레이 대표

첫 창업한 '딤앤더머스'를 배민에 매각 후 재창업했다. 머릿속 그림을 실현하고 싶고 잘할 수 있다는 확신도 있었기 때문이다. **창업, 엑시트, 재창업이 순탄한 적은 없었지만, 극복하려 하지 않고 모든 과정을 즐기려 노력했다.** 　　 이진호 슈퍼메이커즈 대표

화장품, 유아용품, 헬스케어, 금융까지 4번의 창업 모두 익숙한 아이템은 아니었다. **내가 겪은 불편을 해결하기 위한 과정에서 시작됐다.** 같은 어려움을 겪고 있는 사람들을 위해 그 문제를 창업이라는 방법으로 풀고자 도전하게 됐다. 　　　　 이혜민 핀다 공동 대표

*가나다순

인정하는 것이다. 때로는 첫 창업이더라도 C레벨(임원)로서 스타트업 경영에 참여한 경험이 있다면 역시 몸값이 높아진다. 해당 사례의 모 스타트업 대표는 최근 사업 아이디어만으로도 단번에 150억원에 달하는 기업가치를 인정받았다.

전문가들은 N차 창업가들이 창업 생태계의 선순환을 도울 수 있는 만큼 적극적인 육성책이 필요하다고 강조한다. 정보통신정책연구원은 연쇄 창업 지원 정책 방안으로 '기업 매각 후 재투자 시 세제 혜택 확대' '팁스(TIPS) 등 창업지원기관 운영에 연쇄 창업가 참여 확대' '회생계획 성실 이행 시 신용불량 조기 해제' '창업 교육 프로그램 내에 실패를 대비하는 교육 강화' '신용 회복 기간 단축' 등 5가지를 제시했다.

임정욱 TBT 공동 대표는 N차 창업가 지원 정책이 따로 필요한 것은 아니라는 입장이다. 벤처 생태계가 선순환되면 N차 창업가는 자연스럽게 늘어날 것이라는 생각에서다.

"N차 창업가는 스스로 창업을 즐기는 이들이다. '재도전 패키지' 같은 정책 지원이 없더라도 창업과 엑시트가 활성화될 만한 환경만 잘 갖춰진다면 알아서 다시 도전할 것이다." ■

K스타트업 업계 지도

초판 1쇄   2022년 6월 30일

엮은이   매경이코노미
펴낸이   서정희
펴낸곳   매경출판(주)
인쇄 · 제본   (주)M-PRINT
주소   (04557)서울시 중구 충무로2(필동1가) 매일경제별관 2층 매경출판(주)
편집문의   2000-2521∼35
판매문의   2000-2606
등록   2003년 4월 24일(NO.2-3759)
ISBN 979-11-6484-439-5 (03320)